Applied Macroeconomics for Managers

管理者的应用宏观经济学

主　编　蒋长流
副主编　刘兴维
编　委　蒋长流　刘兴维　程霞珍
　　　　张先锋　刘鹏凌

中国科学技术大学出版社

内容简介

本书为面向 MBA 学员的宏观经济学课程教材,结合中国经济新常态下供给侧结构性改革和经济高质量发展的现实背景,涵盖宏观经济学概述、宏观经济运行的衡量与监测、经济增长的理论与政策、短期经济波动、金融市场与经济运行、宏观经济政策、失业与通货膨胀、开放经济中的宏观经济学等 8 个专题。全书以国民收入决定为核心,阐述长期经济增长与短期经济波动两大主题,对财政政策和货币政策这两大政策在解决失业与通货膨胀两大难题实现稳增长方面的作用作充分阐释,并深度剖析宏观经济运行中的总需求和总供给两大冲击因素及其影响机制。本书在把宏观经济学基本理论阐释清楚的同时,将其与分析中国宏观经济问题相联系,为读者理解中国现实经济问题提供独特的分析视角,帮助读者在全面理解现实经济运行的基础上做出自己的选择与决策。

图书在版编目(CIP)数据

管理者的应用宏观经济学/蒋长流主编. ——合肥:中国科学技术大学出版社,2020.2
ISBN 978-7-312-04875-3

Ⅰ.管… Ⅱ.蒋… Ⅲ.宏观经济学—研究生—教材 Ⅳ.F015

中国版本图书馆 CIP 数据核字(2020)第 020223 号

出版	中国科学技术大学出版社
	安徽省合肥市金寨路 96 号,230026
	http://press.ustc.edu.cn
	https://zgkxjsdxcbs.tmall.com
印刷	安徽省瑞隆印务有限公司
发行	中国科学技术大学出版社
经销	全国新华书店
开本	787 mm×1092 mm 1/16
印张	13
字数	308 千
版次	2020 年 2 月第 1 版
印次	2020 年 2 月第 1 次印刷
定价	50.00 元

前　言

一、学习宏观经济学对管理者的意义

我们正处在百年未有之大变局之中。改革开放以来,中国人民经过 40 多年艰苦奋斗,创造了举世瞩目的经济高速增长的奇迹。如何理解这一奇迹背后的理论与实践,是宏观经济学的主要议题之一。这个时代的企业家肩负着时代赋予的历史使命,优秀的企业家必须具备睿智、胆识、担当、包容(协作)、组织、应变、创新、品德(社会)和发展(视野)等诸多方面的综合素质与能力,这是一个需要刻苦磨练方能实现的目标。塑造和培养符合这一标准的管理人才是 MBA 教育的使命。学习宏观经济学有助于帮助 MBA 学员树立基于宏观视角的分析方法(Macro-Based-Analysis)。

二、管理者应该从经济学中学习的知识和技能

MBA 教育是一项创造财富的高级系统工程。单就管理者而言,一个普通劳动者往往总是倾尽全力去堆积别人的创造,而一个优秀的管理者则必定懂得如何把别人的创造转变为自己的财富。社会中有三种状态的人生,拥有第一种人生状态的是"普通劳动者",他们忙碌终日,辛苦所得除了吃穿用度几乎所剩无几,年复一年,辈复一辈,他们认为他们的美好生活是用勤劳和不懈奋斗创造出来的;拥有第二种人生状态的是"创造者",他们沉浸在创造的亢奋之中,并且被公认为是改变人类社会生活和生产方式的杰出人才(如牛顿、居里夫人、屠呦呦等),他们的创造在改变社会的同时,也改变了自己的生活,所以,他们认为美好生活是用勤劳和智慧创造出来的;拥有第三种人生状态的人是"管理者",他们需要精准把握如何勾连于普通劳动者和创造者,思考怎样把创造成果转化为财富,尽管他们可能承担很大风险。当然他们也会认为美好生活是靠艰苦卓绝的努力、勇于担当和审时度势地准确把握各种机遇获得的。不管怎样,生活在这个社会的人们都在以他们各自独有的方式"描绘"着自己生活的"画卷"。正如美国经济学家克拉克所说:"在产业中将自己的力量联合起来的各阶层的人们彼此毫无怨言……因为他们给予生产的每一方面以所创造的那一数量的财富。"

三、本教材的特点

20 余年来,在我们的 MBA 教育中,宏观经济学课程的教育教学活动经历了从被认知到被认可的重大跨越,这个跨越是伴随着中国社会经济发展的时代变革而产生的。目前,我们正值这样一个时期,2013 年 9 月至 10 月,习近平总书记提出了建设"新丝绸之路经济带"和"21 世纪海上丝绸之路"的倡议。同年 12 月,在中央经济工作会议上,习近平总书记首次提

出"新常态"的社会经济发展状态理念。2015年11月,习近平总书记在中央财经领导小组会议上进一步提出了"在适度扩大总需求的同时,着力加强供给侧结构性改革,着力提高供给体系质量和效率"的措施途径,至此正式拉开了中国社会经济运行中的"供给侧"结构调整序幕。以这个时期为节点,如果说在此之前的中国改革开放的实践中,众多企业尤其是中小企业的成长和发展是借助改革开放以后宽松的政策环境和良好的社会经济秩序完成的,那么,此后的发展则一定要附加上对产品本身及生产过程质量的重视,以及不断强化的市场竞争环境等条件;从宏观视角看,就是更高的经济运行质量。正因为如此,许多企业管理者会直观地发现,这个时期要想获得与此前同样的利益似乎并不那么容易了,这意味着供给侧结构调整时代的到来对企业管理者提出了更高的要求。

本教材结合了时代的特点,更多地侧重于宏观经济理论与企业管理实践的融合,强化知识应用能力的培养训练。本教材也是我们承担的安徽省高等学校省级重点教改项目"AH-MBA宏观经济学教学改革与实践研究"(项目编号:2016jyxm0114)的结项成果,希望以此促进MBA教学改革的与时俱进以及教师教学能力的提升。

本教材特点如下:

(1) 进一步强化理论的基础性和指导性地位。大学本科阶段的学习已经给学生们打下了一定的理论根基。但是,几乎所有的学生在完成了四年学业之后都有一种共同的感觉,那就是收获了代表理论学习的数十本各类教材和参考书,学会了如何应考和取得一个满意的分数;然而,他们很少有人知道怎么运用这些书本上的知识应对和解决他们即将面临的生活和工作中的各类问题,更不懂如何把这些知识转化为财富来改变生活窘况。在应试教育模式之下,背书和应付考试,造就了一大批考试型"人才",学得快忘得也快,不能融会贯通,这不是真正的学懂了。再度回归学习时,他们需要更加精准地理解和认知以往那些已经背得滚瓜烂熟的概念和原理,并在此基础上,拓展出真实的运用能力,激发起更多的创造性。

(2) 真实地强调经济理论在管理实践中的应用。宏观经济理论学习与企业管理实践相结合应该是一个值得探索的命题,从理论角度讲,管理所追求的目标是基于资源配置高效率而产生的利益,而宏观经济理论的目标则是追求基于资源充分利用而产生的节省,两者看似相去甚远,实则相得益彰。一个舵手要让航船在约定时间内抵达目标彼岸,航行速度和航行方向缺一不可,这既是一种眼前利益与长远利益的关系,也是生存与发展的关系。本教材努力妥善地处理好这两个方面的关系,以培养塑造具备更加全面素质的管理人才。

(3) 着力推行科学合理的教学方法在MBA教学中的运用。案例教学是MBA传统的经典教学方法,始终被高度关注,并取得了卓越的成效,拥有众多足以被称赞和可供借鉴的成功经验。长期以来,我们力图从中汲取更多的素材,将其改良后植入宏观经济学课程的教学活动中,逐渐形成了一套行之有效的教学方法,我们称之为教学"四分法"。2018年,由安徽省教育厅立项研究"教学'四分法'在MBA课程中的创新与应用"(项目编号:2018YJXM0442)。在本教材编写过程中,我们有意识地融入了适合采用这种教学方法的体系和逻辑结构,并着力开发线上平台,以期更加适宜MBA教学的特殊要求。

刘兴维

2019年11月

目 录

前言 ·· (ⅰ)

第一讲　宏观经济学概述 ·· (1)
一、经济学的产生及其研究对象 ·· (1)
　　（一）经济学的产生与早期发展 ··· (1)
　　（二）经济学的逻辑假定前提 ·· (3)
　　（三）经济学的研究对象 ·· (4)
二、宏观经济学的研究对象与任务 ··· (5)
　　（一）宏观经济学的产生 ·· (5)
　　（二）宏观经济学的研究对象 ·· (6)
　　（三）宏观经济学的三大任务 ·· (6)
　　（四）宏观经济学之于管理者的重要性 ····································· (7)
三、宏观经济学研究的两大主题 ·· (8)
　　（一）长期经济增长 ··· (8)
　　（二）短期经济波动（或经济周期） ··· (8)
四、衡量宏观经济基本面的关键指标与数据解读 ··························· (9)
　　（一）经济增长率 ·· (9)
　　（二）失业率 ··· (9)
　　（三）通货膨胀率 ·· (10)

第二讲　宏观经济运行的衡量与监测 ·· (14)
一、国民收入及其核算体系 ·· (15)
　　（一）国内（民）生产总值——GDP(GNP) ·································· (16)
　　（二）如何从 GDP 计算得到 NDP、NI、PI、PDI ······················· (18)
二、GDP 核算方法与应用 ··· (19)
　　（一）支出法 ··· (19)
　　（二）收入法 ··· (23)
　　（三）生产法 ··· (29)
　　（四）实际 GDP 和人均 GDP ··· (38)
三、国民收入核算体系的局限 ·· (43)

第三讲 经济增长的理论与政策 （48）
一、概述 （48）
二、经济增长的含义、特征与衡量 （50）
（一）经济增长的含义 （50）
（二）经济增长的特征 （51）
（三）经济增长的衡量指标 （52）
（四）经济增长与经济发展 （53）
三、经济增长理论 （56）
（一）经济增长理论的早期阶段——古典学派的经济增长思想概述 （56）
（二）二战后经济增长理论的发展演进 （57）
四、经济增长的影响因素 （63）
（一）影响经济增长的直接因素 （64）
（二）影响经济增长的间接因素 （66）
五、促进经济增长的政策 （68）
（一）增加劳动力数量的政策 （69）
（二）促进资本积累的政策 （69）
（三）推进技术进步的政策 （70）
（四）塑造良好的营商环境 （70）
（五）改善健康和教育的政策 （71）

第四讲 短期经济波动 （74）
一、凯恩斯的有效需求原理 （77）
（一）总需求决定总供给的表述方式 （78）
（二）预测未来时期的总需求 （80）
二、总需求与收入波动 （86）
（一）非均衡产出的属性及均衡产出的总支出决定 （86）
（二）凯恩斯乘数 （87）
（三）乘数的多米诺效应 （88）
（四）价格水平对总需求的影响 （90）
二、总供给与结构调整 （94）
（一）供给冲击的影响 （95）
（二）供给结构 （96）
四、短期经济波动对企业的长短期影响 （97）
（一）短期波动的经济效应 （97）
（二）准确判断存在于波动中的风险与机遇 （98）

第五讲　金融市场与经济运行 (102)
一、货币与利率 (102)
（一）货币概述 (102)
（二）利率 (103)
二、金融市场与金融工具 (105)
（一）金融市场的构成要素 (105)
（二）货币市场及其工具 (108)
（三）资本市场及其工具 (109)
三、金融市场与经济增长的关系 (112)
（一）金融市场促进经济增长的机理 (112)
（二）金融市场促进经济增长的途径 (113)

第六讲　宏观经济政策 (118)
一、宏观经济政策的含义和目标 (118)
（一）宏观经济政策的含义 (118)
（二）宏观经济政策的目标 (118)
（三）需求管理与供给管理 (120)
二、财政政策的含义和工具 (123)
（一）财政政策的含义 (123)
（二）财政政策的工具 (124)
三、财政政策的反周期调节 (125)
（一）自动稳定器 (125)
（二）斟酌使用的财政政策 (126)
（三）财政政策效果及其局限性 (126)
（四）财政政策反周期调节机制 (127)
四、货币政策的作用机理与传导机制 (127)
（一）货币政策的含义 (127)
（二）货币政策工具及作用机理 (128)
（三）货币政策传导机制 (129)
（四）货币政策效果及其局限性 (131)
（五）财政政策与货币政策的协调 (132)
五、利率与汇率及其改革的实践反思 (132)
（一）我国利率市场化改革实践反思 (132)
（二）我国汇率市场化改革实践反思 (134)

第七讲　失业与通货膨胀 (139)
一、失业与通货膨胀的经济代价 (139)

（一）失业的经济代价 ·· (139)
　　（二）通货膨胀的经济代价 ·· (145)
二、失业与通货膨胀的两难选择 ·· (152)
　　（一）从总供给曲线看失业与通货膨胀 ·· (153)
　　（二）失业与通货膨胀的基本取舍关系 ·· (154)
　　（三）关于取舍的不同观点 ·· (156)
　　（四）残酷的两难困境 ·· (157)
三、失业与通货膨胀的关系 ·· (157)
　　（一）菲利普斯曲线的提出 ·· (158)
　　（二）用总需求曲线和总供给曲线来解释菲利普斯曲线 ························ (159)
　　（三）菲利普斯曲线的政策含义 ·· (160)
　　（四）从总供给曲线推导出菲利普斯曲线 ·· (161)
　　（五）附加预期的菲利普斯曲线 ·· (162)
　　（六）长期的菲利普斯曲线 ·· (164)
四、失业与通货膨胀的治理对策 ·· (166)
　　（一）失业的治理对策 ·· (166)
　　（二）通货膨胀的治理对策 ·· (169)

第八讲　开放经济中的宏观经济学 ·· (175)
一、世界经济与经济全球化 ·· (175)
　　（一）世界经济 ·· (175)
　　（二）经济全球化 ·· (176)
二、汇率与国际收支 ·· (178)
　　（一）汇率 ·· (178)
　　（二）汇率决定理论 ·· (180)
　　（三）国际收支 ·· (184)
　　（四）国际收支理论 ·· (185)
三、国际贸易理论与政策 ·· (190)
　　（一）国际贸易理论 ·· (190)
　　（二）国际贸易政策 ·· (194)

参考文献 ·· (196)

后记 ·· (198)

第一讲　宏观经济学概述

经济学家及政治哲学家之思想,其力量之大,往往出乎常人意料。事实上,统治世界者,就只是这些思想而已。许多实干家自以为不受任何学理之影响,却往往成为了某个已故经济学家之奴隶。

——约翰·梅纳德·凯恩斯①

我们不是为学经济学而学经济学,而是为了它给我们的启发。

——保罗·萨缪尔森

一、经济学的产生及其研究对象

(一) 经济学的产生与早期发展

在西方,被称为"社会科学皇后"的经济学从其诞生的那一刻起就已经和增进人类自身的福祉紧紧地联系在一起。经济学是人类向往美好生活的向导,尽管这个向导并非每时每刻都如你所愿,但它能在迷茫的经济时代提供给我们一些改进生活、认识世界的方法,使我们在错误的方向上尽量少逗留。

"经济"作为一个专有名词出现于人类言谈之中是在古希腊奴隶制庄园经济时期。古希腊著名哲学家苏格拉底的学生中,有一位名叫色诺芬的奴隶主贵族后裔,他把苏格拉底关于奴隶主应如何增加家庭财产的思想和自己管理庄园事务的经验相融合,编写了一部名为《经济论》的经济学开山之作,首先叩开了经济学研究的大门。这本书是一本语录体的著作,借苏格拉底之口阐述了农业之于国民经济的重要性,并把经济学研究定位于"家庭(庄园)致富"这一核心问题上。

15~17世纪,封建自然经济瓦解,商品、货币关系逐步建立,商品经济迅速发展,商业资本作用日益加强,它凌驾于工业资本之上,具有压倒一切的影响力。特别是国家的出现,使得经济学研究的视野大大拓展,涉及社会经济生活的广泛领域。因此,为了与早期只研究家庭致富的经济学区别开来,1615年,法国经济学家蒙克莱田出版了《献给国王和王后的政治经济学》。自此开始,几乎所有的经济学家都不约而同地将自己的论著冠以"政治经济学"这一名称。詹姆斯·斯图亚特曾说过:"一般而论,经济学是精明而节俭的供应全家一切需要

---

① 凯恩斯.就业利息和货币通论[M].徐毓枬,译.北京:商务印书馆,1996:330.

的艺术……在一家为经济学,在一国则为政治经济学。""政治"这个修饰词的用意在于表示经济学研究包含着更加广阔的范围,政治经济学的研究主题也就从家庭致富转向了作为利益共同体的国家致富上。而重商主义则作为体现当时那个时代的商业资本意识形态而出现。

重商主义的基本观点可以概括如下:

(1) 财富就是货币,货币就是金银。因此,金银形态的货币是财富的唯一形态,一切物品只有当它能够实现为货币时,才称得上是财富。

(2) 一个国家所拥有的金银数量是衡量该国富裕程度和经济实力大小的标志,为了使一个国家的金银财富增加,最有效的办法就是依托流通领域中的对外贸易,通过贸易顺差从贸易出现逆差的国家取得金银。简言之,一国财富来自对外贸易,增加财富的唯一办法就是扩大出口、限制进口。同时,在对外贸易中坚持尽量少买、最好不买的原则。

(3) 重商主义者明确提出财富增长乃优先要务,他们视"财富为国家和战争之命脉"。

(4) 最能增加一国财富的是制造业和运输业。制造业是最大的财富源泉,发展制造业可使国家富强。

基于以上观点,重商主义者主张国家应该积极干预经济生活,实施贸易保护主义政策。重商主义的这一贸易保护主义思想一直延续并影响着当今全球贸易。2008 年以来世界经济长期萎靡不振,贸易保护主义难辞其咎。2009 年,全球贸易额史无前例地下降了 10.5%,直到现在,全球贸易增长依旧乏力,使得原先剧增的贸易发展轨迹变得平缓。在 2009~2017 年,全球贸易的平均增长率为 3%,仅仅只有 1980~2008 年平均增长率的一半。贸易壁垒是导致 2008 年以来全球贸易总额减少一半以上的主要原因。贸易保护主义抬头导致发达经济体经济政策特别是货币政策不确定等风险对世界经济复苏的威胁程度不断加大。2018 年 1 月 22 日,美国贸易代表办公室表示,特朗普总统已经同意对从中国进口的太阳能节能电池模块加征高额关税,同样的措施也将针对韩国三星、LG 制造的大型家用洗衣机。特朗普的贸易保护"鲁莽决定"不可能使得美国免受冲击,带有贸易保护主义色彩的特朗普"美国优先"原则首先伤及的将是美国就业,因为贸易保护主义本身就是一把双刃剑,美国没有"金钟罩"。正如习近平总书记所说:"搞保护主义如同把自己关进黑屋子,看似躲过了风吹雨打,但也隔绝了阳光和空气。打贸易战的结果只能是两败俱伤。"对中国贸易进行打压,特朗普政府不可能得到它想要的"美国利益"。

虽然重商主义对流通领域中的经济问题进行了细致的考察,但它并没有揭示出妨碍资本主义制度存在与发展的封建制度是如何不合理、如何不自然,以及对社会经济的发展具有何种阻碍作用;它也没有揭示出资本主义经济生活中存在的客观自然规律。为了寻求经济的内在自然规律,关注长期以来困扰人们的失业和贫困问题,"国家致富"问题变得日益重要和清晰起来。这一思想集中体现在英国经济学家亚当·斯密于 1776 年出版的名著《国民财富的性质和原因的研究》(简称《国富论》)中。书中的如下这段话被认为是对著名的"看不见的手"这一现代市场经济准则的高度总结:

"每个人都试图运用他的资本,来使其产品得到最大的价值。一般来说,他既不打算促进公共的利益,也不清楚自己在多大程度上增进那种利益,他所追求的仅仅是他个人的安乐,他所盘算的仅仅是他个人的利益。在这种场合下,像在其他许多场合一样,他受着一只看不见的手的引导,去尽力达到一个他并不想达到的目的。由于追逐个人的利益,他同时也促进了社会利益,其效果比他真正想促进社会利益时所得到的效果更大。"

"看不见的手"的主要观点就是:如果市场能够自由运作,且每一个经济主体均以其自我利益最大化为原则来引导各自的经济行为,总体经济的运行将会处于良好状态。诚如亚当·斯密所言,只要遵循"看不见的手"的自动调节,经济就能繁荣,而国家的干预只会破坏这一规律的作用。于是"看不见的手"竟成为最流行和最受推崇的至理名言。同时,以经济自由主义为中心思想的《国富论》的出版也标志着政治经济学作为一门独立的学科正式诞生,史称"斯密革命"。

在"自由放任"这一思想支配下,古典经济学研究的中心仍然是国民财富的增长。他们认为:财富是物质产品,增加国民财富的途径是通过增加资本积累和分工来发展社会生产。围绕着国民财富的增长这一研究中心,古典经济学时期的经济学家们研究了经济增长、价值、价格、收入分配等经济问题,同时,他们还力图阐明各种经济现象的内在联系,把理论研究从流通领域转向了生产领域,从而提出了劳动价值学说,并在不同程度上探讨了剩余价值的各种具体形式(利润、利息、地租),初步尝试性地分析了社会总资本的再生产与流通。古典经济学代表人物亚当·斯密、大卫·李嘉图所提出的劳动价值学说、有关剩余价值的论述以及对社会资本再生产与流通的分析等内容被马克思加以继承与发展,成为马克思主义政治经济学的来源。

延伸阅读1

帝国主义科学[①]

20世纪中,人们流行将经济学戏称为"沉闷的科学"——由英国批评家托马斯·卡莱尔在19世纪50年代创造的一个含有嘲弄之意的名词。卡莱尔曾说过"教会鹦鹉说'需求'和'供给'就把鹦鹉培养成为一位经济学家了",并大力抨击他称为"无政府加警察"的自由放任资本主义。

然而,进入21世纪,人们的态度发生了急剧的变化。不再"沉闷"的经济学,已经在重新打造自身并向新领域猛烈扩展。扩展速度之快,以至于需要另一个词汇来修饰它了。就像一支侵略军,亚当·斯密的科学正在占领整个社会科学领域——法律、金融、政治、历史、社会学、环境主义、宗教甚至还有体育运动。因此,我将21世纪的经济学称之为"帝国主义科学"。

(二) 经济学的逻辑假定前提

当世界为只有鲁滨孙一个人生存的小岛时,可以不需要经济学,但从一个人发展成一个群体即人类社会时,经济学便不可或缺。经济学是一门社会科学,它是一个涉及人类的生存以及借以组织人类自身的活动来满足人类物质与非物质需要的社会系统[②]。正如

---

① 史库森.经济思想的力量[M].王玉茹,陈纪平,译.上海:上海财经大学出版社,2005:9-10.
② 托大罗.经济发展[M].黄卫平,等译.北京:中国经济出版社,1999:10.

约翰·麦克米兰在其《重新发现市场》一书中所言:现代经济是一个高度复杂的体系,至少像物理学家和生物学家所研究的体系一样复杂;经济生活的体系还有另一层复杂性,它是由活生生的人所组成的。因此,经济学总是与普通经济生活中的人的行为密切相关。而植根于同一个社会环境中的人类一切经济行为的出发点和原动力就是人类的欲望。人类的欲望有一个基本的特征:无穷无尽性,即欲壑难填!苏格拉底曾经说过:"我们的欲望越少,我们越近似上帝!"但不幸的是,人类这种动物总是被欲魔缠身。人生痛苦有二:其一是欲望没有得到满足;其二是欲望得到了满足。那么,欲望是如何得到满足的呢?

欲望的满足乃是通过产品和服务的消费得以实现的,是否能够获取这些满足人类欲望的产品和服务则取决于生产,即投入经济资源(或称生产要素)获取产品和服务的过程。由于欲望的无穷性特征,满足人类欲望的手段相对于欲望而言就是不足的,即资源是稀缺的。因此,我们可以对稀缺性下这样一个定义:相对于人类社会的无穷无尽的欲望而言,生产满足人类欲望的经济物品(即人们必须付出相应代价才能得到的物品)所需要的经济资源总是不足的。这种资源的相对有限性就是资源的稀缺性。资源的稀缺性是一切问题产生的根源,是现代经济学产生的基本逻辑假定前提。

从资源稀缺性这个假定前提出发,经济学就要确立什么是合乎理想的、什么是不合乎理想的,以满足人类对自身欲望的追求为目标的价值判断标准。对此,经济学给出的答案是,人是追逐私利的,而且是以最大限度地满足自利为唯一目标。这就是"经济人"的假定,即每一个从事经济活动的当事人所采取的经济行为都是力图以最小的经济代价去获取自己的最大经济利益。

(三) 经济学的研究对象

面对稀缺的资源,人类不得不做出选择。选择包含三个相互联系的问题:生产什么和生产多少,如何生产,为谁生产。这三个问题是任何人类社会都面临的基本经济问题,我们称之为"资源配置"。因此,以资源稀缺性为出发点,资源配置就是人类必然面对的首要问题。

那么,利用何种手段或者何种方式实现资源配置为好呢?一般而言,实现资源配置的手段或方式较多,例如计划方式、市场手段、多数法则、竞赛规则、抽签、个人特征、暴力等。在这些手段当中,计划方式和市场手段是两种主要的资源配置方式。绝大多数经济学家认为,相对于计划而言,市场通常是配置资源的一种较好的方式。然而,姑且承认市场的竞争效率,但对于市场的认识,也不能过于绝对,"……至少应该指明,在生产与消费之间,市场仅仅是个不完善的连接件,光是它的'局部性'就足以说明它是不完善的了"[①]。约翰·麦克米兰关于市场的论述可以说恰到好处:"……那些政治上的'极左'人士痛恨贫困现象,但他们所主张的政策却会导致贫困的持续。相反,那些过分鼓吹市场至上的自由主义的狂热拥护者,所倡导的体制却会招致市场体系的自我毁灭。……(我)一直在倡导人们用一种更加现实的态度来看待市场,对市场的认识不应该像那些类似宗教的信仰一样,要么认为它完美无瑕,要么批评它生性邪恶。市场方式本身并不是一种目的,而是人们用来提高生活水平的一种

---

① 布罗代尔.资本主义的动力[M].上海:三联书店,1997:29.

手段。它的本身并没有什么魔力,也不会永垂不朽。它可以帮助人们取得令人骄傲的成就,也有可能运作得非常糟糕。一个特定的市场运作是好是坏,要取决于它的具体设计。"①

经济学是研究人和社会如何作出选择,来合理配置与有效利用可以有其他用途的稀缺的资源,并进行生产,然后把产品分配给社会成员,最终使人类欲望得到充分满足的一门科学。经济学是研究个人、企业、政府和整个社会面对稀缺资源所作出的选择,影响这些选择的决定以及协调它们的安排。简而言之,经济学是研究有关选择的一门社会科学。

二、宏观经济学的研究对象与任务

(一)宏观经济学的产生

按照研究对象的不同,现代经济学通常被划分为微观经济学和宏观经济学。微观经济学是研究单个经济决策单位在市场中的行为及其相互作用的学科,其核心问题是资源配置问题。

宏观经济学的产生是从一件具有决定性意义的历史事件开始的,这就是1929~1933年暴发的席卷整个资本主义世界的经济大萧条。这场大萧条导致英国1933年的失业率超过20%;美国1933年的失业率上升到25%,经济的产出量减少1/3,货币工资和消费品价格均下降30%,农产品价格下跌50%。最引人注目的事件是1929年10月下旬纽约股票市场的大崩盘。股市崩盘之后接着就是惊慌的储户挤兑,使银行破产剧增。1929~1933年,有11000家美国银行倒闭,由于当时没有存款保险,那些来不及提取存款的人,一夜之间失去了一切,大约有20亿美元的存款遭受损失。

这场大萧条的发生几乎使人们对资本主义制度丧失信心,也给传统经济学理论带来致命的打击。在这场大萧条面前传统经济与理论难以自圆其说,许多人在感叹着:难道资本主义真的如马克思所预言的那样走上了穷途末路?难道政府就只能袖手旁观,无能为力了吗?正是在这种背景之下,受传统经济学理论熏陶的凯恩斯于1936年出版了《就业、利息和货币通论》,从传统经济学城堡内部向传统经济理论的基础发起了猛攻,力求改变人们对经济问题的传统思维定势。在《就业、利息和货币通论》这本书中,凯恩斯提出了自己的较为系统的理论体系和政策主张。这本书的出版被称为"凯恩斯革命",这本书也被公认为是现代宏观经济学的开山之作。因此,宏观经济学的产生,被认为是应对大萧条的产物,以及对凯恩斯在《就业、利息和货币通论》这本著作中所开创的理解经济所经历的大规模、长期失业的分析框架的诠释之果。

二战后的20世纪四五十年代,西方国家普遍推行凯恩斯的政策主张造成二战后资本主义世界的空前繁荣局面,被称为凯恩斯主义时代。20世纪50~70年代,凯恩斯主义经济学家将研究的重心聚焦于总需求冲击所导致的就业波动,这种需求导向的经济分析方法的政策指向无疑就是政府干预以防止波动的延滞。而政府干预的政策选择就定位于财政政策和

---

① 麦克米兰.重新发现市场[M].余江,译.北京:中信出版社,2014:295-296.

货币政策。然而,20世纪70年代后,尤其是1974年美国深陷经济衰退之中的客观现实,使得一部分经济学家认识到经济衰退的根源实际上是第一次石油价格上涨所导致的经济的总供给面,凯恩斯主义总需求冲击理论无法对此加以解释并提出可行解决对策。这种对经济波动根源的重新认识导致宏观经济学从需求面经济学转向供给面经济学。

(二) 宏观经济学的研究对象

宏观经济学这个术语一般认为是挪威经济学家弗里希于1933年提出的。宏观经济学中的"宏观(Macro)"一词源于希腊文的"Makros",意思是"大"。顾名思义,宏观经济学就是研究"大"问题的,是从国家角度研究整个经济的经济学,即研究整个国民经济活动的经济学。

宏观经济学把整个国民经济作为一个整体来研究,主要研究一个国家的经济总量大小的决定因素,不同国家经济运行绩效差异及其原因,经济运行短期波动的冲击因素,通货膨胀、失业等问题产生的原因以及它们之间的相互关系,并且为政府试图解决多种经济问题而制定的经济政策提供理论上的指导。换句话说,宏观经济学在研究一国经济时,旨在分析一国经济内部相互作用和相互抵触的主要经济变量有哪些,是什么力量在经济中发挥作用,经济活动达到了什么样的水平,理想的经济活动水平是什么样的,我们应当怎样实现预定目标等。然而很不幸的是,不同的经济学家由于各自的立场不同,分析问题的视角不同,从而使得他们对以上宏观经济问题的看法表现出"横看成岭侧成峰,远近高低各不同"的特征。但是也正是因为宏观经济学理论呈现出多样性和丰富性的特征,使得学习宏观经济学将会是一次充满乐趣的经历。

宏观经济学的政策导向性非常明确,它要揭示政府的经济政策在多大程度上影响国内生产总值(GDP)和总就业水平,政策导向性错误导致物价水平扭曲的程度,什么样的政府政策能够使得通货膨胀以及就业水平处于最优的理想水平上。

(三) 宏观经济学的三大任务

宏观经济学研究的是总体经济的运行规律,首先面临的就是如何对总体经济的运行状况进行衡量。一般而言,衡量总体经济运行状况的指标较多,常见的有经济增长率、失业率、通货膨胀率、利息率、汇率等。其中,经济增长率、失业率和通货膨胀率是最为关键的三个指标。

对总体经济运行状况的衡量只是第一步,为什么经济运行会是指标反映的那个状态?经济是否能够持续向好,还是有可能朝向坏的方向? 为什么有时会出现"金发女孩经济"? 这就要提出理论、构建模型,对经济运行进行合理解释。因此,宏观经济学的第二大任务便是解释总体经济运行状况。通常用来解释经济运行规律的理论包括收入-支出模型、总需求-总供给模型等。

宏观经济学的第三大任务是改善总体经济运行状况。对宏观经济运行状况的衡量也好、解释也罢,其最终目的是改善宏观经济运行的绩效,以增进人类的福利水平。

宏观经济学的三大任务决定了宏观经济学所要研究的内容及其内在逻辑关系。可将宏观经济学的三大任务(即衡量总体经济运行状况、解释总体经济运行状况和改善总体经济运行状况)及研究内容归纳如图1.1所示。

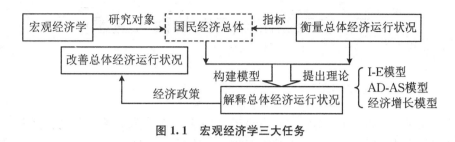

图1.1 宏观经济学三大任务

(四)宏观经济学之于管理者的重要性

在社会经济生活中,常有这样一种认识:工商管理硕士(MBA)专业既然是培养企业家、造就职业经理人的专业,那么,只要懂得市场营销、人力资源管理和企业发展战略,只要懂得管理经济学理论和企业管理原理就可以了,懂不懂得宏观经济理论似乎关系不大。事实果真如此吗?如果一个企业家对宏观经济学的基本理论一无所知,缺乏对宏观经济形势与政策的分析、预测和研判,那么,即使他对企业经营管理方面的知识有足够的掌握,也很难说他就能成为一个出色的经理人或企业家。例如,对短期经济波动的认识与经济所处阶段的研判对管理者来说非常重要。如果你是一个职业经理人、企业决策者或者CEO,你就必须清楚地了解:当前总体经济发展处于什么阶段,是处于经济的扩张阶段,还是处在经济的收缩阶段,也就是说,经济是繁荣还是衰退;如果经济处于收缩阶段,那么经济是处于衰退还是陷入萧条,经济的谷底在哪;何时会出现复苏,复苏动力在哪等问题,这对于你制定企业发展战略十分重要。

再比如,中国经济当前处于新常态阶段,那么这个新常态阶段的内涵是什么?"新"在何处?新常态的提出有什么理论依据,呈现什么特征,新常态与供给侧结构性改革是什么关系?为什么要构建新型政商关系?为什么要激发企业家精神?为什么营商环境也是生产力?如果你没有系统地学习宏观经济学基本理论,你可能也会通过互联网、微信、微博以及其他渠道有所知悉,但往往会陷入一知半解的苦恼之中;因为在这个人工智能、互联网等新技术、新产业突飞猛进带来巨变的新时代,你的知识体系无力回应现实。系统学习宏观经济学基本理论,只不过是为你在这个日渐混沌的世界图景中确立一个观察思考问题的坐标系,为你提供一个分析思考"真"问题的价值判断标准而已!

又或者,你的企业准备进行海外拓展,想把它发展成一个跨国公司,这时国家的"一带一路"倡议会给你的企业跨国投资带来什么机会?你不仅要懂得国内利率、汇率知识,还要熟知投资所在国的宏观经济指标,如该国的经济增长率、通货膨胀率、利率、税率等,以判断能否投资、存在多大风险。

总之,学习宏观经济学,就是要教你掌握分析和判断经济运行状况的方法,学会运用理论的洞察力去判断经济走势,建立观察和思考经济问题的逻辑思维框架,并运用所学的新知识去帮助你作出理性决策。可以这样说,学习宏观经济学,会大大改变你对以往事物的看法,改变你对中国和世界的看法,会让你以新的方法去理解所面对的现实,作出合乎理性的判断。

三、宏观经济学研究的两大主题

（一）长期经济增长

经济增长是一个古老的问题,这一古老问题吸引经济学家的关注已经长达几个世纪。古典经济学的代表、现代经济学的奠基人亚当·斯密的《国富论》可以说是研究经济增长问题的开山之作。在书中,亚当·斯密提出了何种因素决定一国财富多寡这个问题。1890年,伟大的英国经济学家马歇尔将探求经济增长称为"经济学最迷人的领域所在"。罗伯特·卢卡斯在其1988年的一篇论文中写道:"(经济学家)一旦开始考虑经济增长,就将无暇他顾。"然而对经济增长问题的研究偏误也曾给经济学带来了让人误解的成分。这就是托马斯·马尔萨斯对经济增长前景所作的错误预测,这一错误预测导致了经济学被人们称为"沉闷的科学(the Dismal Science)"。

一般说来,经济增长是指一个国家或一个地区生产的商品和劳务的总量的增加,即GDP的增加(图1.2)。如果考虑到人口增加和价格变动情况,经济增长应包括人均真实GDP的增长。一般用经济增长率来衡量经济增长。

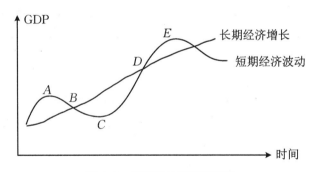

图1.2 经济增长与经济周期

（二）短期经济波动（或经济周期）

1929～1933年的世界经济大萧条催生了凯恩斯主义经济学,也使得经济学研究的重点从长期经济增长转向了对短期经济波动(即经济周期)的关注。在现代经济学中,经济周期是一个富有成果的研究领域,一批著名经济学家汇集在这个研究领域里,并且作出了卓越的贡献。

所谓经济周期,是指实际的GDP相对于潜在GDP的稳定增长趋势呈现出或升或降的有规律的波动(图1.2)。

经济增长理论与经济周期理论是紧密相关的。经济周期着重研究短期经济波动,而经济增长理论则着重阐明经济的长期发展趋势。经济周期理论主要分析总需求(AD)问题,说明AD变动如何引起短期周期性波动;而经济增长主要分析总供给(AS)问题,说明如何增加 AS,以使经济长期稳定发展。经济增长与经济周期实际上是一个问题的两个方面,因为每个经济都是在波动中实现增长的。

四、衡量宏观经济基本面的关键指标与数据解读

(一)经济增长率

经济增长率通常是指真实 GDP(Y)的增长率或人均真实 GDP(y)的增长率。其计算公式为

$$\frac{\Delta Y}{Y} = \frac{Y_t - Y_{t-1}}{Y_{t-1}} \times 100\%$$

或者

$$\frac{\Delta y}{y} = \frac{y_t - y_{t-1}}{y_{t-1}} \times 100\%$$

图 1.3 为全球经济的年平均增长率,图 1.4 为 1978~2016 年中国经济的年增长率。

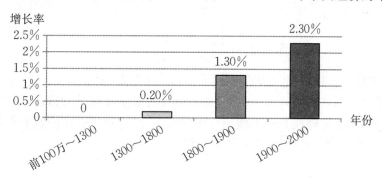

图 1.3 全球经济的年平均增长率

资料来源:哈伯德.宏观经济学[M].5 版.王永钦,李博,译.北京:机械工业出版社,2016.

(二)失业率

劳动力是指能够为社会提供物质产品与劳务的人,在人口总数中只有部分是劳动力,未成年人、在校学习的学生、退休和丧失劳动能力的成年人都不包括在劳动力之中,劳动力总量是就业者和失业者的总和。

就业是指正处于受雇佣状态或自我雇佣状态,自我雇佣指自己不从事有收入的工作。就业人数是指全日工作的成年人的数量,失业则是指有劳动能力并愿意工作的人得不到适当的就业机会,没有劳动能力的人不存在失业问题。有劳动能力、没有职业、自身也不想就业的人不称为失业者,失业人数是指没有工作但却在积极寻找工作的成年人的数量,失业率则是用来衡量失业状况的,失业率表示在劳动力中失业者所占的百分比,即

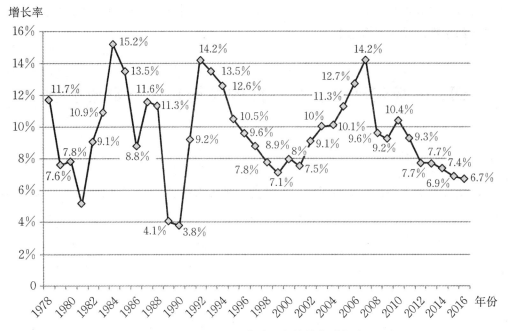

图1.4　1978～2016年中国经济的年增长率

资料来源：中华人民共和国国家统计局网站。

$$失业率 = \frac{失业者人数}{劳动力总数} \times 100\%$$

就业和失业随经济的周期波动而变化，在经济繁荣时期，就业水平高，失业率低；在经济萧条时期，就业水平低，失业率高。失业人数是劳动力总量和就业人数之差，在其他因素不变的情况下，就业水平下降或劳动力增加均可导致失业人数增加，即使就业水平不断提高，如果劳动力增长快于就业的增长，失业人数仍将增加。

（三）通货膨胀率

价格水平指在经济中各种商品价格的平均数，它通常用具有重要影响的某些大类商品价格的指数衡量。在西方国家的宏观经济中，衡量价格水平的价格指数主要有消费者价格指数、生产者价格指数和GDP价格指数。

一般而言，可以用任何一个指数来计算通货膨胀率，但往往使用CPI计算通货膨胀率较为常见。图1.5为中国1979～2018年通货膨胀率。

通货膨胀率的计算公式如下：

$$\pi = \frac{P_t - P_{t-1}}{P_{t-1}} \times 100\%$$

其中，π表示通货膨胀率，P表示价格指数，t表示时期。

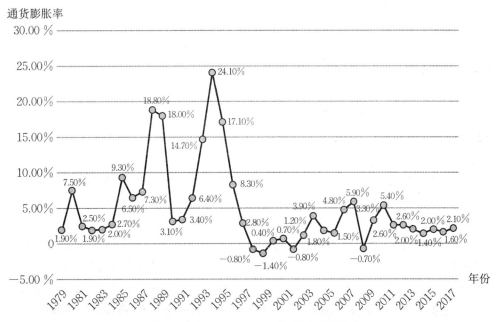

图 1.5 中国 1979~2018 年通货膨胀率

延伸阅读 2

一切皆因亚当·斯密而起①

米尔顿·弗里德曼曾经说过:"亚当·斯密属于他那个时代的激进派和革命派——就像我们时代中那些宣扬自由放任的人们。"当亚当·斯密在完成一部经济思想史著作之后,马克·史库森得出如下结论:尽管有穆里·罗斯巴德和其他批评者的反对,亚当·斯密这位18世纪的道德哲学家、著名的《国富论》的作者应该被称为现代经济学的鼻祖。

原因是亚当·斯密最先深刻地叙述了现在被称为福利经济学第一定理的东西:看不见的手会自动地把自利行为转换成公共福利。乔治·斯蒂格勒正确地将斯密的自由放任资本主义模型(斯密本人从未使用这个术语)称为《国富论》的"皇冠上的明珠"和"所有经济学中最为重要的基本命题"。他叙述道:"斯密有一个压倒性的重要成果:他把对竞争环境中人类追逐自利行为的系统分析纳入了经济学的核心内容。"

简而言之,斯密的主题是:一个"自然自由系统",即一个允许个体在竞争环境中和共同规则下追逐自利的经济系统。该系统将会是一个自我规范和高度繁荣的经济体。去除对价格、劳动力和贸易的限制,意味着可以通过更低的价格、更低的工资和更好的产品使得普遍的繁荣最大化。斯密向读者保证他的模型将导致"普及到最下层人民的那种普遍富裕"。

事实上他已经做到了。出版于1776年的《国富论》是一声响彻世界的惊雷,是响应托马斯·杰弗逊的政治独立宣言的一次经济学的独立宣言。在它出版后不久就发生工业革命和突然高涨的经济增长并不是巧合。恰如卢德威格·冯·米塞斯所言:"他为自由放任资本主

---

① 史库森.经济思想的力量[M].王玉茹,陈纪平,译.上海:上海财经大学出版社,2005:306-311.

义的前所未有的成功铺平了道路。"

一、支持或反对斯密

在过去几年的研究和写作生涯中,马克·史库森发现最令人惊奇的事情就是:经济学界里每一个重要人物——无论是马克思、米塞斯、凯恩斯还是弗里德曼——均可以用是支持还是反对斯密的看不见的手原理来加以评判。马克思、凡伯伦(著有《有闲阶级》一书)、凯恩斯,甚至还有斯密的英国门徒马尔萨斯和李嘉图,对亚当·斯密的古典资本主义模型都采取抵制态度。与此同时,阿尔弗雷德·马歇尔、欧文·费雪、米塞斯、弗里德曼及其他人则对斯密经济学进行了重新表述和改进。

例如,凯恩斯对亚当·斯密的世界观就表示了不同的意见。"个体在其经济活动中追求传统的'自然自由'并不是真实情况。……普遍的自利行为也并非是启蒙性的。……实践并没有表明组成某种社会组织的个体总是比单个行动时更加盲目。"凯恩斯的巨著《就业、利息和货币通论》的基本观点就是:资本主义的内在是不稳定,其生存需要大量的政府干预。凯恩斯的门徒保罗·萨缪尔森正确地理解了他的真实含义:"出于对总体需求和就业的考虑,凯恩斯否定了将每个个体以自我为中心的行为转换成社会最优的看不见的手的存在。"这样,我们可以得出结论:凯恩斯经济学是亚当·斯密的自然的自由体系的一个敌人,而不是它的拯救者。

卡尔·马克思则走得更远。马克思不是创建一个自由的自然体系,而是准备去摧毁它。当代的马克思主义者约翰·罗伊米尔也持同样的观点。斯密与马克思之间的"主要区别"在于:"斯密认为个人追求私利的行为会带来造福总体的结果,而马克思则断定对私利的追求会导致无政府状态、经济危机和这个以私有财产为基础的制度自身的毁灭。……斯密讲道,尽管个体和自利组织不会考虑其行为的结果,而看不见的手会引导他们从事导致社会最优的行为;而马克思主义的直喻就是说竞争的铁拳会彻底摧毁工人阶级,使他们的境况比起在另一个可行的制度,即一个基于社会或公有财产所有权的制度下更为悲惨。"

二、英雄人物亚当·斯密

按照一个独立的标准——亚当·斯密的看不见的手原理来衡量经济学家,马克·史库森说他发现可以用一个新的方法来整合经济思想史。实际上,以前的经济思想史作品,包括罗伯特·海尔布伦纳的流行著作《世俗哲学家》,只是将经济学的历史呈现为一个接一个没有解决的、相互冲突的观点,或者是一条运动着的真理之线。这种含混不清的历史方法让读者迷惑不解,难以从"谷糠"中分辨出"小麦"。

马克·史库森的新方法则是将亚当·斯密及其自然自由体系置于判定标准的核心。将它想象成一个描述一位非凡英雄的很好的戏剧故事。亚当·斯密和他的古典模型经历了一个又一个战斗来对抗重商主义以及自由主义的其他敌人。有时甚至他的"可悲的"门徒(马尔萨斯、李嘉图和穆勒)也伤害了他。幸好有边际革命的领军人物(门格尔、杰文斯和瓦尔拉斯)拯救了他并使其理论成为一门新学科的灵感。

但是,在大萧条以及战后时期,这个"新古典"资本主义模型受到来自凯恩斯革命的最大威胁。幸运的是,故事有一个不错的结局。尤其是通过弗里德曼和哈耶克等自由市场的倡导者的不懈努力,亚当·斯密的资本主义模型获得重建,并取得最终胜利。正如米尔顿·弗里德曼所宣称的那样,"以评价的趋势来判断,我们已经赢得了这场思想战争。每个人——左派还是右派——都在谈论市场、私有产权、竞争和有限政府的好处。"

延伸阅读 3

凯恩斯是一位社会主义者吗？①

凯恩斯是一位社会主义者吗？这是一个复杂的问题，尤其在东欧的前"社会主义"国家正纷纷经历向自由市场转变的动荡时期。

当然，凯恩斯无论是在政治上，还是在分析方法上都不是一个马克思主义者。在政治上，他是一个自由主义者，是不具有社会主义外貌和政策的英国工党的一名成员。看来他甚至没有仔细研究过马克思，他经常嘲弄他的意大利共产党同事皮罗·斯拉法，称他为"那个卡尔·马克思家伙"。

但是，凯恩斯赞成以任何形式对经济系统实行中央计划的做法吗？在某种程度上，是的。他关注投资的周期性不稳定情况和与之相应的自由市场资本主义下繁荣与萧条的波动，这使他也想过把利率下降到很低的水平以确保充分就业的潜在好处。他写道，这样做会让"食利者和毫无贡献的投资者都寿终正寝"，这班人之所以获得收益，仅仅是因为资本的不必要的稀缺。

由于中央银行的行动不能把利率降到足以使这些目标实现，凯恩斯于是准备支持"一套比较全面的投资社会化方案"。他主张对投资的引导和控制可以来自公共而非私人部门。

这就是社会主义。但这是一种审慎的社会主义，因为凯恩斯立即补充说，这种投资社会化"不一定会排斥各种各样的协议以及把政府权威和私人主动性相结合的方式"。而且，这计划仅限于投资："除此之外，没有明显的理由需要搞一套国家社会主义，把社会经济生活的大部分都包括进去。""说到底，"凯恩斯论证道，"重要的并不是让国家来承担生产资料的所有权。如果国家能够决定用于增加生产手段的资源总量，和对那些资源所有者的基本报酬，它就做完了该做的一切。"

当时，凯恩斯对德国流亡出来的古怪的阿根廷社会哲学家西尔维奥·格塞尔表示出的热情并非开玩笑而是严肃的。他说格塞尔虽然是个"怪人"，但却是一个"奇特的，受到不应有的忽视的先知"。格塞尔明确地力图构建一种凯恩斯正确描述为"反马克思主义的社会主义"的东西。当凯恩斯在思索"一种略带全面性的投资社会化"时，他坚持自己的打算，一方面可以避免集权主义，另一方面"保留"了"现今资本主义制度下的个人主义"的合理成分，也就是"效率和自由"的双重好处。但是，凯恩斯担心，如果不采取措施来结束失业危机，恐怕很少有人会继续容忍"现今资本主义制度下的个人主义"的种种弊端。

现在还没有证据表明凯恩斯推行过他的投资社会化建议，它只是在《就业、利息和货币通论》的后几页简短地表露出来。凯恩斯以后，凯恩斯主义经济学也从未表现出强烈的社会主义倾向。20世纪三四十年代英国工党的"真正社会主义者"（例如伊万·德宾和休·茨克尔）寻求英国经济的根本改组。但是，"自由的"工党分子像诺贝尔奖金得主詹姆斯·米德之流一样，把凯恩斯的启示理解为失业可以由扩张性的政策治好而不必触动私营企业的国有特征。这种意见在凯恩斯主义者中间一直流行到今天。

---

① 加尔布雷思，戴瑞提.宏观经济学[M].孙鸿敞，刘建洲，译.北京:经济科学出版社,1997:54-56.

第二讲　宏观经济运行的衡量与监测

> 约翰·梅纳德·凯恩斯在创建最终的 GDP 体系方面所起的作用,以及他与西蒙·史密斯·库兹涅茨就公共支出所处的位置展开的争论——即 GDP 公式中的 G——一直以来都是经济学史上不为人知的秘密。
>
> ——伊桑·马苏德①

2011年2月,日本共同社发布消息称:"日本内阁府数据显示,2010年日本名义 GDP 为54742亿美元,比中国少4044亿美元,排名全球第三。"尽管这则"中国成为世界第二大经济体"的消息使几乎每一个中国人都感到振奋,但事实上许多人并不知道这意味着什么。

在中国经济近30年的高速增长过程中,关于国民经济不断攀升的每一组数据都备受关注。2017年2月7日,普华永道发布的2050年全球经济前景报告称:"若以购买力平价(PPP)计算,预计中国到2050年将成为全球最大经济体,GDP 占全球的比重约为20%。"

一个庞大的社会经济体系是怎样运行的? 运行状态如何? 似乎总让我们感到难以及时、完整、准确地将它展示出来。实际上,这个问题早在20世纪初就已经有了一个可行的方案。

想要把一个国家(或一个地区)的总体经济状况准确而又清晰地展示出来并不是一件简单的事情,美国哈佛大学的西蒙·史密斯·库兹涅茨教授从20世纪30年代起在国民收入核算领域中的一系列研究成果,就提供了这样一套关于国民收入及其组成部分的计算方法,这套理论经过一个世纪的发展,形成了我们目前用于全面展示社会经济状况的国民收入核算体系。

国民经济是一个庞大而又复杂的体系,这个系统由主体、客体、市场和运行环节四大要件构成。主体分别有企业、居民、政府和国外四种类型;客体是那些被主体操控的对象,有产品、劳动和货币;市场是进行客体交易的环境,既有国内市场,也有国外市场;运行环节是包括生产、分配、交换和消费等在内的完整运行程序。这个系统有自发运行的能力,但绝不只是自发进行的。对一个国家(或一个地区)的总体经济状况进行描述需要从了解这个体系的运行开始。

专　栏

哈佛大学教授西蒙·史密斯·库兹涅茨在1941年出版的《国民收入及其构成》和英国

---

① 马苏德.GDP 简史[M].钱峰,译.北京:东方出版社,2016:45.

剑桥大学教授理查德·斯通在1944年发表的《国民收入和支出》先后提出了国民收入和产出账户,并以他们在这一领域的杰出贡献分别于1971年和1984年获得诺贝尔经济学奖。

一、国民收入及其核算体系

宏观经济理论主要是研究宏观大系统所处的状态是怎样的,是怎样运行的,以及与之相关的系统优化问题。把宏观大系统的现状和运行描述出来,称为国民收入核算与决定。国民收入(National Income)是指一个国家或一个地区在一定时期内劳动者新创造的价值总和。

国民收入核算是以整个国民经济为总体进行的全面核算,是在一定的经济理论指导下,运用统计核算、会计核算、业务核算等方法,从实物资产、金融资产、物质产品和劳务等各个角度进行的存、流量测定。

国民经济核算是通过使用一个由众多指标构成的核算体系进行的。核算体系是一个国家或地区在国民经济核算中形成的由各种总量及其组成成分之间相联系的指标的概念、定义、分类、计算方法、表现形式和记录手续所构成的一个标准和制度规范。正如我们所看到的那样,不可能用一个指标就把整个国民经济中每一个细节的状态完整准确地描述出来,把一系列描述社会经济不同侧面的指标结合起来,共同完成这项工作才是我们的解决问题的基本思路。

目前,被国际上公认并采纳的国民收入核算体系是国民账户体系(The System of National Accounts,即 SNA 体系;又称国民经济核算体系,即 System of National Account)。这个体系以西方经济理论为依据,将国民生产总值作为核算国民经济活动的核心指标,认为创造的物质产品和提供服务的劳务活动都是创造价值活动的。

延伸阅读 1

历史上,官方首次较为系统地测度宏观经济活动是在1925~1939年,但在这一时期,并没有将宏观经济测度方法标准化。直到1947,英国经济学家理查德·斯通所领导的专家小组为联合国起草了《国民收入的计量和社会账户的建立》的报告(UN,1947)。这个报告是现代国民经济核算体系(SNA)的雏形。斯通为联合国起草的这个报告是为从理论层面构建国民经济核算体系而编写的,其方法性较强。

为了实施马歇尔计划,西欧诸国和美国、加拿大于1948年共同发起成立了欧洲经济合作组织(OEEC,经济合作与发展组织 OECD 的前身)。斯通作为负责人为 OEEC 开发了一套标准化的国民经济核算账户(OEEC,1952)。这套核算账户具有很强的实践操作性,迅速在 OEEC 成员国的官方统计中得到推广应用。1953年联合国责成斯通为其开发了可以在世界范围内应用的国民经济核算体系(UN,1953)。SNA1953 版本的发布标志着现代国民经济核算体系的建立。

1968年,SNA 经国民经济核算专家们的精心设计和开发,形成了包括投入产出核算、资金流量核算、国际收支核算等20个账户在内的新体系,成为全面系统地反映国民经济运行状况的重要工具。

1993年,5个国际联合组织再次修订SNA,标志着SNA的成熟,使得SNA更加可行,更加容易被接受。

联合国等国际机构于2011年联合发布了《国民账户体系(2008)》(SNA2008)。SNA2008在"序言"中将SNA此次修订之后的功能特点概括为以下三个方面:为国民经济核算提供了几乎全球普适的指导;承认需要灵活应用;增强了国民账户体系在统计体系中的中心地位。

国民收入核算体系包括5个总量指标:

(1) 国内生产总值(Gross Domestic Product,简称GDP)。它是指经济社会(一个国家或地区)在一定时期内运用生产要素所生产的全部最终产品(包括产品和劳务)的市场价值的总和。

(2) 国内生产净值(Net Domestic Product,简称NDP)。它是指经济社会(一个国家或地区)在一定时期内用于销售的一切产品和劳务价值总和减去生产过程中消耗掉的资本余下的部分,即是一定时期内新创造的价值。

(3) 国民收入(National Income,简称NI)。它是指经济社会(一个国家或地区)在一定时期内提供服务所获得的报酬总和,即工资、利息、租金和利润的总和。

(4) 个人收入(Personal Income,简称PI)。它是指经济社会(一个国家或地区)在一定时期内个人所得的收入的总和。

(5) 个人可支配收入(Personal Disposable Income,简称PDI)。它是指经济社会(一个国家或地区)在一定时期内个人可以支配的全部收入。

其中国内生产总值是SNA体系五大总量指标中的核心指标。

(一) 国内(民)生产总值——GDP(GNP)

国内(民)生产总值是对一个经济社会在一定时期内总体经济能力进行综合衡量的指标,可以把它定义为"一个经济社会在一定时期内新创造的全部最终产品和服务的价值"。准确理解这个定义才能精准地进行国民收入核算。

延伸阅读2

依据国际法关于管辖权限划分的基本准则——"属地原则"和"属人原则"来理解"一个经济社会"的有效范围(图2.1)。如果按照"属人原则"来进行核算,那么,凡是一个经济社会(一个国家或一个地区)的全体居民,在这个时期生产的全部最终产品和服务的价值都将成为这个经济社会的生产总值,而无论这个居民在这个时期是否生活在这个经济社会范围内,这样核算出来的生产总值称为国民生产总值,简记为GNP。如果按照"属地原则"来进行核算,那么,凡是一个在经济社会(一个国家或一个地区)管辖的领土范围内,在这个时期生产的全部最终产品和服务的价值都将成为这个经济社会的生产总值,而无论这个居民是否是这个经济社会的居民,这样核算出来的生产总值称为国内生产总值,简记为GDP。

美国在1991年把使用GNP进行核算改为使用GDP进行核算,中国也在1999年进行了同样的改造。

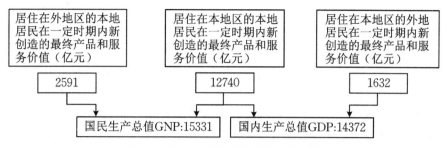

图2.1 国内生产总值和国民生产总值

哪些才是最终产品和服务?经济学给最终产品(Final Goods)的定义是"在一定时期内由最后使用者购买的产品和劳务",这意味着经济学判定最终产品是从"最后使用者"的角度进行的。与之相对应的一个概念是中间产品,是指生产出来而再被出售用于生产别种产品的产品。最终产品有三种存在形态——价值形态、收入形态和产品形态。价值形态是指在一定时期内所生产的全部商品和劳务的价值超过同期投入的全部非固定资产货物和服务价值的差额,即所有常住单位的增加值之和,用这种最终产品形态核算GDP的方法叫作"生产法"。收入形态是指所有常住单位在一定时期内所创造并分配给常住单位和非常住单位的初次分配收入之和,用这种最终产品形态进行核算的方法叫作"收入法"。产品形态是指最终使用的货物和服务减去进口货物和服务的价值,用这种最终产品形态进行核算的方法叫作"支出法"。

一个经济社会要生产成千上万的各种最终产品,有食品、家具,也有汽车和收割机。无论哪种形态的最终产品,从实物形态上讲都不具有实物数量加总的可能性,就像我们不能把3千石粮食与70万辆汽车加在一起一样,我们只能使用具有统一计量单位的最终产品形态进行加总和计算。

关于核算期的确定。核算期一般可以是一年、一个季度或一个月,以日历时间为准。凡是在核算期内生产的最终产品和劳务都应该纳入核算范围。值得注意的是,如果当年生产的最终产品价值未能在限定的时间内全部实现,则可把未实现部分视为存货,存货投资要计入GDP;如果当年的销售价值超过生产的最终产品价值,则视为存货投资减少,即负存货投资,则超卖价值被存货投资减少所抵消,不能计入GDP。此外,旧住宅买卖所发生的售卖价值不能计入GDP,因为它在生产年份已计算过了,但买卖过程中发生的交易费用,如经纪人佣金等,是当年发生的劳务价值,应计入GDP。

定义中的"市场价值"一词确定了生产总值的核算价格。这里的"市场价值"有两重含义,一重是说市场价值是市场行为产生的价值,非市场行为尽管也产生价值,但不计入GDP中。如家务劳动,自给自足的生产,地下经济等非市场活动都不计入GDP。主要是因为对此类活动所产生的价值量往往难以进行评估。第二重含义是说市场价值是依据当期的货币价值计量的,也就是按照现行价格核算的,这样核算的结果称为名义GDP。由于各时期的价格水平不同,如果我们要进行不同年份的GDP比较和分析,就必须将名义GDP转换为实际 GDP。

延伸阅读 3

存货(Inventory)与存货投资(Investment of Inventory):存货是那些已经被生产出来而尚未被卖出去的最终产品。那些陈列在商场货架上的和存放在仓库中的最终产品都属于存货。存货投资是存货变化量的价值,一定时期的期初会有上一个时期结存下来的存货,到了这个时期的期末又会有一个本期结存下来的存货,在这个时期内存货的改变(期末与期初存货的差额,又叫存货净增加)所占用的资金称为存货投资。

存量(Stock)与流量(Flow):存量是在某一个时点上经济变量已有的量值,而流量是经济变量在一定时期内改变的量值。结合这个定义,存货是一个存量,而存货投资是一个流量。旧住宅是以往时期生产出来的存货,而经纪人的佣金则是当期增加的服务价值。

(二) 如何从 GDP 计算得到 NDP、NI、PI、PDI

GDP 是一个国家境内一定时期所生产的物品和劳务的总值,它包括耗费的资本品价值。如果要反映一国一定时期生产的物品和劳务的净增值,需要用国内生产净值(NDP);如果要反映一国一定时期各种要素所有者的报酬,需要用国民收入(NI);国民收入并不能全部成为个人收入,衡量个人收入的指标是个人收入(PI);个人收入并不能为个人全部支配,衡量个人能支配的收入是个人可支配收入(PDI)。

(1) 国内生产净值(NDP)。国内生产净值是一定时期内一个经济社会境内生产所净增加的价值。

计算公式:

$$NDP = GDP - 折旧$$

(2) 国民收入(NI)。国民收入指按生产要素报酬计算的 GDP,又称狭义的国民收入。

计算公式:

$$NI = NDP - 间接税和企业转移支付 + 政府补贴$$

间接税和企业转移支付是产品价格的一部分,但不是要素报酬;政府补贴不计入产品价格,但是却形成要素报酬。所以前者扣除,后者加入。

(3) 个人收入(PI)。国民收入不能全部成为个人收入,利润收入中一部分要留下作为资本金并上缴所得税;企业和职工都要上缴社会保障税(费)等。另一方面,个人还会以各种形式从政府那里得到转移支付。

计算公式:

$$PI = NI - 公司未分配利润 - 公司所得税 - 社会保障费 + 政府转移支付$$

(4) 个人可支配收入(PDI)。个人可支配收入是个人获取收入后需上缴个人所得税,税后收入才是个人可支配收入,用以消费和储蓄。

计算公式:

$$PDI = PI - 个人所得税 - 非税支付$$

通过一张关系图可以清晰看以上指标之间的计算关系(见图 2.2)。

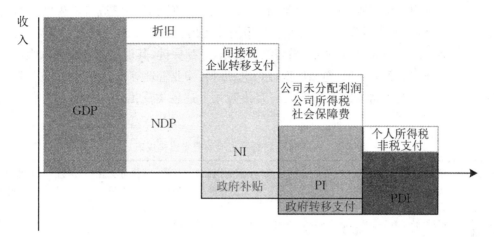

图 2.2　国民收入核算指标之间的关系

二、GDP 核算方法与应用

(一) 支出法

社会经济体系中的最终产品购买和使用者主体有消费者、生产者、政府和国外,这意味着,可以用这四类主体为获得各种最终产品和服务而支出的价值总和来核算整个社会经济体系对最终产品和服务的购买总量。对应于四类主体的支出行为分别是消费支出、投资支出、政府购买和净出口(图 2.3)。

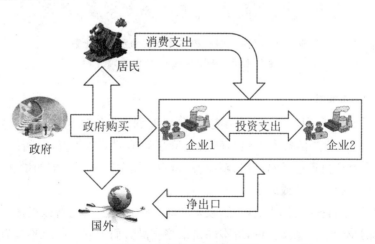

图 2.3　四类主体的支出行为

1. 消费(Consumption)

消费用"C"表示,是居民购买最终消费品的支出,包括耐用消费品、非耐用消费品和劳务的支出。在我国现行核算体系中,居民消费支出是指居民用于满足家庭日常生活消费需要的全部支出,既包括现金消费支出,也包括实物消费支出。消费支出可划分为食品烟酒、衣着、居住、生活用品及服务、交通通信、教育文化娱乐、医疗保健、其他用品及服务八大类。其中居住是指与居住有关的支出,包括房租、水、电、燃料、物业管理等方面的支出,也包括自有住房折算租金。其他用品及服务是指无法直接归入上述各类支出的其他用品与服务支出(表2.1)。

表 2.1　2015 年全国居民人均消费支出构成表　　　　　单位(元)

支出项目名称	消费支出	食品烟酒	衣着	居住	生活用品及服务	交通通信	教育文化娱乐	医疗保健	其他用品及服务
消费支出金额	15712.4	4814.0	1164.1	3419.2	951.4	2086.9	1723.1	1164.5	389.2

资料来源:《中国统计年鉴(2016)》和国家统计局2016年相关资料。

2001～2015年我国居民消费支出占GDP的比重略有下降(图2.4)。

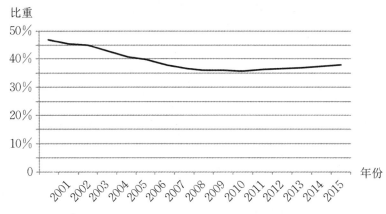

图 2.4　我国 2001～2015 年居民消费支出比重
资料来源:《中国统计年鉴(2016)》。

2. 投资(Investment)

投资支出是增加或更换资本资产的支出,是厂商购买最终产品和家庭购置新住宅的支出,用"I"表示。经济学中的投资不包括购买有价证券等的金融投资,仅指固定资产投资和存货投资。固定资产投资包括新厂房、新设备、新商业用房以及新住宅的增加。存货投资是企业掌握的存货价值的增加或减少。

凡是用于投资的物品均称为资本品,投资意味着牺牲当前的消费以增加未来的消费,正是从当前消费的减少这一意义上说,资本品是最终产品。而中间产品就不具有这种性质,它是当期投入,当期产出,不会导致当前消费的减少。存货是已经生产出来但不是用于当前消费的物品,所以增加存货是一种投资行为,资本品不是用于当前消费的物品,所以增加资本品也是一种投资行为。

所有的资本品均具有一个特性,即它在使用过程中慢慢地被损耗,设备、厂房、住宅均是如此,由此发生的价值减少称为折旧,折旧既包括物质损耗也包括精神损耗。

我国的国民收入核算实践中,此项核算指标称为资本形成总额,由固定资本形成总额和存货变动两项构成(表2.2)。

表 2.2 投资核算项目构成

年份	资本形成总额(亿元)	
	固定资本形成总额	存货变动
2014	290053	12664
2015	301961	11110

资料来源:《中国统计年鉴(2016)》。

2001～2015年,我国资本形成总额占GDP的比重稳步提高,资本积累能力不断增强(图2.5)。

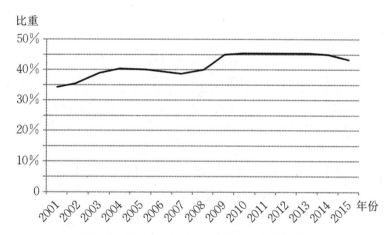

图 2.5 我国2001～2015年资本形成总额比重

资料来源:《中国统计年鉴(2016)》。

3. 政府购买(Government Purchases)

政府购买用"G"表示。各级政府购买物品和劳务的支出,既包括消费品的购买(如军队食品的购买),也包括资本品的购买(如计算机和军队营房的购买)。主要是政府日常运转、提供国防、建设公共设施等方面的开支。政府购买只是政府支出的一部分,另一部分是转移支付和公债利息支出,但不计入GDP,因为这种支出不发生相应的物品和劳务的交换,因而不创造价值。而实际上,这部分支出将成为居民或企业的收入,从而在个人消费和私人投资支出中得到体现。

在我国,政府一般预算支出主要包括:一般公共服务、外交、国防、公共安全、教育、科学技术、文化体育与传媒、社会保障和就业、医疗卫生与计划生育、节能环保、城乡社区、农林水、交通运输、资源勘探信息、商业服务业、金融、援助其他地区、国土海洋气象、住房保障、粮油物资储备、政府债务付息等方面的支出。根据政府在经济和社会活动中的不同职权,划分为中央财政支出和地方财政支出。中央一般公共预算支出包括一般公共服务、外交支出、国防支出、公共安全支出,以及中央政府调整国民经济结构、协调地区发展、实施宏观调控的支出等。地方一般公共预算支出包括一般公共服务、公共安全支出,地方统筹的各项社会事业支出等①。我国的核算实践中,将政府购买部分区分为政府消费和政府投资两项,分属于核算体系中的最终消费和资本形成总额,其中,政府对消费品的购买,称为政府消费;政府投资则是由国有资本经营支出构成,并入资本形成总额之中。正因为如此,在我国的国民收入核算中,并没有单独的政府购买这一项。

4. 净出口(Net Export)

净出口用"NX"表示。出口和进口的差额称为净出口。把净出口包含在 GDP 核算中的主要原因在于:其一,国内消费和投资支出中包含了从国外进口的消费品和投资品,作为购买国外产品的支出不应该计入本国的生产总值,要予以扣除;其二,本国出售给国外的产品形成了符合四类主体中国外主体的购买支出条件,应该计入本国的生产总值。因此这两者的差额共同计入生产总值时,合并称为净出口。公式表示为:净出口=出口-进口,它可以是正值,也可以是负值。

在我国的核算实践中,将净出口项目称为"货物服务净出口"(表2.3)。

表 2.3　2005～2015 年我国净出口　　　　　　　　　　　　　单位:亿元

年份	2005	2006	2007	2008	2009	2010	2011	2012	2013	2014	2015
净出口额	10209	16655	23423	24227	15037	15057	11688	14636	14552	16152	24007

资料来源:《中国统计年鉴(2016)》。

以我国现行核算指标体系说明支出法核算 GDP 的过程(表2.4)。

表 2.4　用支出法计算 GDP　　　　　　　　　　　　　　　单位:亿元

年份	GDP(支出法)	最终消费支出				资本形成			货物服务净出口
		合计	居民消费支出		政府消费支出	合计	固定资本形成	存货净增加	
			小计	城镇居民消费支出	农村居民消费支出				
2010	410708	198998	146058	112447	33610	52940	196653	185827	10826	15057
2011	486037	241022	176532	135457	41075	64490	233327	219671	13656	11688
2012	540989	271113	198537	153314	45223	72576	255240	244601	10639	14636
2013	596963	300338	219763	170330	49432	80575	282073	270924	11149	14552
2014	647181	328312	242540	188174	54366	85772	302717	290053	12664	16152
2015	696595	359517	264758	205912	58846	94759	313071	301961	11110	24007

资料来源:《中国统计年鉴(2016)》。

用支出法核算出来的生产总值所描述的是一个经济社会的总需求中各种最终需求因素

---

① 中华人民共和国国家统计局.中国统计年鉴(2016)[M].北京:中国统计出版社,2016.

的构成,这很容易让我们联想到关于用份额来描述总需求的各个组成部分在 GDP 中的地位问题(表 2.5)。

表 2.5 各最终需求因素在 GDP 中的份额(%)

年份	GDP（支出法）	最终消费支出				资本形成			货物服务净出口
		合计	居民消费支出			政府消费支出	合计	固定资本形成	存货净增加	
			小计	城镇居民消费支出	农村居民消费支出					
2010	100	48.45	35.56	27.38	8.18	12.89	47.88	45.25	2.64	3.67
2011	100	49.59	36.32	27.87	8.45	13.27	48.01	45.20	2.81	2.40
2012	100	50.11	36.70	28.34	8.36	13.42	47.18	45.21	1.97	2.71
2013	100	50.31	36.81	28.53	8.28	13.50	47.25	45.38	1.87	2.44
2014	100	50.73	37.48	29.08	8.40	13.25	46.77	44.82	1.96	2.50
2015	100	51.61	38.01	29.56	8.45	13.60	44.94	43.35	1.59	3.45

考察这组数据不难发现,这个经济社会的消费主导形态特征越来越明显,而主导这种趋势增强的动力主要来源于城镇居民消费和政府消费的迅速增加;同时,投资需求趋弱的转变主要是由固定资产投资锐减导致的。

(二) 收入法

收入法是用要素收入即企业生产成本来核算 GDP。由于 GDP 反映的是一定时期内一个经济社会的新增价值,所以严格地说,它还包括一些非要素收入,如间接税、折旧、企业转移支付等(图 2.6)。

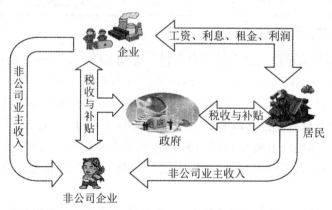

图 2.6 收入的循环流动

按收入法核算 GDP 的公式是:
 GDP ＝工资＋利息＋租金＋利润＋非公司业主收入＋间接税和企业转移支付
  ＋折旧＋统计误差
(1) 工资。包括实得工资、津贴、福利费,以及工资收入者交纳的所得税和社会保险费

（税）。

（2）利息。指居民提供货币资本后应得的报酬，包括储蓄利息和企业债券利息，以及由此上交的所得税，称为净利息。政府公债利息不包括在内，政府公债的利息被认为是一种转移支付，不参与国民收入的创造。

（3）租金。包括个人出租土地、房屋等租赁收入和专利、版权等收入，以及由此所产生的所得税。另外，还包括居民居住自己的房屋应该支付的隐含租金。

（4）公司利润。包括股东红利、未分配利润、公司利润税以及社会保险费（税）。

（5）非公司业主收入。包括非公司的企业，如业主制企业、合伙制企业；自由职业者，如医生、律师等；还有农民等的收入及所得税和社会保险费（税）。由于它们的工资、利息、利润等常混在一起，所以单列一项，称为非公司业主收入。

（6）企业转移支付和企业间接税。企业转移支付包括对慈善机构的捐赠以及消费者呆账等。企业间接税包括货物税、销售税、周转税等。它们虽然不是要素收入，但要通过产品价格转移给消费者，是成本的构成部分。

（7）资本折旧。它是总投资的一部分，从当年新价值中提取，补偿旧资本损耗，所以它是补偿社会资本存量所耗费的成本。

（8）统计误差。按收入法核算的 GDP，从理论上说，应与支出法核算的 GDP 完全相等，但实际核算中常有误差，一般以支出法核算为准，收入法核算的结果若与支出法不符，差额称为统计误差，用以对 GDP 核算值加以调整。

我国现行的核算体系中，GDP 的价值构成由劳动者报酬、生产税净额、固定资本折旧和营业盈余四项内容构成（表 2.6）。

表 2.6 北京市 2015 年地区生产总值收入法构成项目　　　　　单位：亿元

地区生产总值 GDP	劳动者报酬	生产税净额	固定资产折旧	营业盈余
23014.59	12697.30	3298.69	2678.24	4340.36

资料来源：《中国统计年鉴（2016）》。

劳动者报酬是用人单位在生产过程中支付给劳动者的全部报酬。包括三部分：一是货币工资，用人单位以货币形式直接支付给劳动者的各种工资、奖金、津贴、补贴等；二是实物报酬，即用人单位以免费或低于成本价提供给劳动者的各种物品和服务等；三是社会保险，指用人单位为劳动者直接向政府和保险部门支付的失业、养老、人身、医疗、家庭财产等保险金。注意个体经营者劳动报酬与营业盈余通常是混在一起的，无法加以区别。由于营业盈余份额往往大于劳动报酬份额，在实际核算时将它们并入营业盈余项，称为"混合收入"。

生产税净额是生产税减去补贴。其中，生产税指政府对生产单位从事生产、销售和经营活动，以及因从事生产活动使用某些生产要素（如固定资产和土地等）所征收的各种税收、附加费和其他规费。生产税分为产品税和其他生产税，产品税主要有：增值税、消费税、进口关税、出口税等；其他生产税主要有：房产税、车船使用税、城镇土地使用税等。生产补贴则相反，它是政府为影响生产单位的生产、销售及定价等生产活动而对其提供的无偿支付，包括农业生产补贴、政策亏损补贴、进口补贴等。生产补贴作为负生产税处理。①

固定资产折旧是一定时期内为弥补固定资产损耗按照规定的固定资产折旧率提取的费用。是由于自然退化、正常淘汰或损耗而导致的固定资产价值下降,用以代表固定资产通过生产过程被转移到其产出中的价值。原则上,固定资产折旧应按照固定资产的重置价值计算。

营业盈余是增加值中扣除固定资产折旧、劳动报酬、生产税净额以后的余额。实质是除劳动以外的土地、资本及管理等生产要素的收入之和。营业盈余包含了利润,但不等于利润。营业盈余包括利润、利息、福利费、营业外支出、不能分配的纯收入等。所以,营业盈余大于利润。

劳动报酬和营业盈余这两项是严格意义上的要素收入,分别流入住户和企业部门。生产税从各产业部门转入一般政府,是政府收入的一部分。

延伸阅读 5

收入分配问题一贯是社会各界关注的交点问题,进一步了解和分析收入分配问题,首先需要了解收入分配过程;其次还要根据分析目的确定分析什么和怎样分析。

一、国民收入分配过程:初次分配和再分配

1. 国民收入初次分配

初次分配属于微观经济分配行为,主要通过市场机制形成的要素价格进行营利部门的自助分配,政府通过生产税调节收入分配以提高经济增长率和经济效率。

国民收入初次分配从国内生产总值开始,经过两个层次(图2.7)。第一层次是生产经营成果的直接分配,政府主要得到生产税净额(生产税减生产补贴),住户主要得到劳动报酬,

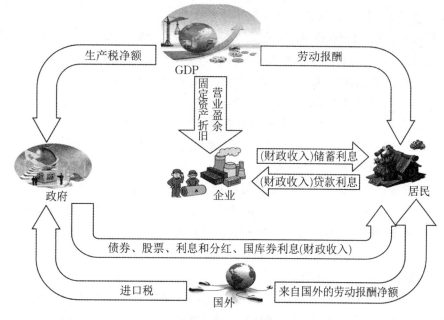

图 2.7　国民收入初次分配流程

---

① 中华人民共和国国家统计局. 中国统计年鉴(2016)[M]. 北京:中国统计出版社,2016.

企业主要得到固定资产折旧和营业盈余。第二层次是财产收入的分配,主要是财产的利息收入和红利。经过初次分配,政府、企业和住户分别得到各自的原始收入。

2. 国民收入再分配

在收入初次分配的基础上,各个原始收入的获得者或者按照分配制度的规定,或者按照自身的意愿,无偿转让其原始收入的一部分,同时也从其他收入主体那里获得一部分转移性收入。初次分配和再次分配的最终结果,形成各个机构部门的可支配收入(图2.8)。

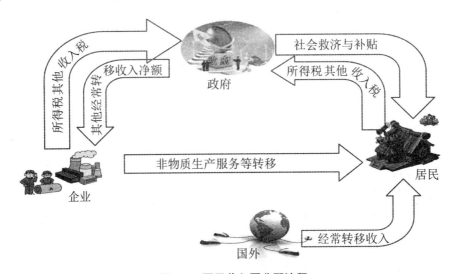

图 2.8　国民收入再分配流程

国民收入再分配主要包括三大类经常性转移收支:

(1) 现期所得税、财产税等税收收支。这是得到初次分配收入的住户、企业、金融机构、行政单位等各个承受机构部门,根据当期原始收入应支付的所得税、利润税、资本收益税和定期支付的财产税以及其他经常收入税。这种收支流量形成政府财政部门的转移性收入,对其他部门而言则是转移性支出。

(2) 社会缴款和社会福利。这是一种旨在维持居民当前和未来福利而在机构部门之间进行的经常性转移收支。其中社会缴款是居民部门为保证在未来各个时期能够获得社会福利金而对政府组织的社会保险计划或各个单位建立的基金所缴纳的款项,如对失业保险、退休保险、医疗保险计划的缴款。整个社会缴款形成居民部门的转移性支出,政府部门和其他部门的转移性收入。社会福利是居民从政府及其他部门得到的经常性转移收入,包括两部分:一是以失业金、退休金、抚恤金、医疗保险金等形式出现的社会保险福利;二是以生活困难补助、救济金、助学金等形式出现的社会救济金。社会福利形成住户部门的转移性收入,是政府和其他部门的转移性支出。

(3) 其他经常转移收支。其他经常转移收支包括政府内部经常转移收支,本国政府与外国政府、国际组织之间发生的援助、捐赠、会费缴纳等经常转移收支,对私人非营利机构的捐赠、赞助等经常转移收支,以及国际间私人转移等。

二、关于收入分配状态的分析

1. 收入分配格局对产出的影响[①]

假定经济系统中仅存在两个消费者阶层或部门(如穷人和富人、发达地区和落后地区、城市和乡村,在此以穷人和富人两个阶层为例),两个阶层的收入分别为 Y_1、Y_2,其消费需求分别为 C_1、C_2,总产出水平为 $Y(Y=Y_1+Y_2)$,投资 I 和净出口 M 为外生变量。两个阶层的消费函数分别为:

$$C_1 = a_1 + c_1 Y_1 \quad C_2 = a_2 + c_2 Y_2$$

其中,边际消费倾向 C_i 是其相应收入 Y_i 的函数($i=1,2$),即

$$c_1 = c(Y_1) \quad c_2 = c(Y_2) = c(Y - Y_1)$$

一般说来,消费需求随着收入的增长而增长,但增长速度逐渐下降,即

$$C' > 0 \quad (C')' < 0$$

当 $Y_2 = Y - Y_1 > 0$ 时,则有 $C_1' > C_2'$;当 $Y_2 < Y_1$ 时,则有 $C_1' < C_2'$。

根据凯恩斯收入决定模型,$Y = C + I + M = C_1 + C_2 + I + M$,则有

$$Y = a_1 + c(Y_1)Y_1 + a_2 + c(Y - Y_1)(Y - Y_1) + I + M$$

$$a_1 + c(Y_1)Y_1 + a_2 + c(Y - Y_1)(Y - Y_1) + I + M - Y = 0$$

根据隐函数求导法则,可求 $\dfrac{\partial Y}{\partial Y_1}$,则有

$$c'(Y_1)Y_1 + cY_1 + c'(Y - Y_1)(Y - Y_1)(Y' - 1) + c(Y - Y_1)(Y' - 1) - Y' = 0$$

$$Y'[c(Y - Y_1) + c'(Y - Y_1)(Y - 1) - 1]$$
$$= -[c'(Y_1)Y_1 + c(Y_1) - c'(Y - Y_1)(Y - Y_1) - c(Y - Y_1)]$$

$$Y' = \frac{-[c'(Y_1)Y_1 + c(Y_1) - c'(Y - Y_1)(Y - Y_1) - c(Y - Y_1)]}{c(Y - Y_1) + c'(Y - Y_1)(Y - 1) - 1}$$

其中,

$$c(Y - Y_1) + c'(Y - Y_1)(Y - 1) - 1 = C_2' - 1 < 0$$

$$c'(Y_1)Y_1 + c(Y_1) - c'(Y - Y_1)(Y - Y_1) - c(Y - Y_1) = C_1' - C_2'$$

$$Y' = \frac{-(C_1' - C_2')}{C_2' - 1}$$

当 $Y_2 > Y_1$ 时,$C_1' - C_2' > 0$,则有 $Y' > 0$。这表明:既定的社会收入在穷人和富人之间分配时,如果收入主要集中于富人手中,总产出水平的变动趋势与穷人阶层实际收入水平的变动方向是一致的。在总收入水平既定时,如果收入集中于少数群体中,大多数人的收入处于较低状态,那么占总人口多数的相对贫困者的消费必然减少,占总人口少数的相对富裕者的消费需求尽管有所增加,但其增加幅度难以完全抵消贫困阶层所减少的消费需求,因为在既定的经济发展水平下,理性消费者的消费需求随收入上升但增加的幅度往往是递减的。在这样的分配格局下,即使总收入增加,也可能会出现总消费需求减少或不变的现象。

当 $Y_2 < Y_1$ 时,$C_1' - C_2' < 0$,则有 $Y' < 0$。这表明:既定的社会收入在穷人和富人之间分配时,如果收入主要集中于穷人手中(穷人很多,富人极少),总产出水平的变动趋势与穷人

[①] 陆铭. 收入分配格局迅速变化对产出水平的影响[J]. 世界经济文汇,1999.

阶层实际收入水平的变动方向是相反的,这时经济系统处于贫困的恶性循环状态,即所谓穷就是因为穷。

因此,从居民收入角度来看,如果经济系统中,穷人阶层的收入过分大于富人阶层的收入,这个经济将陷入低水平循环陷阱;如果穷人阶层的收入过分小于富人阶层的收入,国民收入(潜在总需求)中将有较大一部分不能转化为有效需求,不利于国民经济循环流程的顺畅运行。一个经济系统理想的收入分配格局应该是呈正态分布的:穷人阶层占少数,富人阶层占少数,中等收入阶层占绝大多数,那么该经济系统的运行将是比较稳定的。如果既定的总收入在居民间的分布不是过分集中的,总收入的增加使大多数居民的收入都有较大幅度的增加,那么总消费需求会随着收入增加而增加。可见,收入分配格局的变化和居民边际消费倾向的变化影响着社会总需求的变化。这意味着,当收入差距过大时,应使收入分配从高收入阶层向低收入阶层倾斜;当收入差距过小时,应使收入分配向相对较高的收入阶层倾斜,最终都能实现总消费需求的增加。

2. 利用资金流量表分析国民收入分配的情况①

2011年国家统计局对资金流量表(实物交易)做了重大数据调整,经过重新编制的2000～2009年资金流量表刊载于2012年《中国统计年鉴(2012)》。资金流量表中指标的顺序是按照收入分配过程设计的。增加值反映收入分配的起点,劳动者报酬、生产税净额、财产收入反映收入初次分配。收入初次分配主要是在国民经济机构部门之间的分配,因此,收入分配主题是各个机构部门。每个机构部门分别设置"运用"和"来源"两个项目,其中"运用"表示机构部门的支出或资金的流出,"来源"表示机构部门的收入或资金的流入。

利用资金流量表中的增加值行,可得出我国各个机构部门(非金融企业部门、金融机构部门、政府部门、住户部门)创造增加值的情况。根据中国统计年鉴提供的部门就业数据,可以推算出各机构部门的生产率大小。生产率=机构增加值/就业人数。各机构部门就业人数的核算如下:

金融机构部门 = 金融业

政府部门 =科学研究、技术服务和地质勘探业＋教育业＋卫生、社会保障和社会福利业
　　　　　＋水利、环境和公共设施管理业＋居民服务和其他服务业＋公共管理和社会组织

住户部门 =农林牧渔业－国有单位农林牧渔业＋私有企业和个体人数
　　　　　＋非金融企业部门全国从业合计－其他各个机构部门人数

根据资金流量表中的数据,还可以分析劳动者报酬、生产税净额、营业盈余情况。其分配过程是按照提供生产要素的机构部门,由生产单位分别支付的结果。住户部门以劳动者的身份向生产单位提供劳动要素,因此,各个生产单位以各个生产的整体分别向机构部门提供劳动要素。在资金流量表中各个机构部门表现为双重身份,一个是生产单位的整体,另一个表现为所有者的整体。从生产单位角度看的机构部门主要基于生产活动,才能够认为从所有者角度看的机构部门主要基于收入和支出的行为。在增加值方面,使用的主要是从生产角度理解各个机构部门。对于劳动者报酬、生产净税额、营业盈余的要素收入分析则是基于所有者的角度,也就是收入形成的分配。如果结合前面的各个机构部门年末劳动者人数,

---

① 刘兴维.宏观经济分析实验手册[M].重庆:重庆大学出版社,2017.

可以计算出各个机构部门的劳动报酬年平均支付水平。

生产净税额是政府与其他机构部门关系的体现。根据各机构部门生产税净额比增加值,可以计算得出各个机构部门的平均生产税税负水平。我国资金流量表中没有列出机构部门的营业盈余,可以根据国民经济核算中的平衡关系推算出。

$$某机构部门的营业盈余总额 = 增加值 - 劳动者报酬 - 生产净税额$$

财产收入在收入初次分配中占有重要的地位。在市场经济过程中,财产收入的分配具有要素的性质,因为它是市场交换的结果,同时也是资本市场和金融活动的结果,在生产活动中发挥着重要作用。相对于计划经济理论,在国民经济核算中财产收入作为初次分配的处理是市场经济理论的应用。根据资金流量表,可以分析得出各机构部门的财产收入与支出情况,还可以比较某一个指标各机构部门之间的特征。

在我国公布的资金流量表统计数据中(见表2.7),经常转移收入与支出有5项指标:收入税、社会保险交款、社会保险福利、社会补助、其他经常转移,因为这些指标可以分析国民收入再分配情况。

(三) 生产法

把各生产环节的价值增加值加总,即把中间产品和最终产品生产所产生的附加值加总,也就是各个厂商的增加值加总,这种核算方法称为附加值法或增值法、生产法或部门法。附加值指企业销售额与从其他企业购进的原材料和劳务的价值差。生产法是根据提供产品和劳务的各部门所提供的最终产品的价值来计算国民生产总值,它反映了国民收入从各个不同部门的来源,所以又称为部门法。在根据这种方法进行计算时,各生产部门要把所使用的中间产品的产值扣除,仅计算新增加的价值(图2.9)。

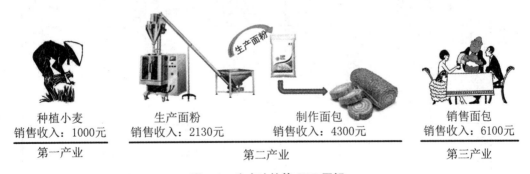

图 2.9　生产法核算 GDP 图解

第一产业净增加值1000元,第二产业净增加值3300元,第三产业净增加值1800元。则

$$生产法计算的 GDP = 1000 + 3300 + 1800 = 6100 元$$

这样核算的结果与最终产品市场价值6100元完全相同。这样做具有的突出特点就是避免了重复计算。

在用生产法计算国民收入中,由于各国对生产部门的划分不尽相同,所以在计算上会有一些差别。三产业的划分是世界上较为常用的产业结构分类。

表 2.7 我国 2014 年资金流量表（实物交易）

单位：亿元

机构部门	非金融企业部门		金融机构部门		政府部门		住户部门		国内合计		国外		合计	
交易项目	运用	来源	运用	来源	运用	来源	运用	来源	运用	来源	运用	来源	运用	来源
1. 净出口												−16151.6		−16151.6
2. 增加值		392751.1		46665.2		47757.3		156800.4		643974.0				
3. 劳动者报酬	162388.2		13687.5		41014.1			328347.4	326764.9	328347.4	1837.9	255.4	328602.8	328602.8
4. 生产税净额	69823.0		5366.8		305.0	78643.1	3148.3		78643.1	78643.1			78643.1	78643.1
5. 财产收入	50388.7	26991.2	54602.9	48901.3	6313.1	19498.1	9360.1	24508.4	120664.7	119899.3	12868.5	13633.9	133533.2	133533.2
（1）利息	25099.4	22932.7	50599.0	47897.4	6313.1	8057.4	9301.5	20255.4	91312.9	99142.9	8912.8	1082.8	100225.7	100225.7
（2）红利	18131.2	3955.7	1628.8	1003.9		4224.0	58.6	1980.9	19760.0	11164.6	3955.7	12551.1	23715.7	23715.7
（3）土地租金	5810.8							5869.4	5869.4	5869.4			5869.4	5869.4
（4）其他	1347.3	102.7	2375.1			1347.3		2272.4	3722.4	3722.4			3722.4	3722.4
6. 初次分配总收入		137142.3		21909.3		98266.4		387473.1		644791.1				
7. 经常转移	22113.2	1233.2	10642.0	4665.6	52827.7	76135.6	45534.8	49171.6	131117.8	131205.9	2525.2	2437.1	133643.0	133643.0
（1）所得税、财产税等经常税	17627.4		7014.8			32362.8	7720.6		32362.8	32362.8			32362.8	32362.8
（2）社会保险缴款					8446.7	40438.8	31992.1		40438.8	40438.8			40438.8	40438.8
（3）社会保险福利					33680.6			33680.6	33680.6	33680.6			33680.6	33680.6
（4）社会补助	253.0				10419.2			10672.2	10672.2	10672.2			10672.2	10672.2
（5）其他	4232.8	1233.2	3627.2	4665.6	281.3	3333.9	5822.0	4818.8	13963.3	14051.5	2525.2	2437.1	16488.6	16488.6
8. 可支配总收入		116262.3		15932.8		121574.2		391110.0		466879.3				466879.3
9. 最终消费					85773.0		242540.0		328313.0				328313.0	
（1）居民消费							242540.0		242540.0				242540.0	
（2）政府消费					85773.0				85773.0				85773.0	

第二讲　宏观经济运行的衡量与监测

续表

机构部门	非金融企业部门		金融机构部门		政府部门		住户部门		国内合计		国外合计		合计	
交易项目	运用	来源	运用	来源	运用	来源	运用	来源	运用	来源	运用	来源	运用	来源
10. 总储蓄		116262.3		15932.8		35801.2		148570.0		316566.3		−17056.8		299509.5
11. 资本转移	3816.0	8161.9			8283.1	4033.8		98.7	12197.8	12195.7	119.1	121.3	12316.9	12316.9
（1）投资性补助		8161.9			8161.9				8161.9	8161.9			8161.9	8161.9
（2）其他	3816.0				121.3	4033.8		98.7	4035.9	4033.8	119.1	121.3	4155.0	4155.0
12. 资本形成总额	191859.1		673.3		33577.3		76607.9		302717.4				302717.4	
（1）固定资本形成总额	182738.2		673.0		33142.4		73499.4		290053.0				290053.0	
（2）存货增加	9120.9				434.9		3108.5		12664.4				12664.4	
13. 其他非金融资产获得减处置	23924.2				−6444.1		−17480.2							
14. 净金融投资	−95175.2		15259.9		4418.7		89343.5		13846.7		−17054.7		−3207.9	

资料来源：《中国统计年鉴（2016）》。

延伸阅读6

产业分类的国际标准和国家标准

为使不同国家的统计数据具有可比性,联合国颁布了《全部经济活动的国际标准产业分类》(ISIC)。现在通行的是2008年颁布的《国际标准产业分类》(第4版)。这套《国际标准产业分类》分为A~U共21个部门,其中包括99个行业类别。我国颁布的《国民经济行业分类与代码》就是参照《全部经济活动的国际标准产业分类》制定的,因此产业划分与包括"经济合作与发展组织"在内的大多数国家基本一致。我国《国民经济行业分类》国家标准于1984年首次发布,分别于1994年和2002年进行修订,2011年我国进行第三次修订,形成GB/T 4754—2011《国民经济行业分类》的国家分类新标准。

根据《国民经济行业分类》(GB/T 4754—2011),我国的三次产业划分是:

第一产业指农、林、牧、渔业(不含农、林、牧、渔服务业)。

第二产业指采矿业(不含开采辅助活动),制造业(不含金属制品、机械和设备修理业),电力、热力、燃气及水生产和供应业,建筑业。

第三产业即服务业,指除第一产业、第二产业以外的其他行业。

在我国的《国民经济行业分类》标准中,采用线分类法和分层次编码方法,将国民经济行业划分为门类、大类、中类和小类四级。代码由一位拉丁字母和四位阿拉伯数字组成。门类代码用一位拉丁字母表示,即用字母A、B、C……依次代表不同门类;大类代码用两位阿拉伯数字表示,打破门类界限,从01开始按顺序编码;中类代码用三位阿拉伯数字表示,前两位为大类代码,第三位为中类顺序代码;小类代码用四位阿拉伯数字表示,前三位为中类代码,第四位为小类顺序代码。

按照这种分类方法对我国一定时期的国民收入进行核算,可以构建这样一个核算指标体系(见表2.8)。

经济结构变化是经济发展过程中的典型特征,科学地调整经济结构对促进经济持续经济增长意义重大。在经济发展过程中,第三产业比重不断上升,第一、二产业比重下降是经济发展过程中的基本规律。20世纪90年代后西方国家"去工业化"过度发展,虚拟经济过度膨胀,脱离了以工业制造业为核心的实体经济。美国"去工业化"有两个主要特点:其一,制造业发展停滞,美国工业生产值与其增长幅度在过去十几年迅速下滑;其二,制造业大规模裁员,就业从第二产业转向服务行业,制造业就业人数占总就业人数的比例,从15%下降到了10%以下。西方国家"去工业化"是2008年爆发的世界金融危机和欧债危机的一个主要原因。

奥巴马政府把"再工业化"作为美国整体经济复苏的重大战略逐步推出,目标是要重振美国制造业,推动美国经济走出低谷,以达到巩固并长期维持其世界第一经济超级大国地位。据统计,自2010年2月以来,制造业已为美国人创造了53万个就业计划,实现连续31个月增长,创过去近25年以来最佳表现,其中多为高新尖端技术就业机会。"再工业化"不同于当年的工业化,如果说工业化是发达国家崛起与富强的基础,那么"再工业化"则是向新的产业革命迈进。这体现了一个亘古不变的规律:产业革命决定一个国家的财富与竞争力,

表 2.8 地区生产总值(生产法)

单位:亿元

年份	地区生产总值	第一产业		第二产业			第三产业					
		合计	农林牧渔业	合计	工业	建筑业	合计	批发和零售业	交通运输、仓储和邮政业	住宿和餐饮业	金融业	房地产业	其他
2010	413030.3	39362.6	40530.0	191629.8	165126.4	27259.3	182038.0	35904.4	18783.6	7712.0	23569.9	68464.3	30876
2011	489300.6	46163.1	47483.0	22708.8	195142.8	32926.5	216098.6	43730.5	21842.0	8565.4	28167.6	80763.9	36403
2012	540367.4	50902.3	52368.7	244643.3	208905.6	36896.1	244821.9	49813.0	23763.2	9536.9	31248.3	92629.2	40007
2013	595244.4	55329.1	56973.6	261956.1	222337.6	40896.8	277959.3	56284.1	26042.7	10228.3	35987.6	105302.8	43852
2014	643974.0	58343.5	60165.7	277571.8	233856.4	44880.5	308058.6	62423.5	28500.9	11158.5	38000.8	118322.7	47203
2015	685505.8	60870.5	62918.7	280560.3	235183.5	46546.6	344075.0	66203.8	30370.9	12159.1	41307.6	133315.4	49992

资料来源:《中国统计年鉴(2016)》。

决定一个国家的经济发展未来。中国在通过利用服务经济拉动经济增长的同时,要吸取欧美金融危机的教训,防止"去工业化",加快中国新型工业化发展。

运用统计数据对产业结构进行分析,能够使我们清晰地看到各个产业在社会经济发展过程中的地位和作用所发生的改变,给我们判断产业发展趋势一个强有力的依据。

1. 三次产业结构变动分析

产业结构是各个产业的增加值在地区生产总值中所占的比重(份额)之比。

$$份额 = 某产业增加值 / 地区生产总值 \times 100\%$$

如何判定产业结构变化趋势的合理性呢?

(1) 配第-克拉克定理

经济学家威廉·配第发现,随着经济的不断发展,产业中心将逐渐由有形财务的生产转向无形的服务型生产。英国经济学家克拉克在威廉·配第的研究成果之上,得出结论:"随着时间的推移和社会在经济上变得更为先进,从事农业的人数相对于从事制造业的人数趋于下降,进而从事制造业的人数相对于从事服务业的人数趋于下降。"这一结论被称为配第-克拉克定理。配第-克拉克定理不仅可以从对一个国家经济发展的时间序列分析中得到印证,而且可以从处于不同发展水平的不同国家在同一时点上的横截面比率中得到类似验证。即人均国民收入水平越低的国家,农业劳动力所占份额相对越大,第二、三产业劳动力所占份额相对越小;反之,人均国民收入水平越高的国家,农业劳动力所占份额越小,第二、三产业劳动力所占份额相对越大。

"去工业化"现象是配第-克拉克定理的典型表现。"去工业化"指的是第二产业的产值占整个国民生产总值的比例在下降,或其就业人口占总就业人口的比例在不断下降。有时"去工业化"也专门用来形容制造业的产值占整个国民生产总值的比例下降,或制造业的就业人口占总就业人口的比例在下降(见表2.9)。从表可以看出,发达工业化国家的代表——英国所表现出了明显的"去工业"现象。

表 2.9 英国的国内生产总值的结构比例

	1960 年	1980 年	1985 年	2001 年
农业	6.0%	3.1%	2.6%	1.7%
工业	41.0%	36.5%	34.2%	28.6%
(制造业)	30.4%	24.7%	23.2%	20.1%
服务业	53.0%	60.4%	63.2%	69.7%

从表2.10的数据不难看出英国更为详细的就业结构变化特征。英国第一产业在国内生产总值中的比例从1964年的5.8%下降到2001年的3.9%。由于20世纪70年代英国在北海发现了大量的石油,第一产业的比例有所提高。第二产业在国内生产总值中的比例在1969年达到了顶峰,占42.0%,1990年占31.5%,随着经济的不景气这一比例到2001年下降到24.8%。1990年制造业的比例占英国国内生产总值的21.9%,到2001年这一比例下降到16.6%。第三产业在国内生产总值中的比例自1969年以来大幅度增加,同时第一产业和第二产业的比例下降。

表 2.10 英国国内生产总值中各种生产要素的比例(%)

	1964年	1969年	1973年	1979年	1990年	2001年
第一产业	5.8	4.3	4.2	6.7	3.9	3.9
农业、林业、渔业	1.9	1.8	2.9	2.2	1.8	1.0
采矿业、采石业,也包括石油和燃气的开发	3.9	2.5	2.5	4.5	2.1	2.9
第二产业	40.8	42.0	40.9	36.7	31.5	24.8
矿物油加工业	0.5	0.5	0.4	0.6	0.6	1.0
制造业	29.5	30.7	30.0	27.3	21.9	16.6
建筑业	8.4	8.4	7.3	6.2	6.9	5.4
供电、供气、供水	2.4	2.4	2.8	2.6	2.1	1.8
第三产业	53.8	53.0	54.9	56.5	64.4	71.3
渠道、酒店、公共饮食业、维修业	14.0	13.3	13.1	12.7	13.5	15.6
运输业和仓储业	4.4	4.4	4.7	4.8	4.9	5.2
邮政业、电信业	1.6	1.9	2.3	2.5	2.7	2.8
金融仲裁、房地产、租赁以及商业活动	8.3	8.6	10.7	11.0	16.7	18.3
住宅服务业	5.4	4.4	5.1	5.8	5.9	6.4
公共行政管理、国防和社会保障	7.6	7.0	6.1	6.1	6.3	4.8
教育、健康以及社会工作	6.9	7.1	8.1	8.1	8.9	13.0
其他服务行业	5.6	5.2	5.7	5.7	5.5	5.2

(2) 霍夫曼定理

德国经济学家霍夫曼在1931年提出的霍夫曼定理,揭示了一个国家或区域的工业化进程中工业结构演变的规律。通过设定霍夫曼比例或霍夫曼系数,得到的结论是:各国工业化无论开始于何时,一般具有相同的规律,即随着一国的工业化,消费品部门与资本品部门的净产值之比逐渐趋于下降,霍夫曼比例呈现不断下降的趋势,这就是著名的霍夫曼定理。

霍夫曼比例(H) = 消费品工业净产值 / 资本品工业净产值

根据对近20个国家的时间序列数据的计算分析,依据霍夫曼比例的变化趋势,把工业过程分为四个阶段:第一阶段,消费品工业发展迅速,在制造业中占有统治地位;资本品工业却不发达,在制造业中所占比例较小,消费品工业的净产值平均为资本品工业净产值的5倍。第二阶段,资本品工业发展较快,消费品工业虽也有所发展,但速度减缓,而资本品工业的规模仍远不及消费品工业的规模,后者的净产值仍是2.5倍于前者的净产值。第三阶段,消费品工业与资本品工业在规模上大致相当。第四阶段,资本品工业在制造业中的比重超过消费品工业并继续上升。整个工业化过程,就是资本品工业在制造业中所占比重不断上升的过程,其净产值将大于消费品工业。随着工业品的升级,霍夫曼比例是逐步下降的。通过收集数据计算的霍夫曼比例及其代表性国家如表2.11所示。

表 2.11　霍夫曼比例及代表性国家

霍夫曼比例	代表性国家
5(±1)	消费品在制造业中占统治地位,如印度、中国
2.5(±1)	资本品生产迅速发展,但仍低于消费品生产,消费品工业区域下降,如日本、荷兰、加拿大、澳大利亚
1(±0.5)	资本品工业继续发展,并已到达与消费品工业相平衡的状态,如美国、法国、德国
1以下	资本品的规模大于消费品的规模,还没有出现这样的国家

(3) 钱纳里经济发展阶段理论

钱纳里利用第二次世界大战后发展中国家,特别是其中的 9 个准工业化国家(或地区)1960~1980 年的历史资料,通过回归方程建立了国民总收入市场占有率模型,提出了标准产业结构。即根据人均国内生产总值,将不发达经济到成熟工业经济整个变化过程分为 3 个阶段 6 个时期,从任何一个发展阶段向更高一个阶段的跃进都是通过产业结构转化来推动的。初级产品生产阶段指经济发展初期对经济发展起主要作用的是制造业部门的阶段,在初级产业阶段中,又包括第一时期和第二时期。第一时期是不发达经济阶段,产品结构以农业为主,没有或极少有现代工业,生产力水平很低。第二时期是工业化初期阶段,产品结构由农业为主逐步向工业化结构转变,以劳动密集型产业为主。

工业化阶段是指经济发展中期对经济发展起主要作用的是制造业部门的阶段,包括第三和第四时期。第三个时期是工业化中期阶段,制造业内部由轻型工业的迅速增长转向重型工业的迅速增长,第三产业迅速发展,以资本密集型产业为主。第四时期是工业化后期阶段,一二产业协调发展的同时,第三产业开始由平稳增长转入持续高速增长,这一时期发展最快的领域是第三产业,特别是新兴服务业,如金融、信息、广告、公共事业、咨询服务等。发达经济阶段是指经济发展后期对经济发展起主要作用的是制造业部门,包括第五和第六两个时期。第五时期是后工业化社会,制造业内部结构由资本密集型向技术密集型转变。第六时期是现代化社会,知识密集型产业开始从服务业中分离出来并占主导地位。钱纳里的标准工业化阶段如表 2.12 所示。

表 2.12　钱纳里标准工业化阶段

时期	人均收入变动范围(参考 1982 年美元)	发展阶段
1	364~728	初级产品生产(食品、皮革、纺织等)
2	728~146	
3	1456~2912	工业化(非金属矿产品、橡胶制品、木材加工、石油、化工、煤炭制品等)
4	2912~5460	
5	5460~8736	发达经济(服装和日用品、印刷出版、粗钢、纸制品、金属制品和机械制造等)
6	8736~13104	

2. 三次产业贡献分析

产业的贡献在于拉动经济实现增长,因此,贡献分析是针对引起增长的因素对增长的作用进行的分析。从生产的角度看,贡献分析是对作为最终供给因素的三大产业及其内部各组成部分对增长的贡献分析。此类分析涉及两个重要指标,即贡献率和贡献度。贡献率是指一定时间内某一最终生产因素对该时期国内生产总值增长速度贡献的百分率。贡献度是指一定时间内某一最终生产因素对该时期国内生产总值增长速度贡献的百分点。值得注意的是,经济增长是一个相对数(增长率),各产业及其内部各组成部分的变动也应该是一个相对数。也就是说,贡献率或贡献度都是用增量进行测度的。贡献率指三次产业或主要行业增加值增量与GDP增量之比。[①]

$$某次产业或主要行为的贡献率 = \frac{该次产业或行业该时期增加值增量}{同期该地区生产总值增量} \times 100\%$$

某次产业或主要行业的贡献度 = 该次产业或主要行业的贡献率 × 同期该地区经济增长率

根据统计数据,很容易计算出一定时期一个国家或地区的产业贡献率(表2.13)。

表2.13 按照不变价格计算的2005～2015年我国三次产业贡献率(%)

年份	国内生产总值	第一产业	第二产业	第三产业	工业	品批发和零售业	金融业
2005	100	5.20	50.50	44.30	43.10	9.00	5.40
2006	100	4.40	49.70	45.90	42.30	11.40	7.40
2007	100	2.70	50.10	47.30	43.80	11.20	7.90
2008	100	5.20	48.60	46.20	43.40	13.70	6.00
2009	100	4.00	52.30	43.70	40.70	11.10	8.60
2010	100	3.60	57.40	39.00	49.60	12.30	4.40
2011	100	4.20	52.00	43.80	45.90	11.40	5.00
2012	100	5.20	49.90	44.90	41.90	11.70	7.30
2013	100	4.30	48.50	47.20	40.50	12.40	8.40
2014	100	4.70	47.80	47.50	39.20	12.50	8.70
2015	100	4.60	41.60	53.70	35.00	8.40	15.00

资料来源:《中国统计年鉴(2016)》。

把表2.13中的2005～2015年三次产业贡献率的变动情况绘制成折线图(图2.10),可以明显看出,在我国的国民经济中,第二、三产业对经济增长的贡献一直居主导地位,其中,2005～2013年,以第二产业对国民经济的增长贡献较大,直到2014年后,第三产业的贡献超过第二产业居主导地位,说明我国的经济增长方式已经初步从工业制造业主导的形态转变为服务业主导的形态,这是产业结构优化升级的基本表现。

---

① 中华人民共和国国家统计局.中国统计年鉴(2016)[M].北京:中国统计出版社,2016.

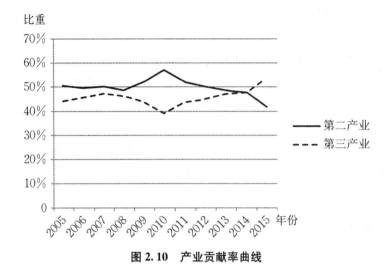

图 2.10 产业贡献率曲线

(四) 实际 GDP 和人均 GDP

1. 实际 GDP 的计算与 GDP 缩减指数

从理论上讲,用生产法核算 GDP 是通过从总产出价值中扣除中间消耗的方式完成的,即

$$\text{GDP} = \sum \text{产业增加值} = \sum \text{总产出} - \sum \text{中间消耗}$$

其中,总产出 $= \sum (\text{产品产量} \times \text{产品价格})$,中间消耗 $= \sum (\text{中间产品产量} \times \text{中间产品价格})$。

这意味着 GDP 是各种最终产品的价格与产量乘积之和,所以,引起 GDP 变动的主要有两个因素:一是当生产物品和劳务的数量变动时,GDP 随最终产品产量的增加而增加;另一个因素是产品和劳务的价格变动时,GDP 随产品和劳务的价格上升而增加。因为名义 GDP 是用当期价格进行计算的,所以产品和劳务的价格变动是 GDP 的名义变动,它不能反映一个社会经济变动的真实情况;生产物品和劳务的数量变动是 GDP 的实际变动,它可以反映一个社会经济变动的真实情况。通常,这两种因素的变动是交织在一起的,但要区分也并不难。为什么要把这两个方面区分开呢? 正如我们看到的那样,如果这个时期与上一时期都生产了相同数量的各种产品和服务,只是因为这个时期的价格水平上升了 3.3%,从而引起了这个时期的 GDP 比上一时期增加了 3.3%,而这种变化并没有使我们获得的产品和服务有所增加。

如果我们只想考察因为生产物品和劳务的数量变动引起的 GDP 变动的情况,就必须把因产品和劳务的价格变动引起的 GDP 变动予以剔除。

通常我们能够从政府统计部门或物价监测部门得到关于各类主要商品(一揽子项目)的价格监测数据(表 2.14)。借助于这些价格监测数据计算出一个部门、行业、产业的价格指数(表 2.15)。计算公式是:

表 2.14 某城市主要食品平均价格变动情况(2017 年 7 月 21 日至 30 日)

食品名称	规格等级	单位	本期价格(元)	比上期涨跌(元)	涨跌幅(%)
大米	粳米	千克	6.38	0.01	0.2
面粉	富强粉	千克	6.37	0.06	1
面粉	标准粉	千克	5.21	−0.01	−0.2
豆制品	豆腐	千克	4.82	0	0
花生油	压榨一级	升	27.93	−0.07	−0.3
大豆油	5L桶装	升	9.84	0.01	0.1
菜籽油	一级散装	升	14.01	0.05	0.4
猪肉	猪肉后臀尖	千克	26.03	−0.07	−0.3
猪肉	五花肉	千克	27.67	−0.06	−0.2
牛肉	腿肉	千克	66.96	−0.01	0
羊肉	腿肉	千克	58.52	−0.04	−0.1
鸡	白条鸡	千克	21.5	0.12	0.6
鸡	鸡胸肉	千克	19.81	0.08	0.4
鸭	白条鸭	千克	17.58	0.1	0.6
鸡蛋	散装鲜鸡蛋	千克	8.36	0.2	2.5
活鲤鱼		千克	15.94	−0.01	−0.1
活草鱼		千克	18.84	−0.07	−0.4
带鱼		千克	39.44	0.18	0.5
大白菜		千克	3.5	0.12	3.6
油菜		千克	6.92	0.89	14.8
芹菜		千克	7.16	0.38	5.6
黄瓜		千克	5.38	0.35	7
西红柿		千克	5.84	−0.08	−1.4
豆角		千克	8.73	0.54	6.6
土豆		千克	3.77	0.02	0.5
苹果	富士苹果	千克	12.24	−0.03	−0.2
香蕉	国产	千克	6.37	−0.11	−1.7

资料来源:国家统计局网站。

表 2.15 国内生产总值产业部门指数(上年＝100)

年份	第一产业	第二产业	第三产业
2010	104.3	112.7	109.7
2011	104.2	110.7	109.5
2012	104.5	108.4	108
2013	103.8	108	108.3
2014	104.1	107.4	107.8
2015	103.9	106.1	108.3

资料来源:《中国统计年鉴(2016)》。

$$I_P = \sqrt{L_P P_P}（理想指数）$$

其中,$L_P = \dfrac{\sum_1^n P_i^t \cdot Q_i^{t-1}}{\sum_1^n P_i^{t-1} \cdot Q_i^{t-1}}$（拉斯佩雷斯指数）,$P_P = \dfrac{\sum_1^n P_i^t \cdot Q_i^t}{\sum_1^n P_i^{t-1} \cdot Q_i^t}$（帕斯卡指数）。提取表 2.8 中关于三次产业的增加值数据,用表 2.15 中的指数进行价格调整,计算各产业实际增加值(见表 2.16)。

表 2.16 我国三次产业实际增加值计算表(上年＝100)

年份	第一产业增加值（亿元）	第一产业指数	第一产业实际增加值（亿元）	第二产业增加值（亿元）	第二产业指数	第二产业实际增加值（亿元）	第三产业增加值（亿元）	第三产业指数	第三产业实际增加值（亿元）
2010	39362.6	104.3	37739.79	191629.8	112.7	170035.31	182038.0	109.7	165941.7
2011	46163.1	104.2	44302.40	227038.8	110.7	205093.77	216098.6	109.5	197350.3
2012	50902.3	104.5	48710.33	244643.3	108.4	225685.70	244821.9	108.0	226686.9
2013	55329.1	103.8	53303.56	261956.1	108	242551.94	277959.3	108.0	256656.8
2014	58343.5	104.1	56045.63	277571.8	107.4	258446.74	308058.6	107.8	285768.6
2015	60870.5	103.9	58585.66	280560.3	106.1	264430.07	344075.0	108.3	317705.4

注:计算公式:某产业实际增加值＝$\dfrac{该产业名 \times 增加值}{该产业价格指数}$。

通过将三次产业增加值加总的方式获得实际 GDP 数据,并与各个时期的名义 GDP 数据共同计算 GDP 缩减指数(见表 2.17)。

计算得到的实际 GDP 和 GDP 缩减指数就是以"上年＝100"的价格水平核算的数值。但是,这个数据并不能直接用于完成经济分析工作。比如,在计算经济增长率时,需要以 2010 年为基期,把此后 5 年的环比价格指数调整为以 2010 年为基期的定基价格指数,完成价格口径统一工作后,才能在同一口径下计算经济增长率。

表 2.17 实际 GDP 和 GDP 缩减指数计算表(上年＝100)

年份	名义 GDP（亿元）	实际 GDP（亿元）	GDP 缩减指数	第一产业实际增加值(亿元)	第二产业实际增加值(亿元)	第三产业实际增加值(亿元)
2010	413030.3	373716.8	110.52	37739.79	170035.31	165941.7
2011	489300.6	446746.5	109.53	44302.40	205093.77	197350.3
2012	540367.4	501083.0	107.84	48710.33	225685.70	226686.9
2013	595244.4	552512.3	107.73	53303.56	242551.94	256656.8
2014	643974.0	600261.0	107.28	56045.63	258446.74	285768.6
2015	685505.8	640721.2	106.99	58585.66	264430.07	317705.4

定基价格指数的调整公式为：

$$某一年的定基价格指数 = \frac{当年的环比价格指数 \times 上一年的定基价格指数}{100}$$

表述为：如果上年的指数是 100 时当年的指数是名义值，如果上年的指数不是 100 而是实际值，当年的指数实际值是多少呢？按照这种方法把表 2.15 中的指数调整为以 2010 年为基期的定基价格指数(见表 2.18)。

表 2.18 国内生产总值产业部门指数(2010 年＝100)

年份	国内生产总值指数	第一产业	第二产业	第三产业
2010	100.00	100	100.00	100.00
2011	109.50	104.2	110.70	109.50
2012	118.15	108.89	120.00	118.26
2013	127.37	113.03	129.60	128.08
2014	136.66	117.66	139.19	138.07
2015	146.09	122.25	147.68	149.52

用调整后的"2010 年＝100"的指数将表 2.15 中的增加值调整为以 2010 价格水平的增加值(见表 2.19)。

表 2.19 国内生产总值及其增长率

年份	实际 GDP（亿元）	实际增长率(%)	第一产业增加值(亿元)	增长率(%)	第二产业增加值(亿元)	增长率(%)	第三产业增加值(亿元)	增长率(%)
2010	413030.40		39362.60		191629.80		182038.00	
2011	446849.77	8.19	44302.40	12.55	205093.77	7.03	197350.30	8.41
2012	457355.24	2.35	46746.96	5.52	203871.46	−0.60	207020.00	4.90
2013	467348.73	2.19	48952.20	4.72	202128.64	−0.85	217027.60	4.83
2014	471209.70	0.83	49586.15	1.30	199420.78	−1.34	223125.00	2.81
2015	469223.10	−0.42	49791.96	0.42	189979.13	−4.73	230112.20	3.13

注：经济增长率的计算公式：经济增长率 $= \frac{当期实际增加值 - 前一期实际增加值}{前一期实际增加值} \times 100\%$。

显然,当剔除了价格因素影响之后,我们能够清晰地看到,2011年以来真实的经济增长速度(图2.11)。

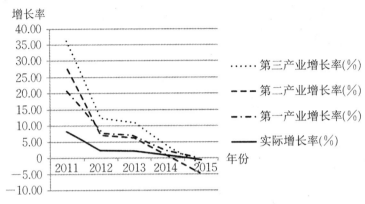

图2.11 2011～2015年的经济增长率

2. 人均GDP

人均国内生产总值(Real GDP Per Capita),又叫人均GDP,把一个国家(或一个地区)核算期内(通常是一年)实现的国内生产总值与这个国家的常住人口(或户籍人口)相比进行计算,得到人均国内生产总值。计算公式是:

$$人均GDP = \frac{一个国家(或地区)核算期生产总值}{一个国家(或地区)核算期总人口}$$

人口是指当年7月1日0时人口数,或当年7月1日0时与12月31日总人口的平均数。我国的人口数量是指年度统计的年末人口数,即每年12月31日24时的人口数(未包括香港、澳门特别行政区和台湾省以及海外华侨人数)。2015年我国的人口总数为137462万人,同期国内生产总值685505.8亿元,人均GDP是49868.7元(现行价格计算)。国内31个省、市、自治区2015年人均GDP排名情况见表2.20。

表2.20 2015年全国31个省、市、自治区年人均GDP排名　　　　单位:元/人

1	天津	85213	12	重庆	34500	23	河南	28661
2	上海	82560	13	湖北	34197	24	江西	26150
3	北京	81658	14	河北	33969	25	安徽	25659
4	江苏	62290	15	陕西	33464	26	广西	25326
5	浙江	59249	16	黑龙江	32819	27	西藏	20077
6	内蒙古	57974	17	山西	31357	28	甘肃	19595
7	广东	50807	18	新疆	30087	29	云南	19265
8	辽宁	50760	19	宁夏	30043	30	贵州	16413
9	福建	47377	20	湖南	29880	31	四川	16133
10	山东	47335	21	青海	29522			
11	吉林	38460	22	海南	28898			

资料来源:《中国统计年鉴(2016)》。

人均国内生产总值指标通常用于衡量一个经济社会经济发展状况,是人们了解和把握一个国家(或地区)的宏观经济运行状况的有效工具。

国际货币基金组织(IMF)于2016年4月12日发布了《世界经济展望》,数据显示2015年世界GDP总量为77.3万亿美元,总人口为73.16亿人,人均GDP为10138美元。

三、国民收入核算体系的局限

到目前为止,尽管世界各国都在使用SNA体系对国民收入进行核算,并普遍认为这是最理性的选择,但是,不可否认国民账户体系以GDP来衡量国民经济总产出水平,进而衡量经济发展程度和生活水准仍然存在着一定的缺陷。

1. GDP统计指标中计入了许多不能增加经济福利的项目

在国民收入核算体系中,凡是最终产品和劳务就要计入GDP,但一些产品和劳务不但不能提高生活质量,增加经济福利,相反会对生活质量和经济福利起减损作用。比如:军火的生产;监狱和看守数量的增加;防盗设施的生产和产品的花样翻新;资源掠夺性的使用和开发,滥捕、滥伐、滥牧、滥采;一些国家和地区的博彩业等。这些都会增加GDP,但大都不能增加经济福利,有些即使短期能增加经济福利,但后患无穷。

2. GDP统计指标中非市场交易活动得不到反映,经济绩效不能得到全面反映

例如家务活动、自给自足的生产等,难以在GDP统计中反映出来。根据一项估计,美国家务工作的价值达市场消费总额的50%,在我国这一比例会大得多,我国农村,自给自足生产的消费品所占的比例相当大;在高等教育投资方面,GDP统计中计入了显性成本(学杂费、书本费、食宿费等),却忽略了机会成本,有些研究表明,教育领域和非市场性的投资份额是国民储蓄份额的两倍多;不少地下交易,如贩毒、走私,被法律禁止的赌博、卖淫等经济活动发生了,GDP统计中却未得到反映。

3. GDP统计指标中有些严重影响社会发展和人们生活质量的内容无法得到反映

首先,GDP核算无法说明人们享受了多少闲暇,闲暇的价值被排除在GDP之外。闲暇可以使闲暇者得到效用,提高生活质量,增加经济福利。稍有常识就可以判定,人们从事闲暇活动的时间大体上与从事赚钱的时间差不多。其次,GDP无法说明环境污染到了什么程度,对经济福利的损害有多大。环境污染已经成为世界性的公害,二氧化碳等有害气体和污水的排放、森林的过度采伐、植被的破坏、农药以及化肥的过度使用等,大大地减损了人们的经济福利,使这个世界的居住和生存环境越来越恶化。GDP的核算无法反映它们到底会抵消多少GDP。

4. GDP计算中最终产品和中间产品在有些场合难以区分

同一种产品在一个场合是最终产品,而在另一个场合可能是中间产品。比如饮料,在家中饮用是最终产品,而作为企业的防暑降温用品,就是中间产品。再如工作服,上班时间穿着是中间产品,下班时间穿着就是最终产品。许多产品都有这种特性,这就给GDP的核算带来困难。

5. 用GDP指标难以进行国际上的比较

两个生产了同样多GDP的国家,一国成员劳动十分紧张,一国成员享有许多闲暇,显然后者福利大于前者;两个生产了同样多GDP的国家,一国环境污染了,另一国并未污染,显然,前一国人们不及后一国人们幸福;两个国家可以拥有相同的GDP,但一国生产粮食,一国只生产歌曲,显然,这两个国家的物质生产水平大不一样;某地赌博和色情活动盛行,也许GDP水平很高,但并不说明该地区经济发展能给人民带来更多经济福利,而只能说明社会生活腐朽。

延伸阅读7

"国民幸福总值"远比"国民生产总值"重要

目前,我国的GDP已经居于世界第二位,将来迟早会上升到世界第一位。近段时间以来,全国各地关于GDP的捷报频传。广东顺德,2006年GDP达到1058亿元,成为国内第一个GDP突破千亿元大关的县级经济体……好一派欣欣向荣、催人振奋的景象!

与此同时,更多的民众却疑问重生:为什么我们收入的增长速度总远远地落后于GDP膨胀的速度?为什么房价飙升的速度把GDP增速远远地甩在了后面?为什么我们的幸福感却和GDP成反比?……对不懂经济学相关理论的普通民众来说,他们自然更关心自己的生活质量、生活水准的提高。

一方面是GDP的一路狂飙,另一方面国民个体收益与公共福利却严重滞后;一方面是为GDP增长欢呼,另一方面却发现失业率也在增长;一方面是GDP的高增长,另一方面是工资收入的缓慢增长,大多数人的实际收入非但不与GDP同步,反而急剧下降,生存成本节节攀高。

就在国人不断质疑GDP并试图重新修正GDP之时,在经济落后的不丹,早在1998年就提出一个超前概念"国民幸福总值"(Gross National Happiness,简称GNH)。在喜马拉雅山脚下,有一个国家叫不丹,年人均GDP仅为500美元,被列为全球最不发达国家之一,却被世人誉为"离世界最远,离天堂最近"的地方。世界银行主管南亚地区的副总裁西水美惠子评价说:"世界上存在着唯一一个以物质和精神的富有作为国家经济发展政策之源,并取得成功的国家,这就是不丹王国。该国所讴歌的是:去不丹旅游过的人都会异口同声地说,仿佛回到了自己心灵的故乡。不丹给我们地球人展示了许多高深莫测的东西。"不丹国王吉格梅·辛格·旺楚克认为:"政策应该关注幸福,并应以实现幸福为目标。"他们的GNH主要内容包括:平等的社会发展,保护传统文化,保护环境,高度负责的政府。在生活环境方面,不丹的森林覆盖率达到了72%,26.23%的国土都被划为自然保护区,人与自然和谐地相处,人们仿佛生活在梦想中的天堂。

或许从这个"离世界最远,离天堂最近"的地方我们能得到一些启示。

延伸阅读 8

推进绿色 GDP 绩效评估

现行的 SNA 体系存在的缺陷是不言而喻的。其实,在理论研究与实际运用过程中,人们一直致力于寻找完善和改进 SNA 体系的途径。

长期以来,由于自然资源的价值属性没有得到普遍的充分认识,往往导致以资源耗竭和环境退化为代价换取经济的高速增长,致使社会经济可持续发展的资源基础日趋薄弱。究其原因之一,在传统的国民收入核算体系中,既无自然资源的标价,更谈不上对资源损耗的核算。资源值及其损失在国民收入或国民生产总值中都没有得到应有的反映。即使在那些以自然资源为国民收入主要来源的发展中国家,情况也是如此。而对于经济活动过程所引起的环境污染与退化,国民经济核算体系不仅没有将环境损失从 GDP 中扣除,反将环境治理费用作为一般经济产出计入了 GDP。这种国民经济核算体系的严重缺陷必然造成这样一种荒谬现象:一个国家耗尽了矿产、伐光了森林、侵蚀了土地、污染了水源、毁灭了生物,而这个国家的 GDP 却可能随着这些宝贵资源的消失而增加。从而产生了不容忽视的消极影响,它不仅不能正确评价经济发展状况,反而容易引导决策者以发展经济的名义忽略和破坏资源环境,以自然资源的过度消耗来获得所谓的经济高速增长。

20 世纪 60 年代开始,在人口剧增和经济高速增长的双重压力下、资源环境问题在全球暴发。矿产耗竭,石油危机,土地荒漠化,绿色屏障锐减,淡水资源短缺;水、大气污染,臭氧层损耗,酸雨,温室效应,全球变暖,生物多样性丧失等。这不仅制约了经济增长,而且严重威胁着人类自身的生存。对自然资源进行核算,并将其纳入国民经济核算体系,正是在这种大背景下提出并迅速引起了国际社会关注。

1987 年,联合国世界环境与发展委员会发表《我们共同的未来》长篇报告,强调要对环境和自然资源的变化进行定期的监测、评价和报告。1988 年 7 月,由 25 个国际组织首脑参加的"国际可持续发展会议"再次强调了要"开展环境统计,建立可持续发展的指标体系,建立协调的易于使用的数据库系统,并将资源环境核算纳入经济社会发展核算体系"。世界银行 1992 年世界发展报告《发展与环境》也专门提及自然资源和环境核算,指出资源核算的目标是要"综合经济活动和利用资源环境之间的联系"。1994 年《中国 21 世纪议程》在其可持续发展经济政策研究中,提出要进行自然资源核算研究,主要目标是建立资源核算理论,确定资源评估和定价的方法。而所有这些努力的最终目标是通过自然资源核算并将其纳入国民经济核算来初步地"衡量经济的可持续性和不可持续性"。

绿色 GDP 指从名义 GDP 中扣除了各种自然资本消耗之后,经过环境调整的国内生产净值,也称绿色国内生产净值。世界银行 1997 年开始利用绿色 GDP 国民经济核算体系来衡量一国(或地区)的真实国民财富,并于 1997 年推出真实国内储蓄率的概念和计算方法,用以衡量扣除了自然资源枯竭以及环境污染损失之后的一个国家正式的储蓄率,以代表真实的国民财富。

联合国计划开发署在《2002 年中国人类发展报告:绿色发展,必选之路》中,首次提出中国应选择绿色发展之路。采用绿色 GDP 是实行绿色发展的重要衡量指标,它意味着从传统的大量消耗资源排放污染的名义GDP核算转向扣除自然与环境成本的绿色GDP核算。

绿色GDP这个指标,实质上代表了国民经济增长的净正效应。绿色GDP占GDP的比重越高,表明国民经济增长的正面效应越高,负面效应越低,反之亦然。

绿色GDP的设想虽然是美好的,但在目前我国的核算实践中尚存在两大技术难题。一是由于"绿色GDP"核算涉及面很广,需要扣除以下几方面内容:第一,矿产能源资源、水资源、森林资源的价值核算。这些资源的现行市场价格是建立在资源无偿占用、永续不竭基础上的,没有包含资源所有者权益价格、时间调节系数和环境调节系数,资源价格明显偏低,从而降低了企业的资源消耗成本,虚增了企业利润,这部分虚增利润应从GDP中扣除。第二,环境资源的耗减核算。因生产和生活的消耗及大自然自身的侵蚀,导致环境资源的物质总量的耗减,这些耗减意味着原有的社会财富积累的净减少和未来生产潜力的降低,由此增加的产值是虚假的,应从GDP中扣除。第三,环境资源损失成本的核算。这是因对环境资源的不合理耗用或缺乏有效保护措施及因对环境资源的人为污染、破坏导致环境资源质量的日趋恶化,而对整体环境资源的可持续发展造成的直接经济损失和潜在损失。它直接引起社会财富的减少,亦应从GDP中扣除。第四,资源环境的恢复成本、再生成本和保护成本的核算。这些成本的发生并没有导致环境资源质量的提高或数量的增加,只是使资源环境保持或恢复到原有的水平,因此,没有创造新的社会财富。还有环境资源的替代成本和机会成本的核算,这两项成本都是为了保护环境资源免遭耗减和恶化而产生的,是一种价值牺牲,在现行GDP核算中已得到真实而恰当的反映,因而不需要再作调整。还有环境资源的改善收入(绿色收入)的核算。这种收入是指国家、企业开展以保护和改善环境资源为宗旨的绿色管理、绿色生产运动而给人类、自然、社会、企业带来的绿色收入。它是因资源环境的数量增加和质量提高带来的,是国民财富的净增加值,因此应作为影响GDP的增加项目。

延伸阅读9

要GDP更要绿色GDP

现行以GDP为核心指标的绩效评估主要考察的是国家或者省、区、市的GDP总量,对引导中国发展和地方治理产生了重要的作用。但仅仅以GDP为核心的绩效评估在指引国家发展与地方治理中出现的问题也日渐突出。第一,GDP总量并不能真实反映各地经济发展的实际情况和实际水平。各国各地的单位GDP所消耗的能源、资源是很不一样的,其对环境的消耗与损害程度也很不一样,仅看GDP总量,不能有效反映资源、能源和环境消耗方面的投入与产出,不利于节约资源能源和保护环境,实现绿色发展。第二,仅有GDP绩效评估容易误导地方治理,影响国家的长远发展。现行GDP数据所采用的计价机制仍是现有市场估价,不能真实反映生态环境、公共服务等民生工程的价值,仅有GDP指挥棒极易导致地方治理的战略短视和失策。第三,仅仅关注GDP绩效评估容易积累社会矛盾,影响国家和地方的社会稳定。目前地方经济统计数据"注水",政府形象受损,干群互信受到影响,由忽视环境保护诱发的群体性事件在全国各地都已屡见不鲜。

所谓绿色GDP绩效评估,就是以管理学、政治学、生态学、统计学等多学科方法,对某一地区的绿色GDP进行绩效测算与评估。这种绿色GDP评估既使多年来人们关注的绿色

GDP 核算的基本思想得到了传承,又在对绩效的关注上以更加宏观的视野有所拓展和超越。绿色 GDP 绩效评估的目的在于有效区分并尽可能准确反映某一地区"绿色 GDP"的基本情况,构建科学的理论模型,选取合适的算法,对不同地区状况作出有效区分与精准"刻画"。绿色 GDP 绩效评估是对绿色 GDP 核算去繁从简、去粗取精的"提取物",是对评估对象最终绩效的综合性考量。它吸取了绿色 GDP 核算基本算法的精华,确保了绿色 GDP 的科学内涵,又体现了绿色 GDP 应用的实践指导功能。尤其是该评估方案不仅关注了 GDP 总量,还关注了人均 GDP、绿色 GDP、人均绿色 GDP,在此基础上测算出绿色发展指数。因此,这种绿色 GDP 绩效评估不仅更具全面性和科学性,也更具直观性和可行性。

第三讲　经济增长的理论与政策

　　转向高储蓄和投资的经济政策可以使未来几年的长期经济增长率达到3%或者更高。

——1996年7月8日美国《商业周刊》

　　持续经济增长的好处适用于所有国家，而不仅仅是中国。因此，一个普遍性的问题是：为了提高经济增长率，我们——或我们的政府——能做些什么？这个问题的重要性促使经济学家罗伯特·卢卡斯滋生出如下考虑：印度政府有没有可能采取某种行动促使印度的经济像印度尼西亚或者埃及那样增长？如果有，具体是什么？如果没有，是印度人的什么性格造成这样的现状吗？包含在这些问题中的人类福利的重要性简直让人们束手无策：一旦人们开始考虑这些问题，就很难考虑其他问题了。

——罗伯特·巴罗[①]

一、概　　述

　　虽然在21世纪的今天，经济增长对于我们而言是理所当然之事，但在过去却并非一直如此。纵观人类绝大部分历史，经济出现增长的时期非常稀少，工业革命发生之前，几乎没有增长的发生。除了存在一些技术上的差距之外，古希腊人和古罗马人可能与1500年后在美国开拓殖民地的欧洲人拥有着一样的经济资源。18世纪末期的一个欧洲农民或农场工人并不比中世纪（即500～1500年）的一个农民富裕多少。1750年后的某个时期里，世界发生了改变。我们现在所称谓的工业革命加快了技术进步的速度，拓展了有组织的生产和市场的范围，从而使今天的那些发达国家踏上了持续250年的快速经济增长之路[②]。对于宏观经济学而言，一个核心的问题就是：我们如何解释经济增长？

　　经济学家关注经济增长问题已经长达几个世纪。经济增长这个主题被事实证明最难以捉摸，许多经济增长之谜仍有待探索。单纯从理论方面看，经济增长是一个古老的话题。诚如纽约大学经济学教授威廉·伊斯特利在其出版的《在增长的迷雾中求索》一书中所言，自从有了经济学家这个职业，寻求经济增长和经济发展的理论就一直困扰着我们。古典经济学的代表、现代经济学的奠基人亚当·斯密在其《国民财富的性质和原因的研究》中详细解释了分工专业化与市场交换提高了效率，而国际贸易又能使一国的财富效应扩散出去。因

[①] 巴罗.宏观经济学：现代观点[M].沈志彦,译.上海：格致出版社,2009.
[②] 胡佛.应用中级宏观经济学[M].蒋长流,杨玲,译.北京：中国人民大学出版社,2015.

此,该书是经济学家开始思考经济增长问题的开山之作,自此,经济增长这一问题具有持久的吸引力。1890 年,英国剑桥大学经济学家阿尔弗雷德·马歇尔在其《经济学原理》一书中将探求经济增长称为"经济学最迷人的领域所在"。然而对经济增长问题的研究偏误也曾给经济学带来了让人误解的成分。这就是托马斯·马尔萨斯对经济增长前景所作的错误预测,这一错误预测导致了经济学被人称为"沉闷的科学"。然而,直到现在,为什么马尔萨斯的预言未能成真,经济仍在持续不断地增长?为什么有的国家经济快速增长以至于被称作"增长奇迹"?而有的国家增长缓慢、甚至停滞倒退以至于被称作"增长灾难"?真的是因为国情不同各有特色呢?还是有其他的原因?虽然熊彼特解释了创新在经济增长中的作用,而道格拉斯·诺思和罗伯特·托马斯在《西方世界的兴起》以及德·索托在《资本的秘密》中分别提到了产权制度对经济增长的巨大贡献。但是对经济学家而言,关于"国富国穷"问题的答案依旧是"云深不知处"。

宏观经济学的奠基人凯恩斯曾于 1930 年撰写了一篇题为"我们孙子辈的经济可能性"(Economic Possibilities for Our Grandchildren)的充满乐观思想的短文。凯恩斯对一些预言永久萧条和停滞的信徒进行了批评,并憧憬了一个光明的未来。他说,依赖技术进步和资本积累,人类能在一百年内真正地解决经济问题。商品和服务将会无比丰富与廉价,以至于休闲将成为最大的问题。在凯恩斯看来,资本可以便宜到利息降为零的程度[①]。凯恩斯所描述的这种经济天堂正是经济增长的结果。著名的发展经济学家阿瑟·刘易斯曾经说过:"经济增长的好处并不在于财富造成的幸福的增长,而在于它扩大了人类选择的范围。"[②]那么,该如何正确理解经济增长及其福利意义呢?

无论是对于穷人和富人,经济增长都已经改变了我们的物质世界的面貌。作为经济学家,我们需要更好地理解这一进程。因此,经济增长的第一个重要领域是研究经济增长的动力源泉。德国作家托马斯·曼有一部长篇小说名叫《布登勃洛克一家》。该小说描写了吕贝克望族布登勃洛克家族四代人从 1835~1877 年的兴衰史。布登勃洛克家的第一代拼命积累财富,终于成为地方上的富户;布登勃洛家的第二代由于出身于有钱的家庭,从而就拼命追求社会地位,后来当上了议会会员;布登勃洛克家的第三代则生长于既有钱又有社会地位的家庭中,他们追求的是精神文化生活,爱好的是音乐。著名发展经济学家罗斯托由此受到启示,并提出了"布登勃洛克动力"这一概念,以用于说明它在推动经济增长的阶段演进和过程更替中的作用。

经济增长的第二个重要研究领域就是为什么有的国家或地区出现增长的奇迹(如曾经的亚洲四小龙以及中国改革开放以来的增长奇迹),而有的国家或地区则陷入增长的灾难之中?一些国家与地区,例如新加坡和中国香港,已经赶上了美国和欧洲的人均收入水平。其他国家虽然增长但速度远远落在后面。还有一些国家——其中大部分在撒哈拉以南的非洲——仍然处于极度贫困之中。经济学家们想要获得的最重要知识可能就是理解经济增长的进程,以及为什么一个国家能够成功地完成工业化而另一个国家停滞不前。[③]

[①] 史库森.经济思想的而力量[M].王玉茹,陈纪平,译.上海:上海财经大学出版社,2005:394-395.
[②] 托大罗.经济发展[M].黄卫平,等译.北京:中国经济出版社,1999:16-17.
[③] 胡佛.应用中级宏观经济学[M].蒋长流,杨玲,译.北京:中国人民大学出版社,2015.

经济增长的第三个研究领域在于阐释为什么有的国家贫穷,而有的国家富裕?世界各国或地区的生活水平及其变化速度均存在着很大的差别,一些国家或地区快速变富,其他国家或地区变富的进程则相对较慢。是什么因素导致一些国家或地区变得富裕而其他国家或地区变得贫穷呢?对于这个问题,著名的经济史学家大卫·兰德斯在其《为什么我们如此富裕而他们如此贫穷》一文中指出,一种解释范式认为,之所以我们如此富裕而他们如此贫穷,乃因为我们是如此的善良而他们是那样的十恶不赦,也就是说,我们不辞辛劳、知识渊博、有教养、治理良好、措施得力、富有创造性,而他们正好反过来。另一种解释范式则认为,之所以我们如此富裕而他们如此贫穷,乃因为我们是如此的十恶不赦而他们是那样的善良,我们贪婪、冷酷无情、剥削人、带有侵略性,而他们弱势、天真无邪、善良正直、受虐待、易受伤害。穷人也好,富人也罢,经济增长都已经彻底改变了摆在他们面前的这个物质世界的面貌。作为经济学家,需要做的事情就是对此作出解释以便人们更好地理解这一增长进程是如何发生的。在宏观经济学中,我们可以将此进程视为在一定时间内总供给理论的应用。

鉴于"增长"这个概念对于在世界范围内评价不同国家经济增长相对绩效所起到的关键作用,理解经济增长的含义、性质和源泉毫无疑问是至关重要的。

二、经济增长的含义、特征与衡量

(一)经济增长的含义

一般说来,经济增长是指一个国家或一个地区生产的商品和劳务的总量的增加。如果考虑到人口增加和价格变动情况,经济增长应包括人均真实 GDP 的增长。美国经济学家西蒙·库兹涅茨由于对发达国家国民收入历史增长的衡量和分析方面作出了开创性贡献而获得 1971 年的诺贝尔经济学奖。他给经济增长下了一个经典性的定义:一个国家的经济增长可以定义为给该国居民提供种类日益繁多的经济产品的能力的长期上升,这种不断增长的能力是建立在先进的技术以及所需要的制度和思想意识的相应调整基础之上的。

库兹涅茨的这个定义包括三个组成部分:

(1)经济增长表现为提供产品能力的长期上升,即 GDP 的持续增加。考虑到人口增长和物价上涨因素,经济增长应该体现为人均真实 GDP 的增加。因而不断提高人均真实 GDP 从而提高国民人均生活水平是经济增长的结果,也是经济增长的标志。换句话说,经济增长的集中体现与最终结果是有形产品和无形服务供给总量的不断增加,即人均真实 GDP 的增加。这是经济增长的要义之所在。

如果用生产可能性曲线来表示的话,经济增长表现为生产可能性曲线的外移。如图 3.1,A 点到

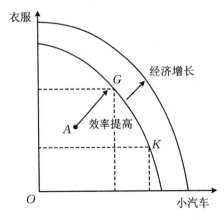

图 3.1 生产可能性曲线与经济增长

G 点的移动表示经济效率的提升,整条生产可能性曲线的外移则表示经济增长。

(2) 不断进步的技术或先进技术是经济增长的基础或者说必要条件,即先进技术为经济增长提供了前提条件。这就是说,在影响经济增长的各种因素中,技术进步是最关键的,没有技术进步,就没有现代经济的增长。

(3) 经济增长的充分条件是制度与意识的相应调整。技术进步仅仅为经济增长提供了一种潜在的可能性,为使新技术中固有的这种增长可能性变为现实,就必须有制度、观念乃至社会意识形态方面的相应调整。

库兹涅茨的这个定义是对多国经济增长历史经验的高度概括,集中体现了经济增长的最本质内容,因此,这个定义已被经济学界广泛接受,并作为研究经济增长问题的出发点。

(二) 经济增长的特征

库兹涅茨还根据历史资料总结了现代经济增长的 6 个特征:

(1) 按人口计算的产量(人均产出)的高增长率和人口的高增长率。这一个特征在经济增长过程中是十分明显的,可以用统计资料得到证明。

(2) 生产率本身的增长也是迅速的。这包括所有投入生产要素的产出率即全要素生产率的高增长率。这反映了由于技术进步所引起的生产效率的提高。这也是产量高增长率,以及在人口增长迅速情况下,人均产量高增长率的原因。这一特征也可以用统计资料加以证明。

(3) 经济结构的变革速度是高的。包括从农业转移到非农业上,以及从工业转移到服务业;生产单位生产规模的变化;劳动力职业状况变化;消费结构变化等。

(4) 社会结构与意识形态的迅速改变。例如,城市化以及教育与宗教的分离就是整个社会现代化的一个组成部分,也是经济增长的必然结果。

(5) 经济增长在世界范围内迅速扩大。这就是发达国家凭借其技术力量,尤其是运输和通信,通过和平或战争的形式向世界其他地方伸展,使世界都卷入增长之内,成为一个统一体。

(6) 世界增长的情况是不平衡的。从目前看,还有占世界人口四分之三的国家是落后的,有些国家的经济成就远远低于现代技术的潜力可能达到的最低水平。在国际范围内,贫富的差距在拉大。

这 6 个特征中,(1)(2)特征属于数量特征,反映的是关于经济增长的总和经济变量方面的变化情况,(3)(4)特征属于结构的转变,最后两个特征属于经济增长在国际间的扩散效应。这 6 个特征并非孤立的,而是密切相关并相互促进的。例如,如果没有劳动生产率水平的快速提升,人均产出的高增长率也难以实现。人均产出的高增长会带来高人均收入,后者导致较高的人均消费水平和消费结构的变化,从而对生产结构(亦即供给侧结构)产生诱导效应等等。它们标志着一个特定的经济时代。

(三)经济增长的衡量指标

衡量经济增长的指标一般是经济增长率。经济增长率是真实 GDP 的增长率,这一增长率剔除了物价变动的影响,实际上也就是总产出(量)的增长率。

经济逐年或逐期增长率的表达式为:

$$\frac{\Delta Y}{Y}=\frac{Y_t-Y_{t-1}}{Y_{t-1}}$$

经济年均增长率的表达式为:

$$\frac{\Delta Y}{Y}=\left[\sqrt[N]{\frac{Y_n}{Y_1}}-1\right]\times 100\%$$

年均经济增长率为 1% 的国家,其生活水平每 70 年就翻一番;年均增长率为 2% 的国家,其生活水平每 35 年就翻一番;而年均增长率为 7% 的国家,其生活水平翻一番则只需要 10 年。这就是通常所谓的"70 法则"。如果人均收入每年按照某一增长率 $x\%$ 增长,则收入翻番所需要的年数就是 70 除以这个增长率的分子,即 $\frac{70}{x}$。例如,我国从 2010 年开始到 2020 年,GDP 要翻一番,则从 2010~2020 年,每年 GDP 的增长率需要达到 7%。由此可见,增长率的较长时期的差距会导致不同国家或地区在生活水平方面的巨大差异。

经济增长也可以用人均真实 GDP 的增长率来衡量(图 3.2)。

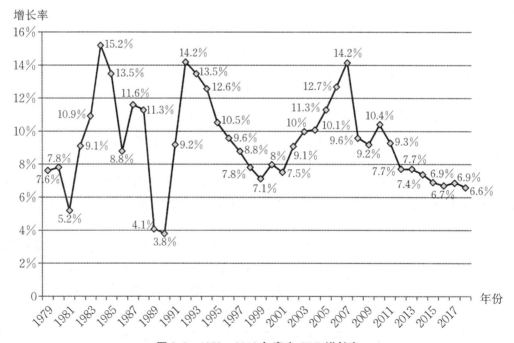

图 3.2　1979~2018 年真实 GDP 增长率

(四) 经济增长与经济发展

1. 经济增长

经济增长是一个单纯的"量"的概念,它是计算 GDP 的逐年增长的百分比,而经济发展是一个比较复杂的"质"的概念,它不仅包括经济增长的速度、增长的平稳程度和结果,而且还特别包括国民的平均生活质量,如受教育水平、健康卫生标准等,以及整个经济结构、社会结构等的总体进步。

具体而言,经济发展体现为如下 6 个方面的变化:

(1) 投入结构的变化,即劳动密集向资本密集到技术密集的转变。
(2) 产出结构的变化,即农业、工业、服务业各自产出占 GDP 的比例变化。
(3) 一般生活水平的变化,包括人均 GDP 或分配状况的变化。
(4) 卫生、健康状况的变化,包括预期寿命和婴儿死亡率的变化。
(5) 文化教育状况,包括适龄儿童入学率、辍学率、大学生比例变化等。
(6) 自然与生态环境的变化,即环境友好型。

改革开放以来,中国经济的高速增长使得城乡居民收入实现了快速增长,其消费结构升级不断加快;与此同时,经济高速增长也带来较大的资源与环境压力,中国经济需要实现从高速增长向高质量发展阶段的转变(图 3.3)。

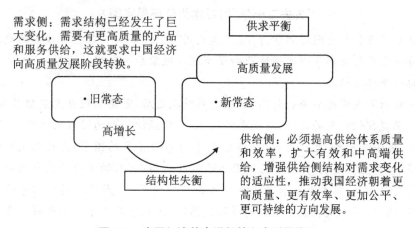

图 3.3 中国经济从高增长转向高质量发展

由此可以看出,我国高质量发展体现在如下方面:① 扭转了单纯追求经济增速的导向;② 注重提升经济发展的质量和效益;③ 强调结构调整与升级的及时推进;④ 加快新旧动能转换的步伐;⑤ 扭转经济发展的方式,实现增长路径转换(图 3.4);⑥ 坚持生态优先的原则。

2. 经济发展

经济发展理论是对市场机制不成熟的发展中国家的经济发展进行研究,考察一个国家如何由不发达状态过渡到发达状态。而经济增长理论则是考察发达国家国民经济的长期变化趋势问题,通过研究实现经济稳定增长的条件以及影响经济增长的因素等问题来解释国民收入或产量的长期发展趋势。

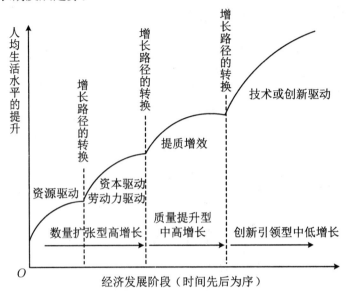

图 3.4　经济发展增长路径的转换

延伸阅读 1

"失去二十年"的日本为何还是富国？

谈论日本经济和社会问题的学者，往往喜欢用"失去二十年"来佐证日本的衰退与没落，并把它作为一个典型案例来描述房地产和股市泡沫破裂后的灾难性后果。"失去二十年"似乎是日本的一个特有标签。

来到日本出差或者是旅游的外国人，在走马观花之后，无论如何也无法把亲眼见到的富裕、整洁、充满现代化气息的日本，与一个经历了 20 年经济停滞的国家联系在一起。

经历了"失去二十年"之后的日本，依然是平均寿命最长的国家，是使用 iPhone 手机比率最高的国家，甚至把发明 iPhone 的美国远远甩在后面；日本的平均网速也居世界前列，远远超过一般发达国家；日本电视台早已经进入到数字时代，不再播放模拟信号的电视节目；以高速公路、铁路、新干线和航空运输构成的交通网络，几乎覆盖了日本的每一个角落，不同交通工具之间的无缝连接，没有任何一个国家可以相比。

代表日本高效率和现代化的基础设施，毫无"失去二十年"后破败的痕迹。一位访问日本的英国政府官员曾经说：如果这就是"失去二十年"，我愿意英国也"失去二十年"。

2008 年全球金融危机后，许多经济学家都曾担心美国是否会陷入日本式的衰退，是否会重现日本"失去二十年"的经济停滞。最近，为了支持美国总统特朗普"让美国再次伟大"的宏伟计划，日本首相安倍在访美期间，向特朗普提出了今后十年内日本政府和私人企业，对美国投资 17 万亿日元的一揽子计划，帮助美国修建高速铁路，更新陈旧的地铁系统等基础设施等。据估计，这个投资计划可以为美国创造 70 万个就业机会。安倍向特朗普提出的投资计划，就好像日本对发展中国家的经济援助，丝毫不像一个"失去二十年"国家可以从容做到的大手笔。

学者们所说的日本"失去二十年"是指 1991~2010 年这个阶段。在 20 世纪 80 年代后半期房地产和股市泡沫破裂后,日本经济增长出现了断崖式的下跌。1990 年日本 GDP 是 464 万亿日元(按照 1995 年价格计算),10 年之后的 2000 年日本的 GDP 仅仅达到 534 万亿日元的水平。这 10 年期间 GDP 的平均实际年增长率是 1.4%,低于所有发达国家。这是泡沫经济崩盘后第一个"失去十年"。此后,在 2001~2010 年之间,日本 GDP 平均实际年增长率进一步下滑到 1% 以下。在此期间,日本出现了长期的通货紧缩。这是第二个"失去十年"。

简单来讲,日本"失去二十年"的现象是以 GDP 增长率来定义的。而要理解"失去二十年"的经济停滞与日本现在依然展示的富裕和发达之间的不一致,需要跳出以 GDP 增长为唯一标准的单线思维。国际清算银行的经济学家指出,仅仅用 GDP 来衡量日本经济的表现,而不考虑日本人口结构变化是片面的。日本过去几十年面临的一个重要问题是劳动人口的大幅减少。1995~2015 年,日本劳动人口减少了 1000 万人。劳动力是生产活动最重要的投入要素之一。劳动人口的大幅下降,自然会抑制 GDP 的增加。

但日本的劳动生产率在"失去二十年"间却出现了大幅提高。根据国际清算银行的估算,日本劳均 GDP(劳均 GDP 指的是单位劳动力创造的 GDP,即总 GDP 除以总的就业人口)在 2000~2015 年累计增长了 20%,远远超过美国的 11%;即使剔除 2008 年金融危机的负面影响,2000~2007 年,日本劳均 GDP 依然增加了 11%,超过美国同期 8% 的水平。劳动生产率的提高,弥补了劳动力下降对经济的副作用。根据索洛的增长理论,劳动生产率的进步是收入增长的永动机。

在"失去二十年"间,日本的人均工作时间也出现了大幅下降。1990 年日本人均每月工作 171 小时。随着法定节日的增加和带薪假期的普及,日本人均工作时间不断减少。2013 年平均每个月的工作时间是 149 小时,比 1990 年减少了 13%。工作时间的减少意味着闲暇时间增多,生活品质量提高,以及劳动生产率的提高。

日本还是拥有海外净资产最多的国家。海外资产创造的收入并没有包括在日本的 GDP 中。因此,我们无法从 GDP 里看到"海外日本"的实力。在"失去二十年"间,日本企业不断通过海外投资和并购打造了一个"海外日本"。例如全球最大汽车制造商丰田每年生产的 1000 万辆车中,大约三分之二是在海外生产的。日元可自由兑换的国际货币地位,也给日本企业创造了在日元升值时进行海外并购的有利条件。

2001 年日本持有的海外净资产是 179 万亿日元,2015 年日本海外资产达到 339 万亿日元,比 2001 年增长了 90%。海外资产为日本带来了巨大的收益。2001 年日本海外净资产的收益是 8.2 万亿日元,相当于日本 GDP 的 1.6%;2015 年日本海外净资产的收益达到了 20.7 万亿日元,大约为日本 GDP 的 4%。

海外资产的收益也改变了日本经常账户收入的结构。日本过去十几年经常账户盈余的来源,已经不是传统的货物和服务贸易盈余,而是海外资产的收入。日本的海外资产是这个国家埋藏在全世界各地的财富,是日本国民收入的一个重要来源。

从日本家庭的微观层面来看,日本依然是一个富裕和藏富于民的社会。20 世纪 80 年代股市泡沫的破裂,让日本许多家庭失去了一大笔纸上财富。目前日经指数依然不到泡沫期间的一半。但是,日本家庭不包括房产在内金融资产的积累并没有停滞,而是出现了显著的增长。1990年日本家庭平均金融资产是1350万日元，2015年是1810万日元，比1990年增加了34%。

金融资产的平均值也许会掩盖收入分配不均的问题。不过，即使从金融资产中位数来看，日本家庭2015年金融资产的中位数是1050万日元，这一数据意味着日本半数家庭拥有1050万日元的金融财产。更为重要的是，日本家庭60%的金融资产是以银行存款的形式存在，说明日本家庭有充足的流动性，可以抵御任何突发的经济危机。经济的长期停滞并没有导致日本家庭的负债增加。日本家庭目前平均负债为500万日元，其中90%是房地产贷款。日本仅有38%的家庭拥有债务，这一比例比2008年下降了3个百分点。日本家庭依然拥有非常健康的资产负债表。

三、经济增长理论

（一）经济增长理论的早期阶段——古典学派的经济增长思想概述

工业革命使得欧洲在1700年代晚期到1800年代早期之间的产出增长加快。信奉亚当·斯密的经济学家们，即从1776年亚当·斯密《国富论》出版开始到1936年凯恩斯《就业、利息和货币通论》出版为止之间的经济学家，我们称之为古典经济学家，包括托马斯·马尔萨斯、大卫·李嘉图、约翰·穆勒、卡尔·马克思、阿尔弗雷德·马歇尔等，他们就有关经济增长与发展的问题撰写了大量思想性的著作。不仅如此，他们还想知道经济增长将如何影响不同类型要素的收入，以及这些要素收入又将反过来如何影响投资与未来的经济发展。

古典经济学家表明收入分配的变化对经济增长的长期可持续性是至关重要的。收入决定了对产出的需求，而收入首先又是由生产所带来的。由于总产出的需求取决于谁从生产中获得收入，所以收入分配的变化直接影响到总体经济活动。如果工人们的工资性收入下降，总产出的需求也跟着下降。因此，对于生产者而言，总产出的增加只有在总产出的需求也增加时才是有利可图的。古典经济学家将注意力聚焦于经济的需求面和供给面，这无疑是正确的。马克思也是古典经济学派的一位弟子，他在思考工业革命和当时正在兴起的资本主义经济体系时尤其具有洞察力。马克思将古典经济思想和在法国、德国和英国于18世纪中期流行的许多其他思想综合在一起，构建了一个经济发展演进的整体模型。

总体来看，产生于19世纪早期到19世纪中期的古典经济思想流派，或者简称古典学派，囿于技术与时代限制，他们所接纳的是马尔萨斯的人口假说，大都笃信边际报酬递减原理并将其作为一个基本假定，即不论劳动还是资本，其边际报酬均是递减的。因此，尽管人口数量和资本数量可以增加，但其生产率的增加是有限的。但与此同时，土地的数量却有限，这样，当古典学派将边际报酬递减这一假定与地球上可获得的土地与其他自然资源的数量有限这一事实结合在一起时，他们就从逻辑上得出了人类注定是要永远贫困的这种结论。所幸的是现实世界并不是按照古典模型所预测的方式发生的，古典学派的这种永久贫困的预测被证明是错误的，经济增长进程中的资本积累和技术进步的重要作用不可忽视。不过，古典学派指出的"人口增长将侵蚀经济发展的基础"这一信条对当今全球经济的脱贫仍然有现实意义。

（二）二战后经济增长理论的发展演进

尽管经济增长问题很早就被经济学家所关注，然而，经济增长正式成为系统的理论并被作为西方宏观经济学的一个重要组成部分得以迅速发展却是在第二次世界大战以后。为什么经济增长理论在二战后才获得迅速发展呢？首先，二战刚结束时人均收入较低，饱受战争摧残国家的人们期望政策制定者启动经济增长进程，以便生活水平超过大萧条和二战期间所经历的水平。其次，冷战期间，社会主义领导者公开对资本主义经济发起挑战，要在两种经济体系之间发起一场竞赛，看看哪一种体系将为其民众带来更高的生活水平。二战后的这种国际形势的重大变化，使得实现经济增长成为维护资本主义制度的头等大事。正如经济增长理论的奠基者之一的美国经济学家多马所说："现在对增长的关心并不是偶然的，它一方面是由于我们过迟地认识到我们的经济要是没有增长就不可能达到充分就业；另一方面是由于现时的国际冲突，使得增长变成了生存的条件。"还有另一个原因，那就是凯恩斯对经济所作的短期分析是不能令人满意的，而且凯恩斯明确指出：经济增长问题对于工业化国家来说是不重要的，要实现一国的充分就业只要消费水平有足够提高就可以，而无需积累率有多大提高。而且通过前面内容的介绍我们也知道凯恩斯在分析国民收入水平的决定时，事先假定了社会生产潜力（潜在 GDP）是给定的，而且经济社会存在未被充分利用的闲置资源，投资的增减仅意味着总需求的增减，而投资对于社会生产潜力的作用是可以忽略的。凯恩斯的这一忽视长期分析只重视短期分析所存在的漏洞被哈罗德与多马弥补了，他们认为，从长期来看，投资不仅影响有效需求（AD），还能扩大资本存量，从而扩大整个经济的生产能力。从二战后的实践来看，西方各国纷纷以解决失业和经济危机为借口全面干预经济，凯恩斯主义如一剂灵丹妙药被战争的炮灰裹挟着撒向这些自由市场经济之国。因此，现代经济增长理论就其理论渊源来看，可以说是凯恩斯《就业、利息和货币通论》的主要副产品。哈罗德-多马理论正是在对凯恩斯主义国民收入决定论进行长期化、动态化分析的基础上奠定了现代经济增长理论。

增长理论的目的是超越静态的一般均衡去建立一套关于经济体系运行规律的正式理论。经济增长理论必须对各国经济增长的实践进行理论上的总结，并能经受住世界经济发展状况的考验。经济增长理论强调的是经济的长期稳定持续的增长，研究的是国内生产总值的决定因素以及增长的路径。所选择的增长路径本质上决定了增长进程中的福利分配与改进效应。经济增长理论需要回答如下三个关键问题：

(1) 影响经济增长的因素是什么？
(2) 为什么穷国穷、富国富？
(3) 如何理解增长奇迹和增长灾难？

围绕着这些问题，不同时期的经济学家作出了各种不同的尝试与努力，提出了各种不同的思想观点，使得经济增长理论的发展日臻完善。

我们可以把二战后增长理论的发展大致分为以下几个时期：

1. 20 世纪 40 年代末~50 年代末

20 世纪 40 年代末~50 年代末是战后经济增长理论发展的第一个时期。这一时期主要是对影响经济增长的因素（劳动、资本）与经济增长之间的相互关系进行定性分析，建立各种各样的经济增长模型，探讨经济实现长期稳定增长的途径。不同增长模型由于观点的分歧存在着长期的争论，这些经济增长模型按照观点的不同可分为三大派别，即哈罗德-多马经济增长增长理论模型、新古典经济增长理论模型和新剑桥经济增长理论模型。

(1) 哈罗德-多马经济增长理论

二战后广大亚洲和非洲的前殖民国的纷纷独立使人们日渐认识到世界范围内所存在的巨大收入差距。西方政府公开承认富国有义务向世界上贫穷国家提供外援。不管这种援助是无私的还是仅仅只包括对冷战期间与资本家站在一起的外国领导人的偿付，经济学家都需要证明这种由外国援助募集资金的经济范式是合理的，他们需要一个模型来表达他们的这种分析方法。哈罗德-多马经济增长理论的提出恰逢其时。

由于凯恩斯在其《就业、利息和货币通论》中并没有将需求决定均衡的理论拓展为关于经济增长的理论，它在分析国民收入水平的决定时事先假定了经济社会的潜在生产力（潜在GDP）水平是既定的，投资的增减仅仅意味着总需求的增减，因而投资对社会生产潜力的作用是可以忽略的，实际上也就是忽略了从长期来看投资增加了供给能力。这样，凯恩斯就把经济增长问题从其理论视野中给排除掉了。而英国经济学家罗伊·哈罗德(1939)与美国经济学家埃弗塞·多马(1946)试图将凯恩斯的这一缺憾加以弥补并将凯恩斯的收入决定理论加以拓展，各自彼此独立地提出了一个关于经济增长的理论模型，由于他们理论模型的基本观点相似，所以，合并称之为哈罗德-多马经济增长理论。这两位经济学家各自独立地提出了同一理论模型并没有什么令人惊奇之处，他们的理论从逻辑上看只不过是凯恩斯国民收入决定理论的拓展而已。在那个时候，经济学家们过分依赖凯恩斯主义宏观经济分析视角来构建他们研究各种经济问题的框架。

哈罗德-多马经济增长理论认为，凯恩斯对一国经济所作的短期分析是不能完全令人满意的，从长期来看，投资不仅影响有效需求，还能扩大资本存量，从而提高整个经济的供给能力。两人试图将《就业、利息和货币通论》的分析"长期化、动态化"，也就是说，试图说明在储蓄率、资本产出比以及人口增长率给定的条件下，经济实现充分就业的条件是什么，经济实现资本资源充分利用条件下的稳态增长的条件又是什么？

哈罗德-多马经济增长理论的假设条件为：

① 生产能力与资本存量保持固定比例即资本-产出比(v)不变；

② 劳动力的外生增长速度为 n，即

$$\frac{dL/dt}{L} = n$$

③ 储蓄率 $s=S/Y$ 不变；

④ 只使用资本与劳动两种生产要素，且二者不能相互替代，即 K/L 为常数；

⑤ 不存在技术进步。

哈罗德-多马经济增长理论的基本观点为：一国经济增长率可以表示为该国储蓄率和该

国资本产出比二者之比值,而且经济达到均衡时,储蓄率等于投资率。

$$g_Y = \frac{s}{v}$$

其中,g_Y 表示经济增长率,s 表示储蓄率或者资本积累率,v 表示资本产出比,亦即每生产一元的产出,需要多少元的资本。

如果把哈罗德-多马模型中的 s 解释为(看作)积累率,把模型中的 $\frac{1}{v}$(即资本-产出比的倒数)解释为投资的经济效果,即每单位资本所带来的产量的增加量,则哈罗德-多马增长理论的基本公式可变成:国民收入增长率＝积累率×投资的经济效果。于是,在已知投资的经济效果情况下,我们就可利用该模型来粗略估计国民收入增长率与积累率之间的关系。

一段时期内,哈罗德-多马的理论模型备受追捧。因为它有一个很好的简单假设:产出(GDP)与资本存量之间存在固定比例关系。所以,产出的变化肯定与资本存量的变化(也就是去年的投资)保持一定比例,将两边同时除以去年的产出,可以得到今年 GDP 的变化率是去年投资与去年 GDP 的一定比例。为什么多马假设产量与资本存量保持固定比例关系?前文所提到的劳动这个经济增长的直接决定因素在生产过程中难道没有起作用吗?1946年,多马提出其增长理论时,20 世纪 30 年代大萧条刚刚过去,失业问题仍然普遍存在,马克思所分析"机器排挤工人"的情况是客观存在的。因此,多马将高失业率作为其理论分析的前提,他认为,只要资本存量有所增加,总会有工人来匹配新机器带来的工作岗位空缺。尽管多马假设生产能力与资本存量保持固定比例,但他同时承认这一假设并不现实,1957 年,也就是他的模型提出 11 年之后,由于"长期受到良心的谴责",他推翻了自己的理论。多马强调他最初的目的是针对经济周期的深奥争论发表自己的看法,而不是为了寻求"在实际中有意义的经济增长率"。他承认自己的理论对于研究长期增长没有意义,他本人接受罗伯特·索洛的新古典增长理论[①]。

(2)新古典经济增长理论

新古典经济增长理论的假定条件:

① 某一经济生产的产品既可用于投资也可用于消费;

② 封闭的没有政府部门的经济;

③ 生产的规模报酬不变;

④ 技术进步、人口增长和折旧均由外生因素决定;

⑤ 储蓄率(s)外生给定。

新古典经济增长理论的基本公式:

$$s \cdot f(k) = \dot{k} + n \cdot k$$

其中,$k = \frac{K}{L}$ 为资本劳动比,大致可看作每一劳动力所能分推到的资本设备(或按人口平均的资本设备),s 为储蓄率,n 为人口增长率。

nk 为每一增加的人口配备每人平均应得的资本设备:资本广化。

---

① 伊斯特利.在增长的迷雾中求索[M].姜世民,译.北京:中信出版社,2015:26-27.

$\dot{k}$ 为每单位时间 k 的增加量,即按人口平均的资本增加量或为每一个人配备更多的资本设备:资本深化。

经济学家们将增加机器设备投资是经济增长首要因素的观点称之为"资本决定论"。在经济增长文献中,关于资本决定论是否成立的争论非常激烈。应该说,索洛认为以前的资本决定论是资本深化的理论渊源。提高生活水平的唯一途径就是实现人均产出的增长,在生产中只使用资本与劳动两种投入的情况下,要达到这一目标,就必须使得资本投入增加的速度超过劳动投入增加的速度,即提高资本-劳动比率,或者说使每个工人操纵更多的机器。然而,这种资本深化进程会受制于资本的边际收益递减。

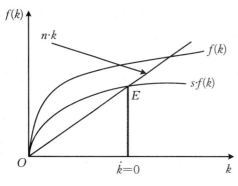

图 3.5 经济增长的稳态示意图

新古典增长理论可用图形表示如图 3.5 所示,其中,$f(k)$ 为人均收入或人均产出,$s \cdot f(k)$ 为人均储蓄。

新古典经济增长理论的主要结论:要想提高一个国家的劳动生产率,从而提高生活水平,有三条途径:

① 使用新技术,提高劳动生产率;
② 增加积累或提高储蓄率;
③ 降低人口出生率。

新古典经济增长理论揭示出,增加机器设备投资并非维持经济增长的可行之路。如果试图通过购买更多的机器设备来促进经济增长,那么,在始初机器稀缺时经济增长率会很高。但是,边际收益递减意味着当机器数量相对于工人数量变得富余(即资本深化发生)时,经济增长率会下降。新古典经济增长理论的另一惊人之处在于它认为储蓄不能维持经济增长。储蓄是将今天的消费转化为机器来进行明天的生产,但是,这并不能提高长期经济增长率,因为机器并非长期经济增长之源。此即表明,高储蓄率的国家并不必然取得比低储蓄率国家更高的经济增长率。随着机器数量的增加,在边际收益递减规律的作用下,所有国家的经济增长率都可能下降为零。高储蓄率的国家会比低储蓄率的国家拥有更多的收入,但两者的经济增长都是不可维持的。生产的简单逻辑表明人均产量增长率是不可维持的。然而,美国和其他工业经济体已经保持了 2% 的人均经济增长率长达 200 年。如果可维持的经济增长在逻辑上是不可能的话,那么,我们观察到的持续人均经济增长是怎么发生的呢?

新古典增长理论的结论表明:从长期来看,物质投资并非经济增长的源泉。经济增长的唯一源泉是技术进步[①]。这一结论令当时的很多人为之震惊!

(3) 新剑桥经济增长理论模型

战后经济增长理论的第三派是以英国的琼·罗宾逊夫人和卡尔多等人为代表的新剑桥经济增长理论模型。

---

① 伊斯特利. 在增长的迷雾中求索[M]. 姜世民,译. 北京:中信出版社,2015:45-46.

新剑桥经济增长理论模型,是由英国的琼·罗宾逊夫人、卡尔多和意大利的帕森奈蒂提出来的。其基本观点是经济增长率决定于储蓄率或投资率,而资本-产出比是固定不变的。该模型把经济增长与收入分配结合起来,说明经济增长过程中收入分配的变化趋势以及收入分配关系对经济增长的影响。

不管是哪一类经济增长模型,它们均是要通过对决定经济增长的因素之间量的关系的分析来解决这样三个问题:

① 在长期中是否存在一种稳定状态的增长。
② 实现稳定均衡增长的条件是什么。
③ 这种均衡增长是否存在稳定性。

因而,可以这么说,这一时期所建立的各种经济增长模型,其意图就是要寻求经济增长期稳定增长的途径。

2. 20世纪60年代

第二个时期,整个20世纪60年代,这是经济增长理论的停滞时期。该时期主要是对影响经济增长的各种因素对经济增长的贡献大小进行定量分析,以确定每种因素在经济增长中的具体作用,探讨加快一国经济增长的途径——经济增长源泉分析或称增长因素分析。如美国经济学家库兹涅茨和丹尼森的增长因素分析。

3. 20世纪70年代

第三个时期,20世纪70年代,该时期主要研究经济增长的极限或前途问题。

20世纪60年代末70年代初,西方世界出现"滞涨",处于增长乏力的无奈。再加上过去经济增长的黄金时代所带来的一系列环境污染、资源耗竭、人际关系隔阂、社会道德规范失序等一系列问题相伴而生,因而需要采取一些必要的社会和政治行动,以改善全球管理,使人类摆脱当前所面临的上述困境。正是在这种情况下,1967年,意大利著名实业家、学者佩切伊和英国科学家A·金第一次会晤,交流了对全球性问题的看法,并商议召开一次会议,以研究如何着手从世界体系的角度探讨人类社会面临的一些重大问题。1968年4月,在阿涅尔利基金会的资助下,他们从欧洲10个国家中挑选了大约30名科学家、社会学家、经济学家和计划专家,在罗马林奇科学院召开了会议,探讨什么是全球性问题和如何开展全球性问题研究。会后组建了一个"持续委员会",以便与观点相同的人保持联系,并以"罗马俱乐部"作为委员会及其联络网的名称。罗马俱乐部的讨论成果集中体现在美国学者德内拉·梅多斯、乔根·兰德斯和丹尼斯·梅多斯合著的《增长的极限》[①]这本于1972年出版的书中。诚如为《增长的极限》(第3版)中译本作序的邱昭良先生所言:"(本书)是罗马俱乐部资助麻省理工学院系统动力学组利用系统动力学建模技术,对地球生态系统与经济增长之间的关系进行定量研究的成果。该书一经出版,就引起了人们的广泛关注和长达数十年的争议。支持者有之,后来甚至发展成为轰轰烈烈的环保主义与可持续运动……"当然,对此书观点持反对态度的也大有人在,该书曾因其论点"冒天下之大不韪"而备受争议。该书作者在1972年的第1版中指出,全球生态约束将对21世纪的全球发展产生重要影响。为此他们发

---

① 梅多斯,兰德斯,梅多斯.增长的极限[M].李涛,王智勇,译.北京:机械工业出版社,2013.

出警告称,人类将不得不付出更多的资本和人力去打破这些约束,这些约束是如此之多以至于我们的平均生活质量将在21世纪的某些时候出现下降。他们因此呼吁:"通过技术、文化和制度上重大、前瞻和社会性的创新来避免人类生态足迹的增加超出地球的承载能力。"

该书第3版的译者在其序言中说道:"《增长的极限》第一次提出了地球的极限和人类发展的极限的观点,对人类社会不断追求增长的发展模式提出了质疑和警告。当时正是世界经济特别是西方社会经历了第二次世界大战以来经济增长的黄金时期而达到这一轮增长的顶峰,也正处于'石油危机'的前夜,整个世界特别是西方社会所弥漫的乐观情绪远比我们在20世纪90年代时的乐观情绪更为激烈。"

20世纪60年代以来西方国家在经济增长过程中出现了环境污染,自然资源枯竭、城市人口拥挤、交通阻塞以及社会风尚败坏等一系列问题,引起了人们的普遍关注。西方经济学界就经济是否应该继续增长问题发生了争论。这一争论首先是由英国经济学家米香挑起来的。米香指出,西方社会继续追求经济增长会在社会福利方面得不偿失。技术的发明固然给人们提供较多福利,但也会因颓废风险加大精神磨损而增加了他们的焦虑。飞速发展的交通工具使人们趋于孤立,移动性增加反而使转换时间更为增多;自动化程度提高增加了人们的隔离,电视增多使人们更少交往,人们较以往更少理解他们的邻居。物质财富的享受并不是人们快乐的唯一源泉,还应伴随有闲暇,文化和美丽的环境。然而,这诸多令人向往的东西,现在却成了经济增长的陪葬品。1972年,美国经济学家梅多斯等把讨论情况整理成书出版,书名就叫《增长的极限》。该书指出,由于粮食缺少、资源枯竭和环境污染等问题之严重及相互反馈的结果,人口和工业生产的增长将于2100年到来之前完全停止,最后出现世界的末日,要避免世界末日的来临,从1975年起,要停止人口的增长到1990年停止工业投资的增长,以达到零人口增长和零经济增长的全球性均衡。

4. 20世纪80年代后期

20世纪70年代中期以后,所有国家全力追逐经济增长,各国都开始编制能够反映其国民生产总值相对增长率的统计数据。进入20世纪80年代中期以后,经济增长再次成为经济学的热门研究话题,罗默、卢卡斯、贝克尔等一批经济学家开始突破新古典增长理论的分析框架,提出了关于经济增长的新见解,即经济增长模型中技术因素的内在化。这些新见解被统称为新增长理论。

20世纪90年代新增长理论异军突起,备受瞩目,使增长理论从边缘走入主流。以罗默为代表的新增长理论突破了传统的新古典增长理论的分析框架,在技术内生和收益递增的假定下研究了经济增长的原因以及增长率的国际差异等问题。新增长理论的发展大致分为两个阶段。第一阶段是考察完全竞争条件下的经济增长,强调生产的规模收益递增和知识的外部性对经济增长的影响。第二阶段是研究垄断竞争条件下的经济增长,着重分析技术创新引起的产品多样化对经济的推动作用,认为各国人力资本水平的差异是导致增长率的国际差异的主要原因[①]。

新增长理论的出现标志着新古典经济增长理论转向经济发展理论的融合,这一融合的

---

① 朱勇. 罗默的新增长理论述评[J]. 中国人民大学学报,1997(5):19-24.

显著特点是,强调经济增长不是外部力量(如外生技术变化),而是经济体系的内部力量(如内生技术变化)作用的产物重视对知识外溢、人力资本投资、研究和开发、收益递增、劳动分工和专业化、边干边学、开放经济和垄断化等新问题的研究,重新阐释了经济增长率和人均收入的广泛的跨国差异,为长期经济增长提供了一幅全新的图景[①]。

实际上,新增长理论并没有割断与古典经济学的联系。自亚当·斯密以来的经济理论和经济思想二百多年的发展,为新增长理论的产生提供了大量养分。正是这些伟大经济学家的丰富知识和洞见激发了新一代经济学家探索经济发展新机制的努力,这才孕育了新经济增长理论。

然而,新经济增长理论并不是一种统一的理论,它实际上不过是关于发达资本主义国家经济增长的许多不同理论观点的总称。

综上所述,经济增长理论历经半个世纪的成长,其内涵不断变化,其理论日臻完善,目的就在于分析和挖掘经济系统中促进和决定经济增长的因素。在这一理论变迁过程中,有三大特色十分明显:首先,在对经济增长的决定因素由外生因素转向内生因素的探讨演变过程中,物质资本积累这种物的因素的重要性日渐减弱,而技术发展、知识、专业化分工、人力资本等因素的重要性逐渐受到经济学家们的青睐。经济增长理论的这一演化路径与科学技术、世界经济的发展等密切相关。其次,一些新的市场如金融市场的发展与完善,成为经济增长的新的契机,对经济增长的重要性日益受到重视。最后,精神文化因素的引入。一个国家的经济增长与变革,必将影响该民族的文化价值体系,要求文化作出对应性的调整。过去由于文化因素无法模型化而被经济学家们排除在增长的因素之外,20世纪90年代人们把资本主义精神等文化因素引入增长理论,并使之模型化,取得了一定的成果[②]。

总而言之,经济增长理论的内容十分广泛,它包括:① 对经济增长的阶段的研究;② 对经济增长的结构变化的研究;③ 对经济均衡增长条件的研究——模型;④ 对经济增长的极限的研究;⑤ 对经济源泉的研究——因素分析。

四、经济增长的影响因素

关于经济增长的影响因素,亚当·斯密在其《国富论》中就明确指出,专业化或劳动分工、交换的增进和物质资本积累和经济增长关系密切。斯密还在书中较详细地论述了增长过程中新思想和创新的作用,并且斯密还认识到了政府在为创新设立专利保护中所起的作用。马克思承认资本主义在促进经济增长中的作用。他尤其称赞资本主义在激发技术创新方面的作用。例如,马克思在《资本论》(第一卷)中,除了坚持亚当·斯密对经济增长的源泉的分析以外,还强调作为第一次技术革命标志的蒸汽机对经济增长的重要作用。

---

① 庄子银.新经济增长理论简评[J].经济科学,1998(2):114-120.
② 龚关,黄奕林.90年代西方新增长理论的拓展[J].经济评论,1998(4):50-53.

1912年,美国经济学家熊彼特提出了创新是经济发展的动力,而所谓的创新是建立一种新的生产函数或者企业家对生产要素进行一种新的组合。这样,熊彼特就将企业家这一特定群体的创新活动与经济增长的重要性联系起来了。1939年,英国经济学家哈罗德通过研究长期经济均衡增长问题指出,物质资本的积累以及体现在物质资本上的技术进步是经济增长的源泉。1956年,美国经济学家罗伯特·索洛在其提出的新古典经济增长模型中劳动的增长、资本的增长以及体现在劳动和资本上的技术进步视作是经济增长的源泉。1961年,美国经济学家舒尔茨提出了人力资本概念,并将人力资本看作经济增长的主要源泉。

综上所述,如果基于影响经济增长的最直接、最紧密的因素来看,经济增长的源泉可以归结为三个方面:技术进步、资本的增加和劳动的增加。

(一)影响经济增长的直接因素

经济增长表现为人均真实GDP的增加,也就是人均产出的增加。根据投入产出规律,可以将整个经济的总投入量与总产量之间的关系用宏观生产函数来简要描述:

$$Y = Af(K,L)$$

式中,总产出 Y 由技术水平 A 以及劳动 L 和资本 K 两种投入决定。根据生产函数的性质,当 A、L、K 中的任何一个或几个增加时,总产出水平会增加,从而引起经济增长。

因此,经济增长的直接决定因素为资源投入数量,通常包括:资本(物质资本和人力资本)、自然资源(土地)、劳动力、全要素生产率。经济增长的直接决定因素不仅可以解释一个国家生活水平的历史变化,即一个国家增长的历史概貌,而且在一定的条件下,还可以通过比较不同国家在劳动、资本和技术等方面的差别来解释不同国家GDP和生活水平的横向差异。

1. 技术进步

经济增长的第一个重要源泉是技术进步。毫无疑问,技术变化正在发生。我们在前面的章节已经看到,技术进步的效应是可以衡量的。但是对技术进步影响经济增长的确切机制,人们并不清楚,因而对此进行了广泛的讨论。

技术进步离不开新知识和新思想的孕育与产生。虽然亚当·斯密并没有像罗伯特·索洛和保罗·罗默那样构建一个简明扼要和逻辑清晰的增长模型来阐释知识或技术进步和增长的关系,但亚当·斯密还是详细地论述了增长过程中新知识、新思想和创新的作用。对宏观经济学中国民收入核算作出过里程碑式研究的经济学家,1971年诺贝尔经济学奖获得者西蒙·库兹涅茨就技术进步在经济增长过程中的主导作用表示了充分的自信:"我们可以肯定地说,以科学发展为基础的技术进步——在电力、内燃机、电子、原子能和生物等领域——成为发达国家经济增长的源泉。"大量的经济史学家也认为技术演变处于现代经济增长的中心地位。他们通过对技术变化的细致研究得出,不仅技术变化对于现代工业的形成不可缺少,而且技术塑造及活动的过程在长期内发挥着作用。

延伸阅读 2

知识点燃现代经济增长[①]

在 18 世纪前后,西欧率先挣脱了马尔萨斯陷阱,成功实现了现代意义上的经济增长,并凭借其领先的经济实力树立了全球的霸权,从此整个世界历史都为之改变了。

西欧为什么会率先实现现代经济增长,始终是学界研究的焦点。2005 年发表于《经济史杂志》的题为"现代经济增长的智力起源"论文中,美国西北大学教授乔尔·莫基尔提出了一种解释。

莫基尔认为,现有的研究显然忽略了"知识"这一要素在经济增长中的重要性。那么,为什么在 18 世纪前后,知识在经济增长中所扮演的角色突然变得重要了呢?莫基尔认为,这一切源于 17 世纪的启蒙运动。在启蒙运动中,以弗朗西斯·培根为代表的一批学者,开始强调认识自然规律对于征服和改造自然的重要性,并提倡用实验的方法探寻各种规律,他们的这一观点被称为"培根计划"(Baconian Program)。

莫基尔认为,培根计划的提出对于增强知识在经济增长中的地位起到了关键作用,不仅激励了人们投身科学研究的热情,由此大大增加了知识的数量,更重要的是,使得知识的可及性(Accessibility)大为增强,这让很多既有的知识都得到了更为有效的利用。

莫基尔特别强调培根计划对知识可及性的强化作用并给出了知识可及性能够得以强化的几个原因:其一,从技术角度讲,培根计划让更多的知识被更为统一的术语记录下来,并催生了学术杂志等传播知识的刊物。这些都让获取知识的成本大大降低了。其二,培根计划重塑了社会文化,改变了人们对知识的看法。人们变得更愿意分享自己的科学发现,并鼓励同行来学习相关知识。其三,培根计划也为知识的传播提供了很多新的制度。大学、学术会议等有利于知识传播的制度都在这一时期得到了很好的建设和发展。其四,培根计划也催生了人们对知识的需求。人们开始更尊重知识、愿意为获取知识付出。这些都更好地激发了知识的创造和传播。

莫基尔进一步对启蒙运动的强度进行了量化。他统计了《启蒙运动百科全书》中对各个国家进行描述的行数,并用这一数值除以当地的人口数,由此构造出了"启蒙运动指数"(Enlightenment Index)。通过对各国的"启蒙运动指数"进行比较,莫基尔发现,英格兰、苏格兰、荷兰等地区的这一指数要大大高于传统上被认为是启蒙运动中心的法国。

莫基尔还用学术期刊的创办状况来对启蒙运动强度进行了重新刻画。他发现,从时间上看,新学术期刊的创办呈现了明显的加速态势,在 17 世纪最后三十年中创办的刊物占到了 1650~1800 年创办刊物的绝大部分;从新创刊物的内容上看,科学、技术等科目占据了很大部分。这一发现在一定程度上佐证了在西欧成功转向现代经济增长之前,确实经历了一场深刻的科学知识启蒙。值得注意的是,在空间分布上,瑞士、荷兰、比利时、瑞典等国创办的期刊最多,西班牙最少,率先完成工业革命的英国只居于中游。而从创办刊物的内容上看,英国刊物的"科学性"也并不占优势。这说明,在整个西欧启蒙过程中,英国在知识启蒙

---

① 陈永伟,穆石.知识点燃现代经济增长[N].中国社会科学报,2016-2-24.

上并不特别突出。由此,莫基尔认为虽然启蒙运动可以解释西欧的率先崛起,但对于英国领跑欧洲,则要继续寻找其他答案。

随后,莫基尔还用学科社团的创建数作为度量,重新考察了启蒙运动的变化,其得到的结论是同用创办期刊数作为度量得到的结果基本一致的。

2. 劳动的增加

经济增长的第二个源泉是投入生产的劳动的增长。劳动供给的增加既包括人均工作小时数的增加,也包括劳动力总量的增加。因为经济增长表现为人均真实 GDP 的增加,而人均 GDP 与工作小时数和就业人数密切相关。

$$人均 GDP = \frac{GDP}{总人口} = \frac{GDP}{工作小时数} \times \frac{工作小时数}{就业人口} \times \frac{就业人口}{劳动力人口} \times \frac{劳动力人口}{总人口}$$

与劳动供给相关的还包括人力资本这个范畴,即劳动者通过教育、培训、干中学所获得的知识、技能、理解力等。

人力资本形成的途径包括:健康设施和服务、在职培训(包括企业组织的传统学徒式教育)、正规全日制教育和在职教育、为适应工作机会的改变而进行的个人和家庭移民等。

3. 资本的积累

一个国家的经济增长源于劳动和资本的增加(要素积累效应)及技术进步(全要素生产率的提高)。但在现代经济增长中,技术进步(全要素生产率的提高)起着特别重要的作用。经验研究表明,技术进步说明了人均收入 50% 以上的跨国差别,以及人均收入增长率远高于 50% 的跨国差别。因此,经济增长进程中追求技术进步是关键。诚如库兹涅茨所言:"不管这些技术和社会创新在哪儿出现——它们大多是发达国家的产品——所有给定国家的经济增长依靠采用这些技术和社会创新……假定现代的知识增长在世界范围内有效并可传递,知识存量的传递特征和任何单一国家在其现代经济增长过程中对它的依赖将变得明显。"

马克思是第一位把固定资本的积累看作是现代经济增长的主要现象的经济学家。马克思坚定地相信:"随着现代增长时代的到来,工业社会进入了一个不同的阶段,在这个阶段中,分配规则的特点是成功的资本积累得到激励。他关于资本积累动力是永不满足的看法基本上符合现实,因为资本积累确实能够带来物质富裕、社会地位和(常常有)政治力量。"①

既然经济增长的直接因素可以解释生活水平的国别差异,一个自然而然的问题就是,世界上那些落后的贫穷国家只要能够增加要素投入、提高技术水平,就能增加 GDP,就会赶上富裕国家,那为什么我们观察到有许多落后国家没有能这么做呢?为什么世界上还是有些国家富裕,而另有一些国家仍处于贫穷状态呢?要理解这一点,还必须了解经济增长的间接决定因素。

(二) 影响经济增长的间接因素

间接因素是指影响资源投入数量和资源使用效率的各种因素。这些因素中有些是经济因素,有些是非经济因素,另外一些则兼有二者的性质。在间接因素中最重要的因素是

---

① 费景汉,拉尼斯. 增长和发展:演进观点[M]. 北京:商务印书馆,2004:28-31.

制度。

虽然资本积累和技术进步(全要素生产率的提高)是促进经济增长的核心因素,但它们仍不能解释经济增长的全部,这又是为什么呢?是否存在这样一种力量,由它来决定一国资本积累、改进和采用新技术的能力,正是这种力量所决定的经济政策或促进或阻碍了经济增长呢?这种力量就是制度,所谓制度,实际上可以概括为支配个人和企业行为的一套规则、体制和惯例。其中,影响经济增长的最基础、最根本的制度是产权保护制度。有了产权保护制度的激励,才会诱发私人投资。亚当·斯密就曾经指出,产权保护有助于促进资本的积累。达格拉斯·诺斯分析了整个历史过程中制度发展对于经济增长的贡献。在他看来,一万年前发生的石器革命彻底改变了人类进步的速度,定居的农业需要产权保护制度,这使得新的组织形式必须出现。开始时,财产权是公有的,但是随着时间的推移,它们也在变化。国家和个人财产权的划分(国家把产权明晰化)完善了市场机制的职能,从而在经济发展中起到了相当重要的作用。诺斯同样把工业革命视为重要的制度和组织变革。诺斯认为,制度好比是游戏规则,而组织则好比是游戏参与者。参与者包括由于相同利益而结合在一起的经济、社会、政治或教育组织。这些组织作用的变化受游戏规则的影响。但反过来,参与者也会影响规则的演变。

除此之外,经济增长的间接因素还有制度、文化、地理与环境、人口结构、政府规模等。在某种程度上,可以认为,经济增长的根源在于直接因素与间接因素两者的相互作用。它们不仅影响着资源使用效率,而且还提高了物质资本和人力资本投资的收益率。除此之外,结构变迁也是影响经济增长的一个重要间接因素。结构的调整使得资源从低生产率部门向高生产率部门的转移,无疑会使总体经济的增长加快。

综上所述,可将影响经济增长的因素总结成如图3.6所示。

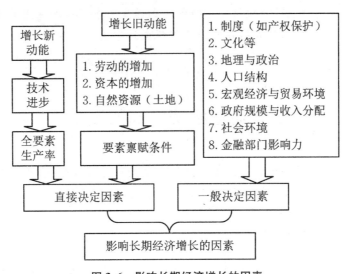

图3.6 影响长期经济增长的因素

总之,决定一国经济增长的因素绝不会是单一和简单的,也非一两个模型就可阐释和涵盖的。经济增长的原因错综复杂,无论是资本、劳动、技术,还是人力资本、制度、知识等,都无法穷尽增长的动因。

延伸阅读3

中国的"我能"一代将成全球经济增长的引擎

2017年8月20日香港的《南华早报》发表文章称,中国积极进取的一代将成为中国和全球增长引擎。在中国,过去30年来的社会和经济迅猛转变已催生出一个消费者新时代:"我无所不能"或"我能"一代。在多年经济增长的激励下,如今这一代正在中国以网购和"通信轴心"为代表的数字经济中逐渐壮大。在该过程中,他们的电商活动不但已创造出世界上最大的数字经济体之一,而且正在孵化大量使全球舞台能感受到其存在的新一代信息技术公司。

"我能"一代既拥有西方婴儿潮一代曾享受的所有机遇、乐观和财富,也精通现代科技。这一代人更国际化、更富有创业精神、更有个性、思维更开放且更乐于消费。这个庞大的"我能"群体超过4亿人,几乎相当于中国1/3的人口,比美国和西欧的总劳动人口还多。他们是创业者也是消费者,到2020年时,他们有望拉动中国65%的消费增长,其消费占中国总消费的比重将从去年的45%增至约53%。

在互联网时代中,他们有无穷的消费潜力。中国网民超过7.3亿人。其中,约5亿人使用智能手机支付。仅在2016年"光棍节"当天,这些"我能"一代就在网购中花掉178亿美元——比美国人在2015年的"黑色星期五"和"网络星期一"期间的网购总额还高。

20世纪五六十年代,世界经济被美国消费者改变。如今,坐在驾驶座上的是中国正冉冉升起的"我能"一代。毋庸置疑,这一代势必成为助推中国经济增长的消费市场的主导力量。他们的消费能力正在重新设定中国的经济增长模式——由国内消费拉动而非依赖传统的外国投资和出口。这意味着中国的"我能"一代将很快成为一支驱动全球经济增长的大军。从长远看,中国的"我能"一代消费者将使中国转变为数字技术应用更普遍且更侧重消费者拉动的经济体。他们的庞大消费能力不但将成为中国可持续增长的支柱,还将成为保持全球经济稳定的主引擎。

五、促进经济增长的政策

政府在经济增长中能做什么?很多经济学家认为,博茨瓦纳政府所采取的有利于经济增长的政策是促使博茨瓦纳经济实现快速增长的重要原因。

根据经济增长理论的分析,决定经济增长的直接因素是劳动的增加、资本的积累和技术进步,因此促进经济增长的政策目标也就是达到促进这三个方面直接因素增加的要求。

延伸阅读4

政府与经济增长

博茨瓦纳是非洲经济发展较快、经济状况较好的国家之一。博茨瓦纳自独立以来始终保持着稳定的政治局势,经济持续且快速增长。而且,博茨瓦纳重视法治和廉政建设,被国际社会认为是非洲"腐败最少和透明度最高的"国家。除此之外,政府还花费重金用于教育,当地民众均能熟练使用英语,相比于以法语为主的非洲国家,语言壁垒较低。在经贸方面,博茨瓦纳自1999年起实施开放和自由的外汇管理政策,凡是在税务局注册登记的外国投资者、个人、团体等均可以以美元、英镑或南非兰特在博茨瓦纳开设外汇账户。商业银行向公司或永久居民支付所需外汇,不受数量限制,也无需经过博茨瓦纳央行批准。对于外汇汇出也没有专门限制。简单来说,外国资本可以自由进出博茨瓦纳。为刺激经济活动,博茨瓦纳央行2017年曾将基准贷款利率降至5%这一历史最低水平,这对博茨瓦纳的商人来说无疑是一大利好。博茨瓦纳还有一套具有竞争力的税收方案。制造业公司可享受15%的所得税税率,这一数字在世界范围内的平均值为23.6%,在非洲国家中的平均值为27.46%。此外,民众热情好客、治安环境良好等因素都是博茨瓦纳吸引外资的巨大优势。

(一)增加劳动力数量的政策

影响劳动力数量的政策包括生育政策、移民政策、退休政策等。增加劳动力数量的方法包括提高人口出生率、鼓励移民入境等;提高劳动力质量的方法有增加人力资本投资。通过劳动力来拉动经济增长。

(二)促进资本积累的政策

资本是被生产出来的生产要素,因此,一个社会可以改变它所拥有的资本数量。如果今天经济生产了大量新的资本品,那么,明天它就能用这些新的更多的资本品生产出更多的物品与劳务。另一方面,资本存量的增长又是储蓄和投资推动的,即资本的积累主要来源于储蓄,因此,鼓励资本形成便主要归结为鼓励投资和储蓄。这是政府可以促进经济增长的一种方法。例如积极的货币政策、税收政策等。可以通过减少税收,提高利率等途径来鼓励人们储蓄。

延伸阅读5

中国的储蓄文化让我们学到什么?

中评社香港2018年9月26日电 中国2017年占到全球国民总储蓄的1/4,个人储蓄率达25%,是全球比例最高之一。与之比较,南非国民储蓄率约16.5%,阿富汗国民储蓄率全球最低是负11%。中国家庭的储蓄超过其他国家,最能显示差距的是穷人群体。在大多数国家,处于收入最底层的10%~20%人口储蓄率为负数,但在中国却是正数且高达20%,这几乎相当于南非等国家中等收入阶层的储蓄率。中国人储蓄文化背后的动机引人注意。

南非"个人理财"网2018年9月25日载文《我们能从中国的储蓄文化中学到什么?》,文章说,中国转向更加市场驱动型的经济后,用于购买生活必需品的收入占比更低,他们把更多钱存起来以备不时之需。60%的中国家庭都存钱。对医疗、养老等成本不断上涨的担忧进一步刺激这种趋势。大学贷款在中国不多见,因为60%的家庭都会为子女教育存钱。

信贷市场发展尚不充分。在中国,借钱不太容易。尽管消费者早已适应信用卡(透支),尤其是年轻人,但他们不会累积太多债务或让债务失控。事实上,尽管25岁至40岁这部分人群更多使用信贷,其储蓄率却与中年群体相当或更高。

政府的金融支持比过去少了。中国政府已逐渐把为退休群体提供收入的负担转移给家庭,这促使许多人储蓄更多钱以安然度过退休生活。社会保障不足等原因也促使部分家庭为未来做打算。

中国社会正向无现金社会转变。个人储蓄一直以现金形式存在,但中国正快速转向数字支付。城市里许多人如今不带现金出门,因为所有东西都可使用移动支付。

由此总结出中国储蓄文化的可借鉴之处:无论经济好坏,维持储蓄水平不变。为大型支出项目(如购房或子女教育)存钱,不要累积大量债务。手中现金要少,以确保自己量入为出。尽快把钱转到单独的储蓄账户,以免受到消费诱惑。无论收入水平如何,都应定期或尽量存钱。开始为大额花销储蓄,以便让自己的钱能收获利息。

(三) 推进技术进步的政策

技术进步在现代经济增长中起着越来越重要的作用。因此,促进技术进步成为各国经济政策的重点。从广义的角度来看,技术进步指技术所涵盖的各种形式知识的积累与增进。而从狭义的角度来说,它是指一定时期内,社会经济主体所生产的产品或生产工艺的变化、研究与开发(R&D)、实践经验积累(干中学)。技术进步有三种具体表现形式:全要素生产率的提高;现有产品质量的改进;生产出全新的产品。

(四) 塑造良好的营商环境

营商环境也是生产力。政府营造一种良好的企业投资环境,根据2005年世界银行报告的观点,企业投资环境就是这个地区所特有的决定企业进行生产性投资、创造就业机会以及扩大规模的各种机会和激励措施等因素的总和。

政府的政策和行为通过对成本、风险及竞争壁垒的影响,决定企业面临的机会。因此,营造一个更好的投资环境要求政府应对以上三个方面。

延伸阅读6

我国首次出台产权保护顶层设计

《中共中央 国务院关于完善产权保护制度依法保护产权的意见》(简称《意见》)已于2016年11月27日正式对外公布。这是我国首次以中央名义出台产权保护的顶层设计。

加强产权保护,根本之策是全面推进依法治国。《意见》明确了进一步完善现代产权制度、推进产权保护法治化的五个原则:

坚持平等保护。健全以公平为核心原则的产权保护制度,毫不动摇巩固和发展公有制经济,毫不动摇鼓励、支持、引导非公有制经济发展,公有制经济财产权不可侵犯,非公有制经济财产权同样不可侵犯。

坚持全面保护。保护产权不仅包括保护物权、债权、股权,也包括保护知识产权及其他各种无形财产权。

坚持依法保护。不断完善社会主义市场经济法律制度,强化法律实施,确保有法可依、有法必依。

坚持共同参与。做到政府诚信和公众参与相结合,建设法治政府、责任政府、诚信政府,增强公民产权保护观念和契约意识,强化社会监督。

坚持标本兼治。抓紧解决产权保护方面存在的突出问题,提高产权保护精准度,加快建立产权保护长效机制。

《意见》明确了产权保护的十大任务:加强各种所有制经济产权保护;完善平等保护产权的法律制度;妥善处理历史形成的产权案件;严格规范涉案财产处置的法律程序;审慎把握处理产权和经济纠纷的司法政策;完善政府守信践诺机制;完善财产征收征用制度;加大知识产权保护力度;健全增加城乡居民财产性收入的各项制度;营造全社会重视和支持产权保护的良好环境。

作为顶层设计,《意见》逐条明确了各个任务的具体负责部门。记者了解到,相关配套实施方案正在制定中。

(五) 改善健康和教育的政策

影响劳动力素质(有时也称作人力资本)的政策主要来自健康和教育两个主要方面:

1. 改善健康

更应该注重营养状况最差的那个群体的营养条件,使社会营养状况最差者的福利最大化;要区别对待不同年龄阶段的营养投资;营养目标要与卫生和健康目标协调并举;营养目标应与其他政策相匹配,如降低农产品价格对农民的收入效应(负)远大于替代效应(正)。

2. 改善教育

由于教育有外部性,社会收益总是大于私人收益,从而导致教育不足。为了使教育达到社会最优水平,就必须对教育进行补贴,使接受教育的成本降低;国家就应该在初、中和高级教育之间或普通教育与职业培训之间作出合理的安排,对社会成本偏低和社会收益偏高的教育形式增加投资。

延伸阅读 7

新时代的中国阐释新增长模式[①]

尽管中国经济自 20 世纪 80 年代初期以来已取得非凡成就,习近平总书记在中国共产党第十九次全国代表大会的开幕式上所做的报告中,依然强调了中国在未来可能面临的风险与挑战,这是极为清醒的忧患意识。习近平指出,要为解决当前中国社会的主要矛盾,即"人民日益增长的美好生活需要"和"不平衡不充分的发展"之间的矛盾付出巨大努力。事实上,发展不平衡不充分的问题是包括中国在内的国际社会普遍面临的挑战。

1. 外部风险的挑战

或许并非巧合,今年也是全球化背景下中国改革开放之路上具有里程碑意义的一年。

---

① 罗奇.新时代的中国阐释新增长模式[N].刘杰,译.环球时报,2017-10-23.

10年前,全球金融危机爆发;20年前,亚洲金融危机爆发——这两大事件给整个世界带来持久的沉重打击。尽管中国擅长处理这些危机所带来的短期影响,但这些危机持续的战略效应只有到现在才开始变得清晰起来。中国正在制定未来几十年的发展战略,这20年中世界经济的经验教训对中国尤为重要。

改革开放初期,出口导向型经济增长对当时尚显脆弱的中国经济来说是一剂良药。随着出口在经济中所占的比重从1978年的4.5%增长到2006年的37%,中国国内生产总值增长在这30年里也达到年均10%。这其中有两个因素在起作用——中国出口的日益强大以及国际贸易的快速发展。这可以说是一个最幸运的机缘巧合——天时与地利共同促进了中国经济的腾飞。

中国的改革举措是促成出口导向型经济增长模式成功的重要一环,尤其是2001年之前,中国大幅削减关税以满足"入世"要求。但出口并不是凭空出现的,它需要生产力和基础设施领域的大量投资,这些投资促使中国固定资产投资所占GDP的比例在21世纪初期超过了40%。不同于其他发展中国家通过大举外债来资助其投资项目,中国的投资繁荣大部分依靠自筹资金。在全球金融危机爆发前,中国国内储蓄激增,其所占GDP的比重甚至达到前所未有的50%。

2. 中国的新认识

中国领导层已经关注到这种传统增长模式是否能为中国经济提供持久动力的问题。习近平总书记在讲话中突出强调"不平衡和不充分",其内涵是中国经济只有通过结构性改革,突出服务、创新和消费等新的增长动力,才能继续保持经济高质量、可持续的增长。

习近平总书记对中国当前主要矛盾的认识也是在目睹外部世界的风险后得出的。他提到"当前,国内外形势正在发生深刻复杂变化"。的确,回想起来,1997年至1998年的亚洲金融危机其实已经向世界提出警告,全球贸易正在经历长期的严重衰退,现在这一情形也在2008年的全球经济危机余波中展开。

中国出口导向型经济增长奇迹的第二大推动因素是其他国家的强劲需求,这使得中国作为当前世界最大的出口国可以向世界各地分销商品。但在这个经济复苏乏力、局部冲突和动荡频发、全球性问题加剧的世界,对外出口的外部需求基础已经变弱。

2009年,全球贸易史无前例地下降了10.5%,直到现在,全球贸易增长依旧乏力,使得原先剧增的贸易轨迹变得平缓。在2009年至2017年的这段时间里,全球贸易的平均增长率为3%,是1980年至2008年这一时间段平均增长率的一半。

全球经济迟早会恢复,但现在看来前景仍然渺茫。国际货币基金组织多年来第一次在其最新的预测中调高全球经济增长预期至3.7%,这并不是很大的安慰,这一数字只相当于1965年后的趋势增长率。此前的5年内,全球经济一直保持低于趋势增长率的增长。

这一结果同党的十九大报告中对不平衡不充分发展的忧虑是一致的。近期民粹主义者"去全球化"的潮流也表明,外部风险已经决定了中国经济完全依赖曾经不可阻挡的全球贸易势头的传统模式存在风险。

3. 向内汲取力量的大国之路

历史经验教会我们,国家只有从国内汲取力量才能强大。耶鲁大学历史学家保罗·肯尼迪曾在1989年的著作《大国兴衰》中阐述了这一论点。他不仅强调了相对经济实力和全球稳定之间不稳定的相互作用,还提出要注意"地缘政治过度"——国家试图向外部世界扩充其影响力,却忽视其国内发展基础。

在党的十九大报告中,习近平总书记提出开启全面建设社会主义现代化国家新征程、向第二个百年奋斗目标进军。将2020年至本世纪中叶分两个阶段来安排,第一个十五年基本实现社会主义现代化,第二个十五年将中国建成富强民主文明和谐美丽的社会主义现代化强国。在加快完善社会主义市场经济体制方面,中国直面国内经济体制长期存在的问题,即国有企业与私营企业间的平衡。报告要求推动国有资本做强做优做大,并清理废除妨碍统一市场和公平竞争的各种规定和做法,支持民营企业发展。

中国经济已进入中等收入阶段的关键时期,这一阶段以往被认为是经济持续发展的困难期。如果国家仍旧固守早期的发展观念,照搬别国的创新成果、满足贸易伙伴的外部需求,就很有可能陷入"中等收入陷阱"。而中国正致力于加快建设创新型国家,这是非常鼓舞人心的。

最后,全面开放依然是今后中国经济发展的重要方向,但是,亚洲金融危机以及全球经济危机的教训都表明了完全依靠外部需求增长模式的风险。认识到中国在发展第一阶段的"不平衡和不充分",中国在新时代阐释新的发展模式将变得愈加重要。

第四讲　短期经济波动

在20世纪90年代衰退的低谷期间,一个英国的运动车辆制造商 Range Rover(陆虎揽胜)在《今日美国》上刊登了一条不寻常的广告。它宣布了自己的终止衰退的方案:"买东西。"……美联储主席格林斯潘也曾宣称经济衰退的部分原因是20世纪90年代初期消费与企业债务的紧缩。

分析者紧紧盯住消费者支出,因为它代表了差不多整个经济活动的三分之二。

——马克·史库森[①]

任何国家的经济发展轨迹都不是线性而是波浪式的,波动是任何经济社会中不可避免的经济运行状态,是指运行状态偏离长期趋势的现象。在短期,经济有时会跌入低谷,失业率上升,价格水平和投资率下降;有时会攀升到顶峰,投资率提高,失业率下降,出现通货膨胀。但在长期中,经济总是具有一种上升的趋势(图4.1)。

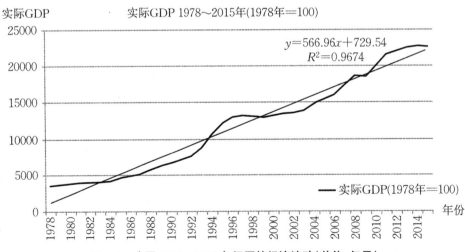

图4.1　我国1978~2015年经历的经济波动(单位:亿元)
资料来源:《中国统计年鉴(2016)》。

图4.1显示,我国从1978年到2015年长达37年的改革开放过程中,共经历了3次大的波动,其中,1978~1996年是第一次波动。1978年到1983年处于波动中的衰退阶段,1984年出现第一次萧条;1985年之后经历了长达8年的经济复苏,到1993年达到经济繁

[①] 史库森.经济思想的而力量[M].王玉茹,陈纪平,译.上海:上海财经大学出版社,2005:155.

荣,繁荣期保持了4年。到1998年,受亚洲金融危机的影响,第二次出现经济衰退,到2003年复苏后保持了10年的持续高速增长;2013年至今,经济处于稳定状态。

从失业变动情况看(图4.2),1999~2015年期间,出现过三次失业高峰,第一次出现在2000年,失业率达到2.58%;第二次是2005年的2.64%;第三次是2010年的2.91%。尽管这三次失业高峰所达到的失业率都不是很高,但在各个时期都具有与GDP波动基本同步的特点。2013年开始,我国的失业率超过前三次的最高水平,达到2.93%,并在此后的2年中,呈现出3.06%和3.30%的不断攀升的变化趋势。

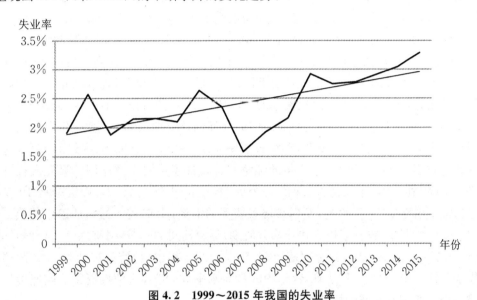

图4.2 1999~2015年我国的失业率
资料来源:《中国统计年鉴(2016)》。

从通货膨胀率变动情况看(图4.3),1979年以来,通货膨胀总体水平在年均略低于10%

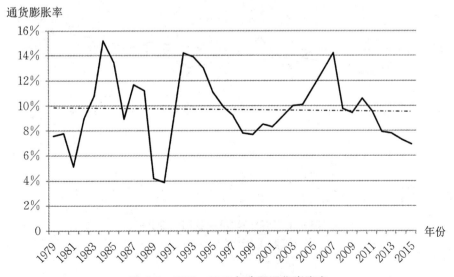

图4.3 1979~2015年我国通货膨胀率
资料来源:《中国统计年鉴(2016)》。

的水平上,并呈现长期下降态势。改革开放37年间,出现过3次14%以上的高通货膨胀期。第一次是1984年,通货膨胀率达到15.2%,这个时期恰好处于GDP运行通道中所经历的第一次经济衰退,因此,滞胀的特点较充分,也说明了改革开放之初我国的生产能力是相对薄弱的。第二次通货膨胀出现在1992年,达到14.2%,恰好是处于GDP运行通道中第一次经济复苏阶段,在此后的2年中,通货膨胀率都保持在13%以上的较高水平上,推动GDP以较高的增长速度在3年内完成经济复苏,进入改革开放以来的第一次经济繁荣时期。

最后,从投资率变动情况看(图4.4),37年来我国的投资率保持了年均40.6%的高水平,并呈现逐渐提高的总体趋势,但是,此期间也经历了3次较大的波动。第一次是1978~1989年,在这12年中,投资率从1978年的38.9%下滑至1983年的32.4%,直至1985年回升到39.4%,并高位震荡运行至1989年,这5年处于年均38.5%的高投资率水平,这个时期恰好是GDP运行通道中第一次经济复苏阶段,高投资率促使经济摆脱改革开放以来的第一次经济萧条,进入复苏。第二次投资率的变动始于1990年,终于1995年,期间1990、1991年投资率小幅上扬,对应于GDP运行通道中的复苏调整时期;1992~1995年期间出现我国改革开放以来的第二次投资高峰期,年均投资率41%,最高的1993年达到了44%,这种高投资率状态对于1993年以后连续4年的经济繁荣发挥了重要支撑作用。第三次投资率的波动是1996年到2015年长达20年的一个周期,1996年到2000年,投资率从1995年的39.6%持续下滑至2000年的34.3%,伴随投资率的下降,GDP进入运行通道中的第二个衰退期;从2001年开始,投资率进入快速攀升时期,尽管期间2006年略有回落,这种短期回落也只较2015年下滑了0.98%,特别是2007年以后的8年中,投资率以年均2.68%的增速推动投资整体水平于2015年达到37年中的最高水平50.8%,这种投资率的高速增长正是供给侧结构性改革所展现的特征之一。

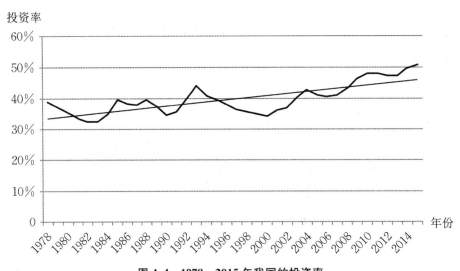

图4.4　1978～2015年我国的投资率

资料来源:《中国统计年鉴(2016)》。

延伸阅读1

通过监测哪些指标能帮助我们准确判断经济运行状态

实际GDP（或经济增长率）的变动用于描述整体经济运行状态，与潜在GDP（GDP长期趋势）比较形成运行状态的性质判断。

通货膨胀率与价格指数：通货膨胀率是货币超发部分与实际需要的货币量之比，用以反映通货膨胀、货币贬值的程度；而价格指数则是反映价格变动趋势和程度的相对数。经济学上，通货膨胀率是指物价平均水平的上升速度（或货币购买力下降速度）。

年度通货膨胀率 $=(P_1-P_0)/P_0$，以 P_1 为现期物价平均水平，P_0 为上一时期的物价水平。

失业率是指失业人口占劳动人口的比率，旨在衡量闲置中的劳动产能。失业率＝失业人数/（在业人数＋失业人数）。失业率与经济增长率具有反向的对应变动关系。

投资率是一定时期（年度）内总投资占国内生产总值的比率。但国内生产总值由于受进出口的影响，又有生产额和使用额的区分。因此，投资率也可以从以下两个不同的角度进行观察。第一，投资率＝总投资额/国内生产总值生产额×100%。第二，投资率＝总投资额/国内生产总值使用额×100%。

经济周期与经济波动：经济周期也称商业周期、景气循环，是经济运行中出现的扩张与紧缩的交替更迭、循环往复现象，是国民总产出、总收入和总就业等方面的综合波动。通常把一个周期划分为繁荣、衰退、萧条和复苏四个阶段。在现代宏观经济学中，将经济周期称为经济波动，经济波动被划分为扩张和收缩两个阶段，扩张是经济运行趋势向上的时期，最高点称为顶峰，收缩是经济运行趋势向下的时期，收缩的最低点称为谷底。现代经济学关于经济周期的定义，指的是建立在经济增长率变化的基础上，增长率上升和下降的交替过程。

通常，经济波动主要是由经济系统内部的总需求变动引起的，总需求增加时，市场需求旺盛，订货饱满，商品畅销推动生产趋升，总需求拉动总产量增加，经济系统的运行进入扩张阶段；相反，当总需求减少时，市场需求疲软，订货不足阻滞商品销售，生产萎缩，总需求拉动总产量减少，经济系统的运行进入收缩阶段；当总需求等于总供给时，生产出来的产品恰好满足整个社会对这些产品的需求，社会经济处于相对稳定的均衡状态，此时的产量称为"均衡产出"。因此，在社会经济运行过程中，总需求总是在无形地引导着社会经济的反转方向，正因为如此，研究经济波动必须从研究总需求入手。

一、凯恩斯的有效需求原理

有效总需求是在实物形态和价值形态上都得到实现的社会产品。如果一个经济社会能够实现总需求与总供给相等的均衡经济运行形态，当然是一件令人满意的事情，这就要求在我们开始组织生产活动时，就能够准确判定将来生产出来的产品一定能够卖出去，并且在数量上与整个社会对这种产品的总需求是一致的，正因为如此，如何对未来时期的总需求作出准确预测就显得格外重要了。

(一) 总需求决定总供给的表述方式

均衡产出是经济学理论分析时使用的一个最基础、最重要的概念,从理论上讲,均衡产出这个被定义为:与总需求相等的总产出(或总收入)。准确理解和运用这个概念对经济运行状态进行分析,需要重点掌握以下两个方面的内涵:

1. 均衡产出概念中的"时期"意义

经济分析中通常把经济变量的数值区分为"实际值"和"意愿值"。所谓"实际值"是指过去的某个时期已有的经济变量的量值;实际值是经济运行过程结束后(事后)通过统计核算取得的数据。譬如使用国民收入核算指标体系核算出来的实际 GDP。所谓"意愿值"是指未来某个时期经济变量可能发生的数值,它是社会经济在未来一个时期通过运行预计将要产生的数值,这种数值是通过科学方法预测得到的"预期"数量。譬如运用时间序列分析方法预测得到的意愿消费、意愿投资等。在均衡产出概念的定义中表达了这样一种理念,即每一个时期的宏观经济总量(总供给)都是在对该时期进行的理性预期(总需求)指导下完成的,均衡产出的水平决定于总需求(或总支出)水平。同时,这个公式也表达了这样一个事实,即本期生产和供给的产品数量如果恰好满足了下一时期的总需求时,就称这种状态为"均衡产出",即

$$y_t = c_{t+1} + i_{t+1} + g_{t+1} + nx_{t+1}$$

其中,c 表示消费,i 表示投资,g 表示政府购买,nx 表示净出口,t 和 $t+1$ 表示前后两个时期。等式左端的 y_t 表示 t 时期已有的总供给,等式右端的 c_{t+1}、i_{t+1}、g_{t+1}、nx_{t+1} 分别表示在 $t+1$ 的未来时期即将发生的消费、投资、政府购买和净出口。如果这两者相等了,才能保证在 t 时期生产出来的产品在 $t+1$ 时期全部卖出去,并且在数量上恰好预期与总需求一致。这就意味着,如果两者不相等,社会经济要么出现相对过剩,要么出现供给不足的短缺形态,这些形态都是非均衡形态,会诱发经济波动。

2. 均衡产出的形成过程与经济运行中的产品市场调节机制

产品市场的均衡产出形成过程和市场调节机制涉及一个重要的基本概念就是"存货"。

总需求是社会总的意愿支出。社会总的意愿支出可以分解为个人(或家庭)的意愿消费、企业的意愿投资、政府的意愿购买和国际部门的意愿净出口四个部分。凯恩斯的有效需求不足理论研究的是由需求不足引起国民收入低于充分就业国民收入条件下的收入决定和变动问题。在这种假定条件下,供给可以随着需求的增加而增加。因此,除了企业部门以外,其他三个部门在"买"的方面非常自由:愿意买就可以买,不愿意买就可以不买。因此,它们的意愿支出一定等于实际支出,即:意愿消费=实际消费=C;意愿政府购买=实际政府购买=G;意愿净出口=实际净出口=$X-M$。企业部门之所以是例外,是因为企业虽然能够愿意买就可以买,但却不能不愿意买就可以"不买"。

企业投资分为固定资产投资和存货投资两个部分。企业的固定资产投资支出非常自由:愿意买就可以买,不愿意买就可以不买。因此,实际固定资产投资一定等于意愿固定资产投资。

企业存货包括企业库存原材料、企业已经生产出来待销售的产成品和正在生产的半成品或在产品三项。其中第一项存货是保证企业生产连续进行的必要条件。否则,由于随机性因素引起的原材料等中间产品的供给短缺将导致生产过程中断。第二项存货是保证销售并稳定占有市场的必要条件。市场需求瞬息万变,产量很难及时适应需求的变化而变化。所以,备有一定量的产成品存货,以及时满足市场需求是十分必要的。第三项存货在产品是企业生产连续性的必然产物。

年末存货与年初存货的差额就是企业一定时期内的存货净增加,存货增加形成的投资称为存货投资。实际存货投资包括意愿的或计划的与非意愿的或非计划的两个部分。理性的厂商完全可以将原材料等中间产品与在产品方面的存货投资,控制在自己意愿的水平上。因此,这两个方面的实际存货投资等于意愿的存货投资。至于产成品方面的存货投资,厂商不能完全控制,即实际的产成品存货投资量与意愿的产成品存货投资量可以相等也可以不等:如果市场需求减少,企业计划销售的产量有一部分卖不出去,企业自己就不得不把它"买"下来,成为非意愿的或非计划的产成品存货投资。此时,实际的产成品存货投资就大于意愿的产成品存货投资。如果市场需求增加,企业计划销售的产量不足以满足市场需求,为了确保市场份额,企业就会动用计划的产成品存货。此时,非意愿产成品存货投资就小于零,即实际的产成品存货投资小于意愿的产成品存货投资。如果市场需求不变,非意愿产成品存货投资就等于零,即企业实际的产成品存货投资量与意愿的产成品存货投资量相等。

由于企业实际的产成品存货投资与意愿的或计划的产成品存货投资往往不等,从而使得实际的存货投资与计划的存货投资往往不等,最终导致企业的实际投资与计划投资不等。但无论如何,企业的实际投资总是等于意愿投资加非意愿投资(即非计划存货增量)。表示为

企业的意愿投资 = 实际投资 − 非计划存货增量 = I − 非计划存货增量

社会总意愿支出 = $C + (I - 非计划存货增量) + G + (X - M)$

因此

社会总意愿支出 = $C + (I - 非计划存货增量) + G + (X - M)$

根据均衡产出的定义,实现均衡产出的条件是:

$GDP = C + (I - 非计划存货增量) + G + (X - M)$

当企业的非计划存货投资增加等于0时,企业的实际投资等于意愿投资,经济社会的总供给等于总需求,实现均衡产出;当企业的非计划存货投资增加大于0时,经济社会的总供给大于总需求,社会经济处于超额供给的非均衡状态;当企业的非计划存货投资增加小于0时,经济社会的总供给小于总需求,社会经济处于超额需求的非均衡状态。可见,非计划存货投资在均衡产出的实现过程中发挥着重要的调节作用。

在超额供给存在的情况下,企业的非计划存货投资大于0,意味着实际存货水平超出了企业意愿的存货水平,非计划存货增加占用流动资金并使得资金效率下降,为提高资金效率,企业会根据非计划存货情况减少投资以达到减少存货的目的。在其他条件不变的情况下,投资减少引起产出或收入减少。全社会的企业普遍实施的这种存货调节将引起社会经济趋于收缩,而这个收缩过程正是一个经济社会从超额供给的非均衡状态向均衡产出状态

转变的过程。

在超额需求存在的情况下,企业的非计划存货投资小于 0,意味着实际存货水平低于企业意愿的存货水平。为保证企业生产和销售活动的持续性,企业会自主地增加投资以期将存货水平恢复到意愿(计划)水平。在其他条件不变的情况下,投资增加引起产出或收入增加。全社会的企业普遍实施的这种存货调节将引起社会经济趋于扩张,而这个扩张过程正是一个经济社会从超额需求的非均衡状态向均衡产出状态转变的过程。

经济社会中这种市场自发调节促使社会经济在均衡产出水平上稳定下来,这就是产品市场均衡产出的形成过程。我们将这个形成过程中的市场自发调节的机制称作存货调节机制或数量调节机制。

(二)预测未来时期的总需求

对预期总需求(GDP)的预测可以通过采取对消费、投资、政府购买和净出口四项的需求预测结果加总的方式得到,这样的预测方式是宏观经济学的一项重要应用。

1. 消费需求预测

凯恩斯消费函数(绝对收入假说)。影响居民消费支出的因素很多,可支配收入、消费者的财产、价格水平、节俭程度、利率水平等都会影响消费决策,凯恩斯认为其中最重要的因素是可支配收入。假定其他因素既定不变,则消费支出随可支配收入的变动而同方向变动,这种关系被称为"消费的收入效应"(图 4.5)。从理论上讲,经济社会的总体消费行为具有以下三个方面特点:第一,无论有没有收入都不可能没有消费,这样的消费称为自发消费;第二,随着收入的增加消费会增加,由收入增加引起的消费增加称为引致消费,引致消费是收入的增函数;第三,消费的增加没有收入增加来得那么快,增加单位收入而增加的消费称为边际消费倾向(图 4.6)。

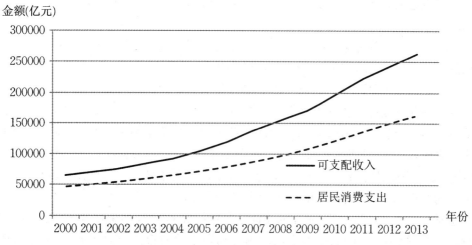

图 4.5 可支配收入与居民消费支出(2000~2013 年)

资料来源:《中国统计年鉴(2016)》。

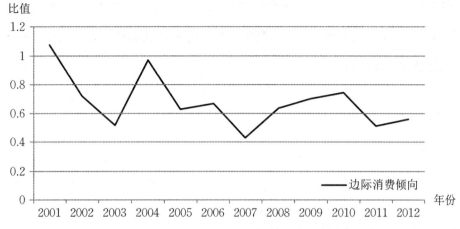

图 4.6 我国 2001~2012 年边际消费倾向

延伸阅读 2

边际消费倾向(Marginal Propensity to Consume,简记为 MPC)是用于描述在给定收入变动的情况下,因收入变化引起的消费变化量。计算公式为

$$\text{边际消费倾向(MPC)} = \frac{\text{消费变化量}}{\text{可支配收入变化量}} = \frac{\Delta C}{\Delta y_d}$$

表述为:增加的可支配收入中有多少被用于了消费。边际消费倾向有以下特征:第一,$0<\text{MPC}<1$,表示随着收入的增加消费会增加,但消费增加不及收入增加来得快。第二,边际消费倾向随收入增加呈现递减性,表示高收入阶层的边际消费倾向低,而低收入阶层的边际消费倾向高。第三,边际消费倾向随社会收入分配平均程度的提高而下降,即收入分配差异大的经济社会边际消费倾向低,而收入分配差异小的经济社会边际消费倾向较高。

消费支出与可支配收入之间的这种依存关系称为消费函数。写为

$$C = f(Y_d)$$

如果消费函数是线性,就可以写成

$$C = \alpha + \beta y_d$$

其中,C 表示消费支出,y_d 表示可支配收入,α 表示自主消费,β 表示边际消费倾向,α 与 β 均为常数,且 $\alpha>0$,$0<\beta<1$。α 为自发消费,$\beta \cdot y_d$ 为引致消费。消费支出等于自发消费与引致消费之和。用前一个时期的收入对后一个时期的消费回归,得到图 4.7 中的消费函数曲线,其中自发消费是 507.1340,引致消费是 $0.327542 y_d$,消费函数是 $C_t = 507.1340 + 0.327542 y_d^{t-1}$($R^2=0.982836$,$\overline{R^2}=0.981276$,$F=629.88$,$n=13$)。式中 t 是时期,这个函数说明了前一个时期的可支配收入决定着本期消费。

可支配收入是居民个人收入扣除应缴纳的税收之后的剩余,是居民能够支配的收入。表示为

$$y_d^t = y_t - T_t$$

式中 T_t 是 t 时期居民部门应缴纳的税收。税收分两种情况:一种是定量税收,税收量既定,不随收入的变动而变动,称为自发税收,用 T_0 表示;另一种叫比例税收,也就是按收入的一

定比例征收的税。比例税随收入的变动而变动,表示为 $t \cdot y$。其中 t 代表边际税率(又叫边际税收倾向),用于描述人们增加的收入当中有多少用于增加缴纳了税收,即 $t = \dfrac{\Delta T}{\Delta y}$($0 < t < 1$)。因此,税收函数应该写为

$$T_t = T_0 + t y_t$$

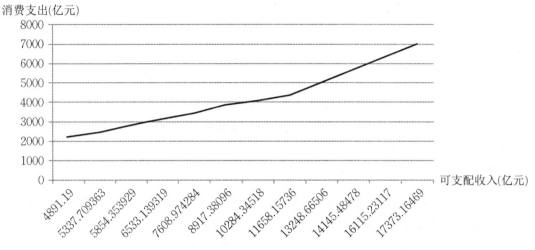

图 4.7　2000～2012 年我国某地区消费函数曲线

值得注意的是,这里所说的税收是那些影响居民收入进而影响消费的税收,如果政府税收的主要税源是所得税,那么这种描述方式是比较适宜的。

经过调整之后,消费函数可以写为

$$C_t = \alpha + \beta \cdot (y_t - T_0 - t y_t)$$

有了这个关系,当本期的可支配收入确定时,我们就很容易预测出下一个时期的预期消费应该是多少了。根据国家统计局公布的数据,当 2013 年可支配收入是 263103 亿元时,2014 年预期居民消费总支出为 86684.5 亿元。

当然,我们应该清醒地认识到,这个预测数据并不准确,因为在预测过程中只考虑了前一时期可支配收入对当期的实际消费产生的影响。实际上,除了前一时期的收入会对当期消费产生影响之外,本期的预期收入、整个社会的富裕程度(财富积累)、价格水平、利率、生命周期(社会的年龄构成)等都会产生相应的影响,综合考虑这些因素的影响,才能得到更加准确的预测值。

延伸阅读 3

相对收入假说。美国经济学家杜森贝利在 1949 年发表的《收入、储蓄和消费行为》著作中提出相对收入理论,用来解释短期消费倾向递减、长期消费倾向稳定的现象。该理论认为,家庭的消费不仅取决于自己的绝对收入水平的高低,还取决于该家庭的收入相对于其他家庭收入的高低,即取决于该家庭在国民收入分配中所得到的份额,或相对地位——消费的"示范效应";家庭的本期消费不仅受本期收入的绝对水平和相对水平的影响,还受其前期收入与消费水平的影响,即家庭消费还取决于本期收入相对于前期收入的高低——消费的"棘

轮效应"。因而,短期平均消费倾向与收入呈反方向变化,但长期平均消费倾向是稳定的。

持久收入理论。米尔顿·弗里德曼提出持久收入理论以解释短期消费函数与长期消费函数的不一致性。该理论认为,家庭收入由持久收入与暂时收入组成($Y_t = Y_t^p + Y_t^t$),家庭消费也由持久消费和暂时消费组成($C_t = C_t^p + C_t^t$)。家庭的实际消费主要取决于它的持久收入,而不是它的现期收入。持久收入和持久消费之间存在固定的比例关系,用公式表示为

$$C_t = \alpha_0 + \alpha_1 Y_t^p + \alpha_2 Y_t^t + \varepsilon_t$$

生命周期理论。美国经济学家佛朗科·莫迪利安尼在1954年与其学生布伦伯格合写的论文《效用分析与消费函数:对横断面资料的一种解释》中,提出了关于消费与储蓄的生命周期假说。该理论认为,消费者总是将一生的全部收入(现行收入、预期收入和遗产等)在现在与未来消费之间进行合理的分配,以便最大化自己的效用;由于边际效用递减,消费者会比较平均地将一生的收入分配在生命周期的不同阶段上用于消费,即

$$C_t = \alpha_0 Y_t + \alpha_1 A_t + \varepsilon_t$$

其中,Y_t为t期收入,A_t为t期的资本存量。

2. 投资需求预测

企业的投资决策显然服从利润目标,即企业进行投资决策时,必须考虑投资成本与投资收益的相对大小。

企业购买某项资本品的费用就是企业的投资成本,包括该资本品的供给价格(又称重置成本)与用来购买该资本品的资金的利息两个部分。

投资品是现在购买的,产品却在未来出售,收益在未来才能得到。不同时点上的支付与收益不能直接比较。只有把投资的未来收益转化为现期的收益才能与现期的投资成本进行比较。把未来收益转化为现期收益的过程称为贴现。这意味着,当企业进行投资决策时,必须将投资的预期收益通过贴现转化为与现期投资成本同一时点上的价值,来进行投资成本与投资收益的比较。将投资的预期收益转化为现值的贴现率不是利率,而是投资的预期利润率。

凯恩斯把投资的预期利润率叫作资本边际效率(用 MEC 表示),实际上就是投资的预期利润率。资本边际效率是一个贴现率,这种贴现率正好使一项资本品预期收益的现值等于该项资本品的供给价格,即

$$R_0 = \frac{R_1}{1+MEC} + \frac{R_2}{(1+MEC)^2} + \frac{R_3}{(1+MEC)^3} + \cdots + \frac{R_n}{(1+MEC)^n} + \frac{J}{(1+MEC)^n}$$

式中,R_0为重置成本,$\frac{R_i}{(1+MEC)^i}$为第i期预期收益的贴现值,$\frac{J}{(1+MEC)^n}$为资本品残值。

贴现根源于资源的稀缺性。企业用来购买资本品的资金同其他经济资源一样是稀缺的,稀缺资源的使用总有一定的代价,这种代价由机会成本来衡量。企业使用资金购买资本品的机会成本就是按利率计算的利息。因此,经济学上通常用利息率替代资本边际效率。

在资本边际效率既定的条件下,企业的均衡投资量总是随着利率的降低,沿着一条既定的资本边际效率曲线而增加,与利率反方向变动。因而,投资是利率的减函数,投资量与利率负相关,即

$$I = e - dr$$

式中,e 表示自发投资($e>0$);d 表示投资需求对利率变动的反应程度,即每提高一单位利率所减少的投资量,即 $d=\left|\dfrac{\Delta I}{\Delta r}\right|$;$dr$ 是因利率变动引起的投资变动,即引致投资。

我国某地区 2001~2013 年的投资函数为 $I_t=1697.818-22.9053 \cdot r_{t-1}$。式中,$t$ 是时期,这个函数说明了前一个时期利率决定着本期投资。

3. 政府购买支出预算

政府购买总是在严格的预算体制下进行的,这意味着,年内发生的购买支出是年初预算执行的结果。因此,政府财政的预算购买支出可以被视为年内必然产生的实际值,在功能财政期间,这个预算的增减与财政收入无关,视为一个既定的数量,用 G_0 表示。

政府预算支出的改变往往对总产出产生重大影响,甚至引起经济运行剧烈波动。

4. 净出口预测

出口与进口的差额称为净出口,即 $nx_t=x_t-m_t$,x 表示出口,m 表示进口,t 表示某一时期。一国的进出口量的多少主要取决于国民收入、国际专业化程度、进出口产品相对价格、汇率、对外贸易制度和进出口产品需求弹性等因素。

假设国民收入是制约一国的进出口能力唯一因素时,一国的出口不是由本国的国民收入决定,而是由进口国的国民收入决定的,经济学上认为这是一个自发变量(外生变量),用 $x=x_0$ 表示;一国的进口是本国国民收入的增函数,即 $m_t=m_0+\gamma \cdot y_{t-1}$,称为进口函数。其中,$m_0$ 是自发进口,γ 是边际进口倾向,表示每增加一单位收入所增加的进口量,或者表示进口增加量在收入增加量中的比重,$0<\gamma<1$,$\gamma \cdot y$ 为引致进口,即由收入引起的进口。

净出口函数为:$nx_t=x_t-m_0-\gamma \cdot y_{t-1}$(图 4.8)。式中 t 是时期,这个函数说明了前一个时期收入决定着本期的进口。

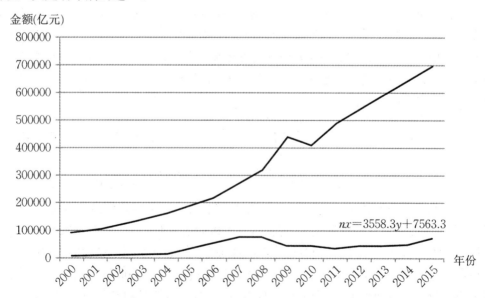

图 4.8　2000~2015 年我国净出口随 GDP 变动情况

注:为了看清净出口变动情况,图中净出口数据扩大 3 倍。

5. 预期总支出预测

总支出是一个国家(或地区)一定时期内购买最终产品和服务的支出总额,是总需求的预期实现方式,用"AE"表示,即

$$AE = c_{t+1} + i_{t+1} + g_{t+1} + nx_{t+1}$$

总支出函数曲线如图 4.9 所示。这个预测出来的下一个时期的总支出与当期实际的总产出之间是什么关系呢？我们可以用一个简单的图形来描述这种关系(图 4.10)。

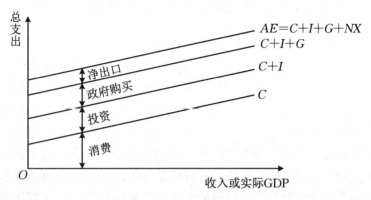

图 4.9 总支出函数曲线

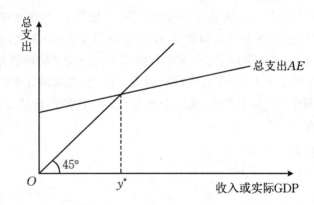

图 4.10 预期总支出与实际总收入之间的关系

图中,用总收入与总支出构建一个平面,45°线上的各点都具有总收入等于总支出的均衡属性。总支出函数曲线与 45°线相交于 y^* 的收入水平上,这个收入就是实际总收入与预期总支出相等时的均衡产出水平,表示供求均衡是在 $y_t = \alpha + \beta \cdot (y_t - T_0 - ty_t) + e - dr_t + g_0 + x_0 - \gamma \cdot y_t - m_0$ 的状态下实现的。整理这个结果得到:

$$y_t = \frac{\alpha + e - \beta T_0 + g_0 + x_0 - m_0}{1 - \beta(1-t) + \gamma} - \frac{d}{1 - \beta(1-t) + \gamma} r$$

这就是我们在理论上通过预测得到的均衡国民收入状态。现实中,往往会出现实际总收入与预期总支出(或实际总供给与预期总需求)不相等的情况,正是由于这种非均衡的状态存在,才导致了社会经济的波动。

二、总需求与收入波动

总需求(或预期总支出)是如何影响社会经济产生波动的呢?

(一) 非均衡产出的属性及均衡产出的总支出决定

1. 非均衡产出的属性与短期波动

正如图 4.10 所显示的那样,经济社会只有在 y^* 的产出水平上才能实现总收支与总产出的均衡,但是,现实社会经济运行过程中,能够达到这种状态的可能性微乎其微,即便是在某一个时点上达到了这种状态,也是极其短暂的,转瞬即逝;更多的情况是,社会经济处于均衡状态以外的其他非均衡状态上,这些状态具有两类属性,如图 4.11 所示。第一,处于 y_1 产出水平时,由于产出水平低于均衡产出量,非均衡状态表现出预期总支出(预期总需求)大于实际总产出(实际总供给)属性,短缺经济特征充分(供不应求),旺盛的需求迫使企业降低存货投入销售,致使企业实际存货下降到低于计划存货的水平上,为了保障企业正常生产销售的连续性,企业只能增加投资,扩大生产,从而导致实际总产出(实际总供给)增加,这种产量增加推动了非均衡状态趋于均衡状态的改变。第二,处于 y_2 产出水平时,由于产出水平高于均衡产出量,非均衡状态表现出预期总支出(预期总需求)小于实际总产出(实际总供给)属性,过剩经济特征充分(供过于求),软弱的需求迫使企业增加存货,致使企业实际存货上升到高于计划存货的水平上,为了减轻存货投资负担,提高流动资金效率,企业只能减少投资,收缩产量,从而导致实际总产出(实际总供给)减少,这种产量减少推动了非均衡状态趋于均衡状态的改变。

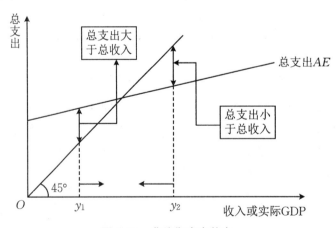

图 4.11 非均衡产出状态

非均衡状态发生趋向于均衡状态的改变完全是由于市场自发调节作用产生的结果,这种作用就是存货调节机制。存货调节机制是宏观产品市场自发调节的主导机制。但是,市场调节也有自身不可避免的弱点,这就是它的自发性、盲目性和滞后性,这些弱点往往导致市场调节的矫枉过正,这才是引起经济频繁波动的主要原因。

2. 均衡产出的总支出决定

在总支出中,无论是消费支出、投资支出、政府购买或是净出口中的任何一个组成部分发生变动时,都会引起总支出水平的改变(图 4.12)。通常将这些因素的变动划分为注入和漏出两类。凡是增加消费、投资、政府购买和净出口,以及减少税收等能够通过增加总支出引起总产出提高的因素称为注入;凡是减少消费、投资、政府购买和净出口,以及增加税收等能够通过制约总支出引起总产出减少的因素称为漏出。注入(或注入大于漏出)将导致总支出水平提高,总支出曲线从 AE_2 向上移动至 AE_3,均衡产出因此从 y_2 增加到 y_3;相反,漏出(或漏出大于注入)将导致总支出水平下降,总支出曲线从 AE_2 下移至 AE_1,均衡产出也因此从 y_2 减少到 y_1。

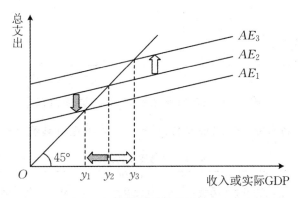

图 4.12 均衡产出的总需求决定

总支出各组成部分对总产出的影响程度各不相同,对各种因素影响程度的准确判断将直接决定最终总产出会怎样变化,我们把关于总支出个组成部分对总产出影响程度的分析叫作乘数效应。

(二)凯恩斯乘数

乘数所要描述的是这样一种状态,由于总支出发生了变动,进而引起了均衡产出(或实际 GDP)的变动,如图 4.12 中,总支出曲线从 AE_2 向上移动至 AE_3,均衡产出因此从 y_2 增加到 y_3,那么,总支出每改变一个单位,均衡产出因此变动了多少呢? 这个比值就是乘数所要表达的含义。从图 4.12 中可以看出,总支出的每次变动都会引起总支出曲线在纵轴上的截距与之同方向变动,而总支出曲线在纵轴上的截距称为自发支出。因此,也可以说自发支出变动引起了均衡产出的变动,这个乘数也就自然被叫作自发支出乘数。显然,乘数是均衡产出(实际 GDP)的变动除以自发支出变动的比率。值得注意的是,我们在这里并没有区分总支出中的哪一个或几个因素怎么变动引起了总支出的改变。其实也很简单,按照图 4.13 所显示的,将自发支出分为自发消费支出 α、自发投资支出 e、政府自发购买 g_0 和自发进口 m_0,每一部分的改变都对应着均衡产出的一部分变动,因此,消费乘数是 $\dfrac{y_1-y_0}{\Delta \alpha}$,投资乘数是

$\dfrac{y_2-y_1}{\Delta e}$，政府购买乘数是$\dfrac{y_3-y_2}{\Delta g_0}$，净出口乘数是$\dfrac{y_4-y_3}{\Delta m_0}$。除了这些因素之外，还需要考虑税收、政府转移支付和平衡预算等因素变动对均衡产出的影响。根据均衡产出状态公式，我们能够更为准确地测定各种因素产生的影响程度。

$$y_t = \dfrac{\alpha+e-\beta T_0+g_0+x_0-m_0}{1-\beta(1-t)+\gamma} - \dfrac{d}{1-\beta(1-t)+\gamma}r$$

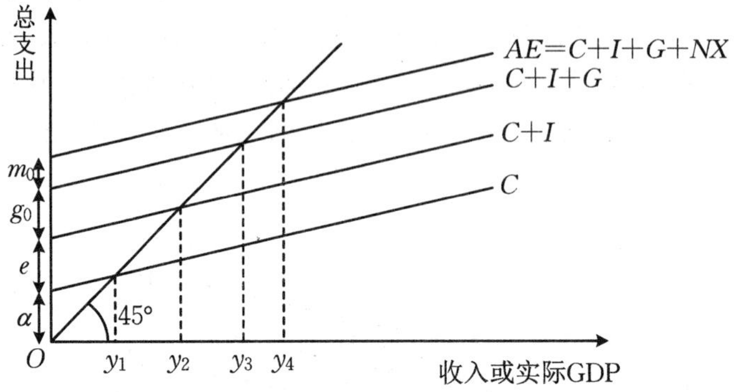

图 4.13　总支出各组成部分变动的乘数效应

对上述公式中的各自发变量求偏导数，得到个自发变量的乘数(表4.1)。

表 4.1　自发支出乘数

乘数类型	投资乘数	政府购买乘数	税收乘数	转移支付乘数	进口出口乘数
计算公式	$K_i=\dfrac{1}{1-\beta(1-t)+\gamma}$	$K_g=\dfrac{1}{1-\beta(1-t)+\gamma}$	$K_T=\dfrac{-\beta}{1-\beta(1-t)+\gamma}$	$K_T=\dfrac{\beta}{1-\beta(1-t)+\gamma}$	$K_i=\dfrac{1}{1-\beta(1-t)+\gamma}$

表4.1中的K表示乘数，β是边际消费倾向，t是边际税率，$\beta(1-t)$称为税后边际消费倾向，γ是边际进口倾向，这些因素在决定着乘数的大小。由于$0<\beta、t、\gamma<1$，一般而言，乘数都会呈现大于的性质，所以又叫倍数。

政府的转移支付(简记为TR)是我们前面的研究中一直没有触及过的问题。根据转移支付的性质判定，转移支付与税收具有相反的基本属性。因此，转移支付乘数是负的税收乘数，即$K_{TR}=\dfrac{\beta}{1-\beta(1-t)+\gamma}$。

(三) 乘数的多米诺效应

如果某地区的均衡产出表现为$Y=6554.28+3.2426c+0.81294i+1.5287g-0.46T+1.52nx$，表明总支出各组成部分的乘数分别是：$K_c=3.2426$，$K_i=0.81294$，$K_g=1.5287$，$K_{nx}=1.52$。那么，通过跟踪总支出中某一部分的改变，就能够揭示乘数作用的过程。假定，某一时期政府预算增加1000亿元购买用于加强高速铁路建设，这将导致铁路建设企业的GDP增加1000亿元的产值增加，称为乘数的首轮效应。按照47%的平均积累和投资水平计算(见表2.5)，将有470亿元用于新增投资，其余530亿元形成要素收入(含税)，假设按照

17%扣税,这部分要素收入将形成 90 亿元的税收(假设不再追加预算)和 440 亿元的要素收入,假设投资中有 70 亿元净进口,消费形成 30 亿元的净出口,边际消费倾向 $\beta=0.31$。乘数效应将在这一轮因投资增加产生 $400\times0.81294=325.18$ 亿元的产出增加;因消费增加产生 $440\times0.31\times3.2426=442$ 亿元的产出增加;因征收税收导致 $90\times0.46=41$ 亿元产出减少;因净进口产生 $100\times1.52=152$ 亿元的产出减少。以上合计,乘数的第二轮效应使产出净增加 574.1 亿元。乘数效应按照这样一轮一轮地影响下去,最终产生了 15287 亿元的产出增加。

延伸阅读 4

特朗普减税计划

2017 年 4 月 26 日,美国总统特朗普宣布了他的号称美国"史上力度最大"减税计划,特朗普的税改计划纲要是:

税改目标:刺激经济增长,创造上百万个就业岗位;简化复杂的税法;降低美国家庭的税务压力——尤其是中产家庭;将公司税率从全球最高之一调至全球最低之一。

个人税方面:个人所得税级数从七个减少到三个,最高税率为 35%、其次为 25%、最低税率为 10%;翻倍标准扣除金额;向有孩子和家属照顾支出的家庭提供税务减免;维持住房、慈善捐款的税务扣除;废除替代最低限税(Alternative Minimum Tax);废除遗产税。

公司税方面:将公司税率从 35% 削减至 15%;属地税收制度;对于美国公司在海外持有的数万亿美元将会出现"一次性税"。

这是自 20 世纪 80 年代以来美国的第三轮减税浪潮。从里根政府的"供给性减税",到老布什和克林顿时期的"新平衡观下的减税",再到小布什和奥巴马政府的"危机应对减税",首先他们对减税的总体规模有明确计划,小布什反复推销他的"未来 10 年减税 1.35 万亿美元"。其次针对不同时期存在的不同经济问题,各阶段的减税法案实施的目的也不尽相同,里根政府大幅度削减个人和企业所得税,扭转了 20 世纪 70 年代末高失业率、高通货膨胀率并存的滞胀局面;克林顿政府一开始采取的是一种增税与减支并重的平衡预算政策,他削减了财政赤字、平衡了联邦预算,又通过《减税法案》,适当地削减了税收,开创了可返还的税收抵免的先河;小布什政府为了应对科网股泡沫破灭导致的经济下滑,在 2001 年提出 10 年减税 1.35 万亿美元的计划。奥巴马政府为了应对次贷危机,延续了小布什政府的减税政策,同时提出了多个紧急财政刺激方案。最后,减税的影响具有国际化,税率较低的国家,大量的资金和生产要素会流入,这迫使其他国家模仿以减少其间的税收差异。

诚然,实施减税政策,无疑隐含着政府财政收入的减少,甚至可能出现财政赤字的大量增长。里根第一任期内,联邦预算赤字之和,大大超过了战后历年净赤字之和。克林顿执政后,通过增税和节支等手段极力缩小美国财政赤字。小布什政府上台后,由于经济衰退、反恐战争等原因不断实施大规模减税,致使克林顿时期的财政盈余所剩无几,很快便重新走上了高赤字之路。奥巴马因应对次贷危机被迫延续减税,其离任时美国政府负债率创 100% 的历史新高。

美国三轮减税也基本都拉大了贫富差距。

(四)价格水平对总需求的影响

均衡产出模型的突出问题就是无法显示作为重要调节工具的价格水平在收入决定中所发挥的作用,只要我们对这个模型稍加修改就能够解决这个问题。

1. 从总支出曲线到总需求曲线

总需求(Aggregate Demand,简记为 AD)是指在其他经济变量既定的情况下,经济社会在每一个价格水平上对最终产品和劳务的需求总量。总需求由消费需求、投资需求、政府需求和净出口需求构成。总需求是一般价格水平的函数。

一般价格水平的变化对总需求水平变化的影响主要体现在财富效应、利率效应、税收效应和外贸效应上。

当一般价格水平下降时,人们的实际财富增加,实际购买能力最强,总需求水平上升。就像我们有 100 元,可以购买到 25 kg 大米,现在大米的价格下降到 1 元时,100 元就可以购买 50 kg 大米了。因此,物价水平的下降,人们拥有货币的真实价值增加,人们变得相对富有了,导致了人们对消费品需求的增加,在其他因素不变的情况下,消费增加将引起社会总需求增加。显然,价格水平变动引起财富实际价值反方向变动,进而使消费乃至总需求与一般价格水平反方向变动的情况,这就是价格变动的财富效应。

其次,当一般价格水平下降时,利率随之下降,引起投资水平乃至总需求水平的上升。因为当一般价格水平下降时,家庭为从事交易活动而持有的货币量就会减少。例如,假定价格水平为 1.0 时,社会需要 20000 元从事交易,而当价格水平下降到 0.5 时,在维持同样规模的交易量只需要 10000 元就行了。这时,家庭就会将多余的 10000 元用于购买有利息的债券或者将钱存入银行之中,而银行将利用这些闲散的资金用于贷款,贷款共计的增加导致了利率下降。利率的下降使借款变得更容易,一方面会鼓舞更多的企业运用贷款进行投资,从而使投资水平提高;另一方面家庭借钱用于房屋、汽车等大件耐用品,增加了整个社会的投资和消费量,从而使社会总需求增加。显然,价格水平变动引起利率同方向变动,进而使投资和总需求水平反方向变动,这种影响被称为价格变动的利率效应。

再次,当一般价格水平下降时,会引发人们的名义收入下降,进入较低的纳税档次,从而使税负减少,可支配收入提高,进而引起消费水平提高乃至总需求增加。这种价格水平变动引起收入同方向变动,进而使消费乃至总需求反方向变动的情况被称为被税收效应。

最后,当一般价格水平下降时,引起净出口增加,导致国内总需求量的增加。这是因为在汇率不变的情况下,国内物价水平下降,一方面本国产品的相对价格下降,有助于增加本国产品的国际竞争力,使出口增加;另一方面,进口产品的相应价格上升,抑制国内对进口产品的需求,导致净出口乃至总需求量增加。这种价格水平变动引起进口产品相对价格反方向变动,进而使净出口和总需求水平反方向变动的情况被称为外贸效应。

如图 4.14 所示,用通货膨胀率(用"π"表示)描述一般价格水平,y_1,y_2,y_3 分别代表三个不同水平的均衡产出(实际GDP)。当经济处于 y_1 的均衡产出水平时,如果对应的通货膨胀率是 π_1,当通货膨胀率从 π_1 下降到 π_2 时,受财富效应、利率效应、税收效应和外贸效应的影响,总支出增加,总支出曲线从 AE_1 上移至 AE_2,均衡产出增加至 y_2;以此类推,结果显示总需求与一般价格水平呈反方向的变动关系。表述为:在其他条件不变的情况下,经济中一般物价水平的下降会增加物品与劳务的总需求量,总需求曲线向右下方倾斜。

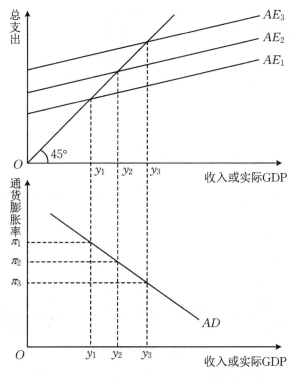

图 4.14　从总支出曲线到总需求曲线的推导

总需求曲线所描述的只是当一般价格水平(通货膨胀)变动时,总需求随之变动的情况,这种变动表现为经济运行沿着总需求曲线发生改变的过程。但是,在经济运行实际过程中,并非只有一般价格水平唯一一个因素在发挥作用,在我们推导总需求曲线时没有被考虑进来的因素还有诸如政府购买预算支出的改变、货币政策和税收政策的调整,国际市场对本国产品需求的变动等(图 4.15)。这些因素的变化是在通货膨胀水平不变的情况下,引起了总

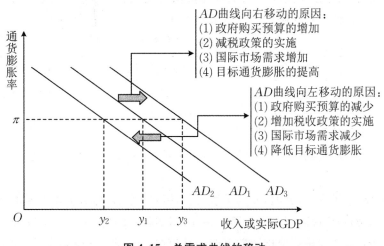

图 4.15　总需求曲线的移动

需求发生改变,是总需求曲线的移动。

2. 通货膨胀调整线与短期价格波动

通货膨胀调整线(Inflation Adjustment Line,简记为 IA)是一条用于描述在任意时点上经济中通货膨胀情况的水平直线。水平的 IA 意味着居民和企业普遍认为,短期内随着实际 GDP 的变化一般价格水平将保持稳定不变的状态;只有在长期中,随着时间的推移,一般价格水平才会发生较显著的变动。通货膨胀率变动时,IA 将发生移动,通货膨胀率上升,IA 水平将提高,反之则降低(图 4.16)。

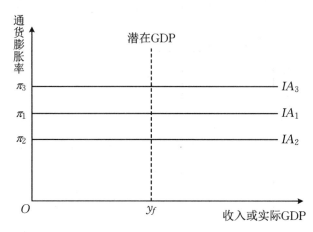

图 4.16 通货膨胀调整线

导致通货膨胀率短期内出现显著变化的主要原因有两个方面:第一,持续通货膨胀的预期。假定在一个惯性通货膨胀率是 4% 的社会中,某企业必然预期,在其他环境并不改变的情况下,它所有的竞争对手每年必然涨价 4%,为了保持与竞争者同步,这个企业也需要每年调价 4%。如果每个企业都这样做,整个社会的通货膨胀率必然稳定在 4% 的水平上;居民的工资调整同样受到通货膨胀预期的影响。第二,不同企业对工资和价格的设定在时间上有交错。一个经济社会中,并非所有的居民工资和产品价格都是在同一时间进行调整的,今天的工资和价格决策总是受到昨天的工资和价格决策的影响,这种时间上的交错会减缓经济中价格的调整,促使通货膨胀调整线呈现水平状态。

表 4.2 通货膨胀调整线的移动情况

实际 GDP=潜在 GDP	通货膨胀率不变	IA 线不变
实际 GDP<潜在 GDP	通货膨胀率提高	IA 线上移
实际 GDP>潜在 GDP	通货膨胀率降低	IA 线下移

通货膨胀调整线会因为实际 GDP 与潜在 GDP 不一致而发生移动,表示短期价格波动趋势。

实际 GDP 高于潜在 GDP 时,总需求表现出持续旺盛的势态,企业按照价格预期上调产品价格导致通货膨胀率提高,IA 线上移。相反,当实际 GDP 低于潜在 GDP 时,总需求表现出持续疲软的势态,企业按照价格预期下调产品价格导致通货膨胀率降低,IA 线下移。

3. 短期产出波动的形成

总需求决定的短期波动的情况如图4.17所示。

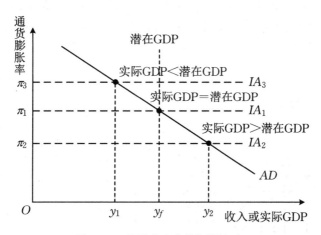

图 4.17　总需求决定的短期波动

当经济运行处于总需求曲线 AD 与 IA_1 相交所确定的实际 GDP 状态时，总需求恰好等于潜在 GDP，表示社会经济资源被充分利用生产出来的全部产品（称为充分就业产量）恰好与全社会对产品和服务的总需求相同，既不存在失业和短缺，也不存在过剩和有效需求不足，社会经济会相对稳定在这个均衡状态上。

当经济运行处于总需求曲线 AD 与 IA_3 相交所确定的实际 GDP 状态 y_3 时，由于 $y_3 < y_f$，总需求（或实际 GDP）小于潜在 GDP，表示社会经济资源没有达到充分利用的状态，同时通货膨胀率也较高（$\pi_3 > \pi_1$），是通货膨胀与失业并存的经济运行状态。

当经济运行处于总需求曲线 AD 与 IA_2 相交所确定的实际 GDP 状态 y_2 时，由于 $y_f < y_2$，总需求（或实际 GDP）大于潜在 GDP，表示社会经济资源被过度使用，同时通货膨胀率也较低（$\pi_3 < \pi_1$），总产出处于低质量高增长状态。

4. 总需求冲击与价格中长期波动（价格冲击）

当改变总需求（比如政府采取持续性的扩张预算引起了总需求扩大或者是相反的情况），导致总需求曲线移动后偏离均衡的经济运行状态称为总需求冲击（Demand Shock）。有两种极端的形态，一种是由于持续性紧缩预算导致总需求曲线左移，另一种是持续性增加预算导致的总需求曲线右移。通常政府财政预算持续过程有长期（5 年及以上）、中期（2～4 年）和短期（1 年及以内）三种类型，分别用三个不同水平的通货膨胀调整线表示，通货膨胀率随时间调整的趋势通过通货膨胀调整线的上下移动来反映，受通货膨胀预期的影响，通货膨胀调整线在短期内不会发生改变，只有在中长期中才会发生移动。通货膨胀调整线的移动被称为价格冲击（Price Shock），价格冲击往往发生在某一种商品或某一类商品出现暂时性短缺时，价格会大幅度上涨以至于对通货膨胀率产生明显影响。这种冲击虽说也是暂时性的，但这种冲击会造成实际 GDP 较大幅度地偏离潜在 GDP。

紧缩预算下，总需求减少，总需求曲线左移（图 4.18(a)）。由于短期内通货膨胀预期具有相对稳定性，致使实际 GDP 从原有的 y_f 下降到 y_1，经济运行处于 $y_1 < y_f$ 的充分就业前

非均衡状态。从中长期趋势上看,由于超额供给的存在,通货膨胀预期将呈现下降态势。当通货膨胀率下降到 π_2 的中期水平时,尽管实际 GDP 增加到了 y_2,但是仍然处于 $y_2 < y_f$ 非均衡状态。此时,社会经济表现出通货紧缩和失业并存特点,是典型的经济萧条状态,通货膨胀率存在进一步下调的要求。随着通货膨胀率进一步下调至 π_3 的长期水平,再次实现实际 GDP 与潜在 GDP 相等的均衡状态。

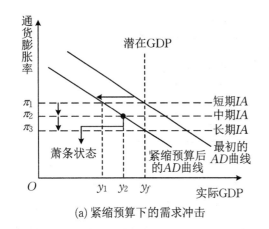
(a) 紧缩预算下的需求冲击

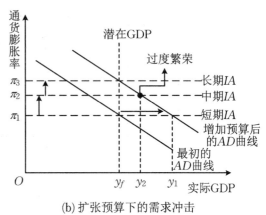
(b) 扩张预算下的需求冲击

图 4.18　需求冲击的影响

增加预算下,总需求减少,总需求曲线右移(图 4.18(b))。由于短期内通货膨胀预期具有相对稳定性,致使实际 GDP 从原有的 y_f 增加到 y_1,经济运行处于 $y_1 > y_f$ 的充分就业后非均衡状态。从中长期趋势上看,由于超额需求的存在,通货膨胀预期将呈现上升态势。当通货膨胀率上升到 π_2 的中期水平时,尽管实际 GDP 减少到了 y_2,但是仍然处于 $y_2 > y_f$ 非均衡状态。此时,社会经济表现出通货膨胀和超额需求并存特点,是典型的经济过度繁荣状态,通货膨胀率存在进一步上调的要求。随着通货膨胀率进一步上升至 π_3 的长期水平,再次实现实际 GDP 与潜在 GDP 相等的均衡状态。

从以上过程看,尽管在短期内社会经济会出现严重的非均衡现象,但在长期中,社会经济存在自我修复的功能机制。因此,短期波动是必然的,而长期均衡也是必然的。

二、总供给与结构调整

总供给是社会经济在每一价格水平上能够提供的商品和劳务的总量。在技术水平既定的情况下,社会的总供给取决于经济社会的生产性投入和各种投入的效率两个方面因素。当生产性投入和资源效率得到充分发挥的情况下所获得的总产量就是潜在 GDP。这意味着,如果技术水平发生了改变,即便是在相同的生产性投入条件下,资源效率的改变,也必然导致潜在 GDP 的改变。这样,就必然出现潜在 GDP 的移动,这种移动称为供给冲击。新的发明等技术进步引发了生产率大幅度提高情况,以及由于客观因素制约导致先进技术无法发挥应有的生产能力情况,如能源短缺等。

(一) 供给冲击的影响

见图 4.19(a),在已有的技术水平下,经济社会的实际 GDP 处于 y_{f1} 的均衡状态。现在,随着各种新技术的使用,生产率得到大幅度提高,引起潜在 GDP 水平从原有 y_{f1} 的提高提高到 y_{f2},受通货膨胀预期影响,通货膨胀调整线在短期内不会发生改变。因此,原有的实际 GDP 目前变成了处于低于潜在 GDP 的非均衡状态。但是在中长期中,社会经济运行的自发调节将引发通货膨胀水平的下降,通货膨胀调整线从 π_1 下调至 π_2,并在 y_{f2} 的水平上再度实现实际 GDP 与潜在 GDP 相等的均衡状态。这个调节过程既描述了基于技术进步的经济增长的实现过程,同时也能够对增长过程当中出现的令人棘手的通货膨胀问题有所缓解。"正的总供给冲击能够提高经济增长率并降低通货膨胀水平,而且效应稳定……"[①]

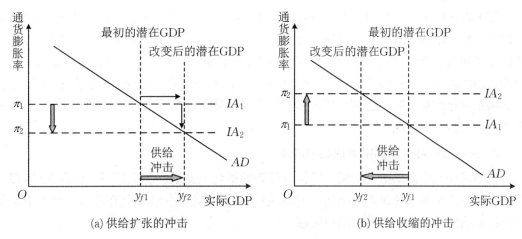

(a) 供给扩张的冲击　　　　　　(b) 供给收缩的冲击

图 4.19　总供给冲击

当然,这里也需要注意这样两种情况:首先,由于潜在 GDP 的过快增长,致使价格水平急速下降至这样一种程度,即增产带来的利益不足以抵消降价造成的损失,这在经济学上被称为"贫困化"的状态;其次,潜在 GDP 快速增长的有效前提是必须与实际 GDP(总需求)在结构上保持一致,否则潜在 GDP 的增长会出现以存货投资增长为特征的无效增长状态。

与上述情况相反,见图 4.19(b),在已有的技术水平下,经济社会的实际 GDP 处于 y_{f1} 的均衡状态。现在,由于客观因素制约导致先进技术无法发挥应有的生产能力的情况(比如出现了在 1974 年、1979 年、1990 年、2000 年和 2005 年等多次发生的石油短缺),潜在 GDP 出现大幅下降时,受通货膨胀预期影响,通货膨胀调整线在短期内不会发生改变。因此,原有的实际 GDP 目前变成了处于高于潜在 GDP 的非均衡状态。但是在中长期中,社会经济运行的自发调节将引发通货膨胀水平的上升,通货膨胀调整线从 π_1 上升至 π_2,并在 y_{f2} 的水平上再度实现实际 GDP 与潜在 GDP 相等的均衡状态。这个调节过程既描述了经济增长停滞与通货膨胀并存在典型经济运行形态,理论上称之为"滞胀"。

---

① 龚敏,李文博. 中国经济波动的总供给与总需求冲击作用分析[J]. 经济研究,2007(11):32-44.

供给冲击在绝大多数情况下都需要较长时期的调整过程,由于产生非均衡的原因来源于供给方面,亦称"供给侧"。而且,往往这种原因要比需求方面的问题更加复杂,牵扯面更广。所以,解决起来难度也较大。

(二) 供给结构

如果供给冲击引发的价格水平下降仅仅是由于产量的增加而引起的,那么,问题倒也并不大。但实际情况是,现实当中我们遇到的问题要复杂得多。供给的结构性矛盾就是其中一个较为突出的问题。

1. 供给与需求的关系问题

社会经济运行过程中,是供给决定需求还是需求决定供给,这是一个与社会经济主导约束机制相关的问题。所谓主导约束机制是指在经济发展过程中,对进一步发展产生主要制约作用的因素所发挥的作用。在短缺经济条件下,由于生产力水平较低,供给能力的提高不足以满足总需求的快速增加,此时社会经济进一步发展的主要制约因素来源于供给方面,称为供给主导约束机制;相反的情况是,在过剩经济条件下,由于生产力高度发达,总需求或有效需求的增长滞后于总供给的增长,社会经济进一步发展的主要制约因素是需求不足,这就称为需求主导约束机制。这两种情况都是社会经济处于非均衡的动态无效率状态,需要采取不同的措施加以解决。

2. 供给结构与中国的供给侧结构调整

供给结构是指总供给的构成。结构性问题的研究主要是解决结构适应性问题的,即在供给主导约束机制下解决需求结构如何适应供给结构的问题,或者是在需求主导约束机制下解决供给结构如何适应需求结构问题。

延伸阅读 5

中国的供给侧结构调整

亚洲金融危机过后的 2004 年,中国经济在供给扩张和需求反弹的双重作用下快速回升,经济过热迹象明显,下半年针对经济过热所采取的一系列行政管制和市场调控措施效果显著,总需求开始衰减,但总供给却持续扩张,相反的两种运行态势促成了 2005 年的通货紧缩局面。此后 10 年间,经济增长以年均 9.9% 的高速度将这种供求冲击不断拉大,造成了目前所面临的严重的结构性问题。在这个过程中,中国经济的运行已经从有效需求不足的需求主导约束机制转变成了供给结构不适应的供给主导约束机制,完全进入了一个新转型升级阶段,但调整经济运行的相应政策措施并没有及时随着这种形势的转变而改变,直到 2015 年 11 月,在习近平主总书记持召开中央财经领导小组第十一次会议上,才正式提出经济结构性改革(供给侧结构性)的指导意见。此后,中国经济的供给侧结构性调整正式拉开帷幕。

中国的结构性问题主要包括产业结构、区域结构、要素投入结构、排放结构、经济增长动力结构和收入分配结构六个方面的问题。这六个方面的结构性问题既相对独立、又相互叠加,需要通过结构性改革去有针对性地解决。

从形式上看,供给侧结构改革就是用改革的办法推进结构调整,减少无效和低端供给,扩大有效和中高端供给,增强供给结构对需求变化的适应性和灵活性,提高全要素生产率,使供给体系更好适应需求结构变化。

从内容上看,供给侧结构调整就是要在适度扩大总需求的同时,去产能、去库存、去杠杆、降成本、补短板,从生产领域加强优质供给,减少无效供给,扩大有效供给,提高供给结构适应性和灵活性,提高全要素生产率,使供给体系更好适应需求结构变化。

四、短期经济波动对企业的长短期影响

(一) 短期波动的经济效应

经济波动在不同阶段上都有各自不同的表现形式和基本特征。通常需要通过产量、物价水平、投资和信用、就业等多方面的综合分析,有时甚至还要结合社会公众的心理状态来加以判定。一般而言,在扩张阶段会表现出生产迅速增加、投资增长、信用扩张、物价水平上升、就业率提高,公众对未来持乐观态度等一系列相关的特征;而在收缩阶段又会表现出投资减少、产品滞销、价格下跌、企业利润减少、信用紧缩、生产减少、失业增加,公众对未来持悲观态度等一些相反的特征。这些表象从不同侧面对整体经济产生影响。同时,同样的波动对不同产业、不同部门甚至不同企业的影响也可能是各不相同的。

总体上讲,我们可以把短期波动的经济效应划分为收入分配效应、财产分配效应、资源配置效应、产出和就业效应等。

收入分配效应是说经济波动对社会不同集团的人有不同的影响,会使一些人从中受益,也会使一些人由此受损。在扩张阶段,伴随着商品价格水平的提高,利润收入者首先受益。因为,一般情况下,总是产品的价格调整先于且快于工资调整,引起实际工资减少和实际利润增加;而收缩阶段,由于价格水平的下降,利润减少甚至消失或出现亏损,在这个过程中,利润收入者往往可以通过成本控制和亏损管理规避风险。

财产分配效应是指波动引起的财产价值的变化。财产净值取决于拥有财产的货币价值和债务。一般而言,财产的货币价值会因经济波动而变化。有些升值了,而有些贬值了;债务则因扩张时期的通货膨胀而减少。财产净值的变动情况会因财产的货币价值与债务的变动情况而增加或减少。

资源配置效应是指经济波动引起了资源配置的结构性改变。经济波动犹如大浪淘沙,在市场竞争中,有些企业或行业成长壮大了,而有些则衰败了,波动过程使得经济资源在不同地区、不同产业甚至不同企业之间进行了重新配置调整。

在产出和就业效应方面。在短期波动中,由于非预期通货膨胀导致的价格上涨快于货币工资率上涨,引起实际工资率降低,从而促使企业增雇工人、扩大产量以谋取利润,就业和产出因此增加。在长期中,就业和产出与波动之间并不存在直接的、必然的联系。

（二）准确判断存在于波动中的风险与机遇

波动是机遇和风险的"制造机"，在波动中把握机遇和规避风险同样重要。需要做好这样几个方面的工作：

（1）准确判定波动的类型和原因。由于不同的波动类型和不同原因引起的波动，对不同的市场主体产生的影响各不相同，只有准确判定波动的类型和原因后才能准确分析出其中的机遇和风险。

（2）有针对性地制定应对波动的策略。每个行业、每个企业都有各自不同的特点和优劣势，即便是在完全相同的市场形势下，各个企业的应对措施都会有或多或少的差异。

（3）检验与调整应对措施。经济波动是动态的，形势总是随时间在改变，这就需要及时对应对措施加以调整和检验，以适应千变万化的形势。

延伸阅读 6

中国经济稳定的根源

中国经济的长期稳定增长是一个有目共睹的事实，这种稳定性主要表现在：第一，长期增长趋势稳定（图 4.20）。1978~2015 年，实现了年均 9.66% 高速增长，创造出了经济增长的"中国奇迹"。第二，价格波动在长期中趋于稳定（图 4.20）。1987 年以来，价格波动幅度从 1987 年到 1995 年期间的平均 −3.87~2.83，转变为 1995 年以后的平均 −1.39~1.45，价格波动幅度收缩了 42.4%。第三，较低和相对稳定的失业率。1999 年以来我国的平均失业率是 2.4%，即便是失业率最高的时期也只有 3.3% 的水平，完全在国民承受能力范围之内。

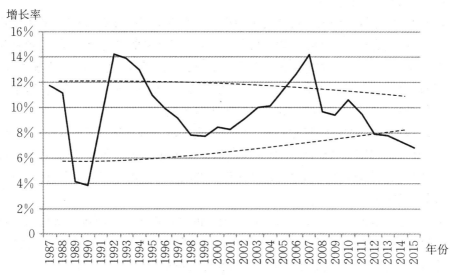

图 4.20 价格水平运行通道

中国经济稳定的原因是什么？

概括地说，可以将形成这种稳定性的因素区分为机制性因素和制度性因素两大类。

机制性因素是经济运行机制内在固有的,能够在运行过程中发挥调节作用的因素。可以从总需求和总供给的不同角度对其结构性的影响加以分析。

1. 总需求在经济波动中的作用

从总需求角度看,驱动总需求改变的机制性因素主要有消费需求、投资需求和净出口,统称为"三驾马车",经济运行当中的波动就是由这三个方面发生变化产生的综合影响,这种综合影响取决于三个方面在GDP中所占的比重以及各自变动的幅度。

消费往往是一个经济社会中占比重最大的一个部分(表4.3),2010年以来,我国消费占GDP的比重平均为50.1%,尽管消费占有的比重较大,却是各组成当中最稳定的一个部分。根据消费的性质及运行机制可以准确说明消费之所以稳定的原因。观察2006年到2013年我国边际消费倾向和平均消费倾向(消费支出占可支配收入的比重)与居民可支配收入变化的关系(表4.4),不难看出,平均消费倾向随可支配收入增加而递减,而边际消费倾向则随可支配收入增加而递增的关系。这意味着,尽管随着收入增加消费会增加,但消费增加的速度不及收入增加的速度来得快。在经济波动中,当经济出现扩张时,消费需求会随着可支配收入增加而有所增加,但消费需求增长幅度小于经济增长的幅度;相反的情况是,当经济进入收缩时期时,尽管消费需求会随着可支配收入的减少而递减,但消费缩小的幅度没有经济收缩的幅度大。正因为如此,在经济波动中,消费波动的幅度小于经济波动的幅度,消费的波动起到了稳定经济波动的作用。

表4.3 2010~2015年我国GDP各组成部分的比重(%)

年份	2010	2011	2012	2013	2014	2015	年均
消费份额	48.5	49.6	50.1	50.3	50.7	51.6	50.1
投资份额	47.8	48.0	47.2	47.3	46.8	44.9	47.0
净出口份额	3.7	2.4	2.7	2.4	2.5	3.5	2.9

数据来源:《中国统计年鉴(2016)》。

表4.4 我国2001~2013年消费倾向

年份	2006	2007	2008	2009	2010	2011	2012	2013
可支配收入(2000年=100,100亿元)	1192.32	1380.22	1542.82	1720.52	1956.82	2211.8	2424.9	2631.0
边际消费倾向	0.5	0.5	0.5	0.6	0.5	0.7	0.6	0.6
平均消费倾向	65.7	64.2	62.7	62.2	61.0	61.9	61.9	61.5

数据来源:《中国统计年鉴(2016)》。

与消费需求相比,投资需求是一个比较活跃的因素,我国GDP构成中,投资占有较高比重(表4.3)。但投资是一个受消费变动制约的变量,投资的形成受消费变动影响的过程是,当居民的消费需求增长时,就要求企业通过扩大生产能力来增加产品产量,在技术条件不变的情况下,增加产量只能通过增加资本存量(即投资)来实现,因此,投资需求波动是消费需求波动作用的结果。尽管投资需求波动的幅度要比消费需求波动的幅度来得大,但是,两者在波长和时间上都会存在一定差异,叠加(共振)效应并不充分。

净出口受国际市场形势和本国出口政策影响较大,是三大因素中波动最大的一个因素(图 4.21),但是其占 GDP 的比重非常小,对 GDP 的影响能力极其微弱。

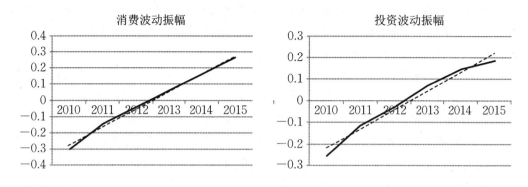

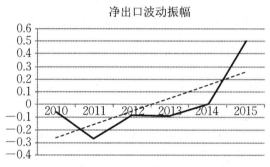

图 4.21　2010～2015 年消费、投资与净出口波动振幅

2. 总供给在经济波动中的作用

从总供给角度看,经济社会的总供给是由三次产业增加值构成的,因此,三次产业生产波动综合作用产生整体经济波动。经济波动的幅度同样取决于三次产业在整体经济中所占的比重以及各自波动的幅度。

从产业产出占 GDP 的比重上看,我国现有经济的产业结构中,第二、三产业占有绝对比重(表 4.5)。数据显示,2010 年,我国以第二产业为主导产业,产业增加值占到了当期 GDP 的 46.4%,其次是第三产业,其增加值占到了当期 GDP 的 44.07%。2012 年,这种局面发生了重大转变,第二产业增加值占比下降至 44.55%,而同期第三产业增加值占比超过第二产业,提高到了 45.24%;此后,这种差异逐年拉大,至 2015 年,第三产业增加值占比提高到 49.89%,第二产业增加值则进一步下降至 41.68%。

一般而言,三次产业在同一时期的波动幅度是各不相同的,图 4.22 显示,我国三次产业增加值波动幅度以第一、二产业较大,而第三产业的增加值则保持了相对稳定状态,正是这个原因,在 2012 年之后由第三产业主导的总供给,要比 2012 年之前由第二产业主导的供给波动更小,经济运行更加稳定。

表 4.5 我国 2010～2015 年三次产业份额(%)

年份	第一产业	第二产业	第三产业
2010	9.53	46.40	44.07
2011	9.92	45.91	44.18
2012	10.21	44.55	45.24
2013	9.59	43.84	46.56
2014	8.97	43.29	47.74
2015	8.43	41.68	49.89
平均	9.44	44.28	46.28

数据来源:《中国统计年鉴(2016)》。

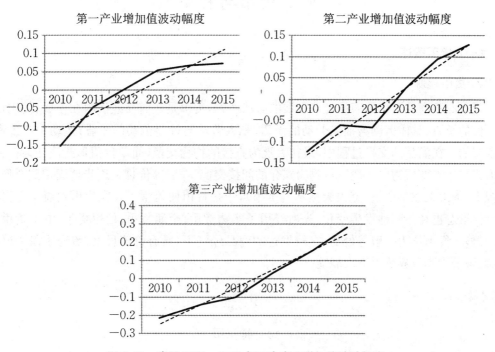

图 4.22 我国 2010～2015 年三次产业增加值波动幅度

制度因素是指产权制度所导致的经济体系中所有权主体的经济构成。从总体上讲,目前我国按照所有权主体形式将社会经济划分为国有经济和民营经济两类,国有经济活动的波动产生的影响较大,而民营经济的波动产生的影响较小。随着两类经济在 GDP 中占比的改变,民营经济将逐步成为我国国民经济中的主导力量,这种转变也将促使中国经济的长期运行趋于稳定。

第五讲　金融市场与经济运行

我们必须尽快认识到金融市场远不是趋向于均衡,而是内在不稳定的。

——乔治·索罗斯

一、货币与利率

(一) 货币概述

1. 货币起源

货币源于商品。作为商品经济发展的必然产物,货币是在商品经济内在矛盾(使用价值与价值的矛盾、具体劳动与抽象劳动的矛盾、私人劳动与社会劳动的矛盾)运动中产生和不断发展的。在商品的交换过程中,最初表现为直接的物物交换(简单价值形式演变为扩大价值形式),后来变成为以一般等价物为媒介的间接交换,一般等价物又逐步地固定到金属,即金银上(货币天然是金银,金银天然不是货币),于是货币便诞生了。在货币发展史上,货币的具体形态也在不断地发生变化,先后经历了实物货币、金属货币、信用货币、电子货币(未来趋势)。货币作为一般等价物,在较发达的商品经济下,具有价值尺度、流通手段、支付手段、贮藏手段和世界货币五大职能。

延伸阅读 1

比　特　币

2008年11月1日,一个自称"中本聪"(Satoshi Nakamoto)的网友发表文章《比特币:一种点对点的现金支付系统》,阐述了对于电子货币的新构想——不受央行和任何金融机构控制的比特币就此诞生。比特币是基于一套密码编码、通过复杂算法产生,这一规则不受任何个人或组织干扰;任何人都可以下载并运行比特币客户端而参与制造比特币;比特币利用电子签名的方式来实现流通,通过P2P分布式网络来核查重复消费;每一块比特币的产生、消费都会通过P2P分布式网络记录并告知全网,不存在伪造的可能。

对于这个通过电脑软件创造出来的虚拟货币,支持的人认为它是一种创新,是世界未来的主流货币,在经济发展中"有着无可比拟的优势"。但也有经济学家指出,目前比特币还远不具备成为货币的基本条件,这一切不过是众人吹起来的巨大泡沫,比特币的实质是庞氏骗局。这是因为比特币本身存在一些缺陷:首先,交易平台的脆弱性。比特币网络很健康,但比特币交易平台很脆弱。交易平台通常是一个网站,而网站容易遭到黑客攻击,或者遭到主管部门的关闭。其次,交易确认时间长。比特币钱包初次安装时,会消耗大量时间下载历史交易数据块。而比特币交易时,为了确认数据准确性,会消耗一些时间,与P2P网络进行交互,得到全网确认后,交易才算完成。再次,价格波动极大。由于大量炒家介入,导致比特币兑换现金的价格如过山车一般起伏,使得比特币更适合投机,而不适合匿名交易。此外,社会公众对比特币原理不理解,以及传统金融从业人员的抵制。活跃的网民了解P2P网络的原理,知道比特币无法人为操纵和控制,但大多数的社会公众并不理解,很多人甚至无法分清比特币和Q币的区别。"没有发行者"是比特币的优点,但在传统金融从业人员看来,"没有发行者"的货币毫无价值。

2. 货币制度

货币制度是货币运动的准则和规范,它是由一个国家通过法律规定的该国货币的流通结构和组织形式。它的内容构成要素包括四个方面:币材,货币单位,本位币、辅币的铸造、发行与流通程序,准备制度。

人类历史上货币制度经历了由金属货币制度向纸币制度的演化。金属货币制度先后经历了银本位制、金银复本位制和金本位制,直到20世纪30年代才被纸币制度(纸本位制)所替代。纸币制度下,纸币的发行和回流由国家授权银行来进行。纸币本身没有价值,仅作为一种价值符号来充当商品交换的媒介,发挥货币的基本职能。纸币与黄金脱离关系,在一国范围内具有无限清偿能力。

延伸阅读2

我国的人民币制度

1948年12月1日,华北银行、北海银行和西北农民银行合并成立了中国人民银行,同时正式发行第一版人民币。人民币发行后,在通过逐步收兑、统一解放区货币的基础上,又迅速收兑了原国民党政府发行的伪法币、金圆券乃至银行券,并排除了当时尚有流通的金银外币等,从而建立了以人民币为唯一合法货币的、统一的货币制度。我国人民币制度的内容主要包括:第一,人民币主币的单位为"元",辅币单位为"角"和"分"。第二,人民币没有含金量的规定,它属于不兑现的信用货币。人民币的发行保证是国家拥有的商品物资,黄金外汇储备主要作为国际收支的准备金。第三,人民币是我国唯一合法的货币,严禁伪造、变造和破坏国家货币。第四,人民币的发行实行高度集中统一,中国人民银行是人民币唯一合法的发行机构并集中管理货币发行基金。第五,人民币对外国货币的汇率,由国家外汇管理局统一制定,每日公布,一切外汇买卖和国际结算都据此执行。人民币汇率采用直接标价法。

(二) 利率

1. 利率的影响因素

(1) 平均利润率

平均利润率反映的是整个社会的平均利润水平。利息是利润的一部分,社会平均利润率是决定利率的基本因素,所以利率的最高上限应是平均利润率。同时利率也不可能为负数或零,否则借贷资本家就无利可图,所以利率一般在零和平均利润率之间波动。

(2) 资金供求状况

借贷资本作为一种特殊的商品,其价格受供求关系影响大且直接。当市场上借贷资本需求大于供给时,利率就会上升;反之,当市场上借贷资本需求小于供给时,利率就会下降。

(3) 借贷成本

银行吸收存款、发放贷款、办理结算等业务,是以盈利为目标。银行的借贷成本由两个部分构成:一是银行吸收存款或发行债券支付的利息;二是银行在经营业务过程中的各项支出。所以从理论上讲,银行的贷款利息收入必须要大于存款利息支出与吸收存款业务费用之和,否则就无利可图。

(4) 国家经济政策

世界各国普遍实行国家干预经济的宏观政策,而利率则是国家管理经济的重要工具。一方面央行制定基准利率、调节货币供求、经济结构和经济增速,直接影响市场利率和利率总水平;另一方面国家宏观经济政策对经济增长、经济结构、货币供求状况产生直接影响,使其成为影响利率的重要因素。当经济增长过热、物价上涨过快时,国家就要实行紧缩的货币政策,提高利率;当经济衰退、商品过剩、物价下降时,国家就要实行扩张的货币政策,降低利率。

(5) 国际利率水平

首先国际资本流动会影响利率水平。当国内利率水平高于国际利率水平时,外国资本就会流入国内;当国内利率水平低于国际利率水平时,外国资本就会流出国内。而国际资本流动会引起货币市场上资金供求关系变化,最终必然会引起国内利率水平变化。其次利率变动会影响国际收支,影响本国通货的对外价值,使本国的对外贸易受到影响。所以一国政府在调整国内利率时,必然会考虑国际利率水平。

此外,在现实经济生活中,物价水平、借贷期限、借贷风险等因素也会影响利率的波动。

2. 我国现行的利率体系

按照利率结构划分,我国现行的利率体系是以中央银行利率为基础、金融机构利率为主体和市场利率并存的利率体系。

(1) 中央银行利率

中央银行利率是央行对金融机构的各种存贷款利率和公开市场操作利率。其中,存款利率主要包括金融机构在央行的法定存款准备金利率和一般存款利率;贷款利率主要包括央行对金融机构的再贷款利率和再贴现利率;央行进行公开市场操作还会形成公开市场操作利率。中央银行利率是国家管理金融活动、反映利率政策意图、调节经济的工具,它是整个利率体系的主导利率,对商业银行利率和市场利率具有调节作用。因此,中央银行利率常被称为基准利率。

(2) 金融机构利率

金融机构利率是金融机构对企业和个人提供的各种利率。其中,存款利率一般包括企事业单位存款利率、城乡居民储蓄存款利率;贷款利率包括短期贷款利率、中长期贷款利率、贴现贷款利率和优惠贷款利率。金融机构利率反映金融市场的资金"价格"水平,直接作用于社会经济、金融活动,作用范围广泛,它是实现中央银行货币政策的重要环节。

(3) 市场利率

市场利率主要包括金融机构同业存款利率、商业银行内部资金往来、拆借市场利率、债券市场利率和票据市场利率等。其中,金融机构同业存款利率是指金融机构(银行、券商、信托公司、保险公司等)之间使用的存款利率,与居民和企业的存款利率不同。商业银行内部资金往来主要包括调拨资金和联行汇差资金两个方面。总行和分行根据各自的资金状况,以中央银行公布的标准利率或同业市场利率为基础,分别制定辖内资金划转价格,即通常所说的调拨资金利率和辖内联行利率。拆借市场利率是指金融机构之间以货币借贷方式进行短期资金融通所使用的利率。我国最典型的拆借市场利率是上海银行间同业拆放利率(Shanghai Interbank Offered Rate,缩写 Shibor)。债券市场利率是指债券利息与债券市场价格的比率。票据市场利率指的是票据的贴现利率。

市场利率是我国市场经济正常运行的重要机制,在市场投融资中发挥着重要作用。市场利率变化能灵活反映市场资金供求状况的变化,是国家制定利率政策的重要依据。

延伸阅读3

上海银行间同业拆放利率(Shibor)

上海银行间同业拆放利率(Shanghai Interbank Offered Rate,简称 Shibor)是由信用等级较高的银行自主报出的人民币同业拆出利率计算确定的算术平均利率,是单利、无担保、批发性利率。目前,对社会公布的 Shibor 品种包括隔夜、1周、2周、1个月、3个月、6个月、9个月及1年等。Shibor 报价银行团现由18家商业银行组成,报价银行是指在公开市场一级交易商或外汇市场做市商、在我国货币市场上人民币交易相对活跃、信息披露比较充分的银行。中国人民银行成立 Shibor 工作小组,依据《上海银行间同业拆放利率(Shibor)实施准则》确定和调整报价银行团成员、监督和管理 Shibor 运行、规范报价行与指定发布人行为。全国银行间同业拆借中心受权 Shibor 的报价计算和信息发布。每个交易日根据各报行的报价,剔除最高、最低各4家报价,对其余报价进行算术平均计算后,得出每一期限品种的 Shibor。经过多年的实践,在中央银行和市场成员的共同努力下,Shibor 不仅为我国短期债券、货币市场衍生产品等提供定价基准,还成为企业、个人存贷款利率的基础性指标,从而为我国金融市场建立起真正的价格中枢,并为国家宏观调控政策提供了一种更快捷、有效的手段。

二、金融市场与金融工具

(一) 金融市场的构成要素

金融市场是指以金融资产为交易对象而形成的供求关系及其机制的总和。它包含三层含义:一是金融市场是进行金融资产(如股票、债券等有价证券)交易的场所,它可以是有形的(如证券交易所),也可以是无形的(如全球外汇市场)。二是金融市场反映了金融资产的供应者和需求者之间的供求关系。三是金融市场包含金融资产交易过程中所产生的各种运行机制,其中最主要的是价格机制。

尽管各国金融市场的组织形式和发达程度有所不同,但都包含三个基本的构成要素:金融市场主体、金融市场客体和金融市场价格。

1. 金融市场主体

(1) 企业

企业是金融市场运行的基础,是重要的资金需求者和供给者。一方面为了扩大生产规模或弥补暂时性的资金不足,企业通过向银行借款、发行债券或股票等方式筹集资金,成为金融市场上的资金需求者。另一方面,由于企业资金收入和支出在时间上往往是不对称的,因此在生产经营的过程中会有部分暂时闲置的货币资金。为了实现资金的保值和增值,企业会将其投入金融市场,成为金融市场上资金的供给者。

(2) 家庭

家庭是金融市场上重要的资金供应者。他们以购买债券、股票、基金等金融工具的方式,将闲置资金投入到金融市场,实现资金的保值和增值。家庭也会成为金融市场上的资金需求者,如他们通常需要为购房、购车等支出融资。

(3) 政府

在金融市场上,各国的中央政府和地方政府通常是资金的需求者。它们通过发行国债或地方政府债券来筹措资金,用于弥补财政赤字、投资基础建设项目等。政府也会出现短期资金盈余,如税收集中收进却尚未产生支出时,此时政府部门也会成为暂时的资金供应者。

(4) 金融机构

金融机构是金融市场上最活跃的交易者,扮演着资金需求者和资金供给者的双重角色。金融机构主要提供以下服务:将最终借款者的债务转换成更容易为投资者所接受的资产,形成自己的负债;代客户买卖金融资产;为自己的账户买卖金融资产;协助发行人创造金融资产,并将这些金融资产销售出去;为客户提供投资咨询;管理其他市场参与者的投资组合。

(5) 金融调控及监管机构

中央银行在金融市场上处于一种特殊的地位,既是金融市场中重要的交易主体,又是金融调控及监管机构之一。从参与金融市场交易的角度看,中央银行作为银行的银行,充当最后贷款人,从而成为金融市场资金的供给者。此外,为了执行货币政策、调节货币供应量,中央银行以公开市场操作的方式参与金融市场交易。中央银行的公开市场操作不以营利为目的,但会影响金融市场上资金供求双方的行为和金融工具的价格。同时,中央银行还与其他监管机构一起,代表政府对金融市场上交易者的行为进行监督和管理,以防范金融风险,确保金融市场平稳运行。

2. 金融市场客体

金融市场客体即金融工具,是指金融市场上的交易对象或交易标的物。

(1) 金融工具的分类

按照期限不同,金融工具可划分为货币市场工具和资本市场工具。前者是指期限在一年以内的金融工具,包括商业票据、国库券、银行承兑汇票、大额可转让定期存单、同业拆借及回购协议等;后者是指期限在一年以上的金融工具,包括股票、中长期债券、投资基金等。

按照性质不同,金融工具可划分为债权凭证和所有权凭证。债权凭证是发行人依据法定程序发行并约定在一定期限内还本付息的有价证券,它反映了证券发行人与持有人之间的债权债务关系。所有权凭证主要指股票,是股份有限公司发行的、用以证明投资者的股东身份和权益,并据以取得股息红利的有价证券,它反映的是股票持有人对公司的所有权。

按照与实际金融活动的关系,金融工具可划分为原生金融工具和衍生金融工具。前者是指商业票据、股票、债券、基金等基础金融工具。后者是一种金融交易合约,这种合约的价值从前者的价值中派生出来,包括期货合约、期权合约、互换合约等衍生金融工具。投资者可以利用衍生金融工具进行投机和风险管理。

(2) 金融工具的性质

金融工具具有期限性、流动性、收益性和风险性。

期限性是指金融工具中的债权凭证一般有约定的偿还期,即规定发行人到期必须履行还本付息义务。债券一般有明确的还本付息期,以满足不同筹资者和投资者对融资期限和收益率的要求。债券的期限具有法律约束力,是对融资双方权利和义务的保障。

流动性是指金融工具在金融市场上能够迅速地转化为现金而不致遭受损失的能力。它主要通过买卖、承兑、贴现与再贴现等交易来实现。金融工具的收益率高低和发行人的资信程度也是决定流动性高低的重要因素。

收益性是指金融工具的持有者可以获得一定的报酬和价值增值:一是金融工具定期的股息和利息收益;二是投资者出售金融工具时获得的价差。

风险性是指金融工具的持有人面临的预定收益甚至本金遭受损失的可能性。金融工具的风险一般源于两个方面:一是信用风险,即一方不能履行责任而导致另一方发生损失的风险;二是市场风险,是指金融工具的价值因利率、汇率或股价变化而发生变动的风险。具有风险性是各类金融工具的共同特征,但风险大小则与金融工具的设计有关,不同的金融工具往往具有不同的风险状况。

金融工具的上述四个性质之间存在着一定的联系。一般而言,金融工具的期限性与收益性、风险性成正比,与流动性成反比,金融工具的流动性与收益性成反比,而收益性与风险性则成正比。

3. 金融市场价格

金融市场价格通常表现为各种金融工具的价格。由于金融市场价格与投资者的利益密切相关,因而受到广泛的关注。不同的金融工具有着不同的价格,且影响其变动的因素十分广泛,这也使得金融市场的价格形成变得非常复杂。价格机制在金融市场中发挥着极为关键的作用,是金融市场高速运行的基础。在一个有效的金融市场中,金融工具的价格能及时、准确、全面地体现该工具所反映的资产价值,反映各种公开信息,引导市场资金的流向。

(二) 货币市场及其工具

货币市场是短期资金市场,是指融资期限在一年以下的金融市场,是金融市场的重要组成部分。由于该市场所容纳的金融工具,主要是政府、银行和企业发行的短期信用工具,具有期限短、流动性强和风险小的特点,在货币供应量层次划分上被置于现金货币和存款货币之后,被称为"准货币",所以将该市场称为"货币市场"。货币市场主要包括同业拆借市场、回购协议市场、商业票据市场、银行承兑汇票市场、短期政府债券市场和大额可转让定期存单市场等。

1. 同业拆借市场

同业拆借市场是指具有法人资格的金融机构或经过法人授权的金融分支机构之间进行短期资金融通活动的市场,具有以下特点:① 期限较短,最长不超过1年,常以隔夜头寸拆借为主。② 参与者广泛,商业银行、非银行金融机构和中介机构都是同业拆借市场的主要参与者。③ 同业拆借资金主要用于短期、临时性需要。④ 参与拆借的机构基本上是在中央银行开立存款账户,交易资金主要是该账户上的超额准备金。⑤ 基本上信用拆借、同业拆借活动都是在金融机构之间进行的,市场准入条件比较严格,金融机构主要以其信誉参加拆借活动。

2. 回购协议市场

回购协议市场是指通过证券回购协议进行短期货币资金借贷所形成的市场。证券回购协议是指证券资产的持有者在卖出一定数量的证券资产同时与买方签订的在未来某一特定日期按照约定的价格购回所卖证券资产的协议。从表面看,证券回购是一种证券买卖,但实际上它是一种以证券为质押品进行的短期资金融通。在证券回购协议中,作为标的物的主要是国库券等政府债券或其他有担保债券,也可以是商业票据、大额可转让定期存单等其他货币市场工具。回购协议市场具有以下特点:① 将资金的收益与流动性融为一体,增大了投资者的兴趣。投资者完全可以根据自己的资金安排,与借款者签订"隔日"或"连续合同"的回购协议,在保证资金可以随时收回移作他用的前提下,增加资金的收益。② 增强了长期债券的变现性,避免了证券持有者因出售长期资产以变现而可能带来的损失。③ 具有较强的安全性。回购协议一般期限较短,并且又有100%的债券债作抵押,所以投资者可以根据资金市场行情变化,及时抽回资金,避免长期投资的风险。④ 较长期的回购协议可以用来套利。如银行以较低的利率用回购协议的方式取得资金,再以较高利率贷出,可以获得利差。

3. 商业票据市场

商业票据是公司为了筹措资金,以贴现的方式出售给投资者的一种短期无担保的信用凭证。由于商业票据没有担保,完全依靠公司的信用发行,因此其发行者一般都是规模较大、信誉良好的公司。商业票据市场就是这些公司发行商业票据并进行交易的市场。

一般来说商业票据的发行期限较短,面额较大,且绝大部分是在一级市场上直接进行交易。商业票据具有融资成本低、融资方式灵活等特点,且发行票据还能提高公司的声誉。因此无论对于发行者还是投资者而言,商业票据都是一种理想的货币市场工具。

4. 银行承兑汇票市场

汇票是由出票人签发的委托付款人在见票后或票据到期时,对收款人无条件支付一定金额的信用凭证。由银行作为汇票的付款人,承诺在汇票到期日支付汇票金额的票据,称为银行承兑汇票,以此为交易对象的市场就是银行承兑汇票市场。银行承兑汇票市场主要由一级市场和二级市场组成。一级市场即发行市场,主要涉及汇票的出票和承兑行为;二级市场相当于流通市场,涉及汇票的贴现和再贴现过程。银行承兑汇票具有以下特点:① 安全性高。由于汇票的主要债务人是银行,因此相对于商业票据而言,银行承兑汇票的信用度较高,投资者的收益能够得到更好的保障。② 流动性强。银行承兑汇票以银行信用为付款保证,在市场上易于转让或贴现,变现能力强。③ 灵活性强。银行承兑汇票的持有人既可以选择在二级市场上出售票据或办理贴现,也可以持有汇票到期获得收益。正是由于银行承兑汇票具有以上特点,才使其成为货币市场上最受欢迎的一种短期信用工具。

5. 短期政府债券市场

短期政府债券是政府作为债务人,发行期限在1年以内的债务凭证。广义的短期政府债券不仅包括国家财政部门发行的债券,还包括地方政府及政府代理机构发行的债券;狭义的短期政府债券仅指国库券。一般所说的短期政府债券市场指的是国库券市场。短期政府债券具有以下特点:① 期限短,短期政府债券基本上是1年以内,大部分为半年以内。② 风险小,短期政府债券以国家信用为担保,一般不存在到期无法偿还的风险,因此投资者通常认为投资于短期国债基本上没有风险。③ 流动性强,由于短期国债的风险低、信誉高,极易在市场上变现,具有较高的流动性。④ 政府债券的收益免征所得税。⑤ 短期政府债券为中央银行的公开市场业务提供了一种可操作的工具。

6. 大额可转让定期存单市场

大额可转让定期存单是银行发行的有固定面额、可转让流通的存款凭证,它是银行存款的证券化。与传统的定期存单相比,大额可转让定期存单具有以下特点:① 传统定期存单记名且不可流通转让;大额可转让定期存单不记名,且可在市场上流通并转让。② 传统定期存单的金额是不固定的,由存款人意愿决定;大额可转让定期存单一般面额固定且较大。③ 传统定期存单可提前支取,但会损失一些利息收入;大额可转让定期存单不可以提前支取,只能在二级市场上流通转让。④ 传统定期存款依据期限长短有不同的固定利率;大额可转让定期存单的利率既有固定的,也有浮动的,一般高于同期限的定期存款利率。

(三) 资本市场及其工具

资本市场是长期资金市场,是指融资期限在1年以上的金融市场。因为在长期金融活动中,涉及资金期限长、风险大,具有长期较稳定收入,类似于资本投入,故称之为资本市场。资本市场的交易对象主要是中长期债券、股票和证券投资基金。

1. 债券市场

债券是债务人依照法定程序发行,承诺按照约定的利率和日期支付利息,并在约定日期偿还本金的书面债务凭证。它反映了筹资者和投资者之间的债权债务关系。作为资本市场上最为重要的金融工具之一,债券具有以下特征:① 偿还性。债券有规定的偿还期限,债务人必须按期向债权人支付利息和偿还本金。② 流动性。在到期日之前,债券一般都可在流通市场上自由转让变现,具有较强的流动性。一般来说,债券市场越发达,债券发行人的信用程度越高,债券期限越短时,债券的流动性就越强。③ 收益性。债券能够为投资者带来一定收入,这种收入主要源于投资者获得的定期利息收入和在二级市场上出售债券时获得的买卖价差。④ 安全性。与股票等其他有价证券相比,债券的投资风险较小,安全性较高。这是因为:债券的发行要经过有关部门的严格审查,一般只有信誉较高的筹资人才能获准发行债券;债券利率是固定的,且在二级市场上的价格也比较稳定;即使在企业破产时,债券的持有者也享有优先于股票持有者的求偿权。

债券市场是发行和买卖债券的市场。债券的发行市场又称一级市场,是将新发行的债券从发行人手中转移到初始投资者手中的市场。债券的流通市场又称二级市场,是指已发行的债券在投资者之间转手买卖的场所。债券一经认购,即确立了一定期限的债权债务关系,但通过债券流通市场,投资者可以转让债权,将债权变现。

2. 股票市场

股票是由股份有限公司签发的用以证明股东所持股份的凭证,它表明股票持有者对公司的部分资本拥有所有权。股票是代表对一定经济利益分配请求权的资本证券,是资本市场上流通的一种重要工具。与债券相比,股票具有以下特点:① 不可偿还性。股票是一种无偿还期限的有价证券,投资者认购了股票后,就不能再要求退股,只能到二级市场卖给第三者。② 参与性。股东有权出席股东大会,选举公司董事会,参与公司重大决策。股票持有者的投资意志和享有的经济利益,通常是通过行使股东参与权来实现的。股东参与公司决策的权利大小,取决于其所持有股份的多少。③ 收益性。股东凭其持有的股票,有权从公司领取股息或红利,获取投资的收益。股息或红利的大小,主要取决于公司的盈利水平和公司的盈利分配政策。股票的收益性,还表现在股票投资者可以获得价差收入或实现资产保值增值。④ 流通性。股票的流通性是指股票在不同投资者之间的可交易性。流通性通常以可流通的股票数量、股票成交量以及股价对交易量的敏感程度来衡量。可流通股数越多,成交量越大,价格对成交量越不敏感,股票的流通性就越好,反之就越差。⑤ 价格波动性和风险性。股票在交易市场上作为交易对象,同商品一样,有自己的市场行情和市场价格。由于股票价格要受到诸如公司经营状况、供求关系、银行利率、大众心理等多种因素的影响,其波动有很大的不确定性。正是这种不确定性,有可能使股票投资者遭受损失。价格波动的不确定性越大,投资风险也越大。因此,股票是一种高风险的金融产品。

股票市场可分为一级市场和二级市场。一级市场就是股票的发行市场,是股份公司发行新股票筹集资本的市场。二级市场即股票的流通市场,是指对已发行的股票进行买卖和转让的市场。股票的发行是流通的基础;流通市场的存在又保证了股票的流动性,为投资者提供了交易变现的途径,保证了股票发行市场的正常运行。

3. 证券投资基金市场

证券投资基金是指通过发售基金份额或收益凭证,将众多投资者分散的资金集中起来,由专业管理人员投资于股票、债券或其他金融资产,并将投资收益按照投资份额分配给基金持有者。它是一种利益共享、风险共担的集合投资方式,其本质是股票、债券和其他证券投资的机构化。

证券投资基金体现了基金持有人与管理人之间的一种信托关系,是一种间接的投资工具。它具有以下特征:① 集合投资,降低成本。投资基金集合了众多投资者的小额资金,通过统一经营,可以显著降低交易成本,实现规模收益。② 分散投资,降低风险。证券投资基金将巨额的资金分散到多个市场,构造有效的资产组合,最大限度地降低投资的非系统性风险。③ 专业化管理。相比普通投资者而言,投资基金的管理人一般拥有广泛的金融证券知识和丰富的投资经验,并能了解和掌握更多的市场信息。

延伸阅读 4

我国多层次的资本市场

经过 20 多年的发展,我国资本市场从无到有,从小到大,从区域到全国,不断发展壮大,有力地支持了实体经济又好又快发展,促进了经济发展和社会进步。目前我国多层次的资本市场已经初步形成,也初具规模,呈现金字塔形结构,主要包括主板市场、中小企业板市场、创业板市场(二板市场)、全国中小企业股份转让系统(三板市场)和地方股权交易市场(四板市场)(图 5.1)。

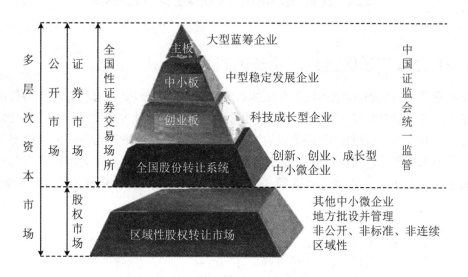

图 5.1 我国多层次的资本市场

资料来源:中金在线.证监会提交四板监管规则 新四板转新三板有望提速[EB/OL].[2016-12-03].
http://sc.stock.cnfol.com/gushizhibo/20161203/23922898.shtml.

(1) 主板市场。主板市场是我国股票市场最重要的组成部分,以上海证券交易所和深圳证券交易所为代表。沪、深证券交易所在组织体系、上市标准、交易方式和监管结构方面几乎完全一致,主要服务于行业龙头、大型和骨干型企业。2004 年 5 月,为促进中小企业和民营企业发展,中国证监会批准深圳证券交易所设立中小企业板市场。目前中小企业板市场与主板市场除上市规模外,其他方面差别不大。

(2) 二板市场(创业板市场)。在运行中小企业板市场取得丰富经验后,为促进高新技术或新兴经济企业的发展,2009年10月附属于深交所之下的创业板正式上市。和主板市场相比,创业板市场在上市门槛、监管制度、信息披露、交易者条件、投资风险等方面均有较大区别。

(3) 三板市场(全国中小企业股份转让系统)。全国中小企业股份转让系统是经国务院批准设立的全国性证券交易场所,全国中小企业股份转让系统有限责任公司为其运营管理机构。2012年9月,公司在国家工商总局注册成立,注册资本30亿元。上海证券交易所、深圳证券交易所、中国证券登记结算有限责任公司、上海期货交易所、中国金融期货交易所、郑州商品交易所、大连商品交易所均为公司股东单位。

(4) 四板市场(区域性股权交易市场)。区域性股权交易市场是为特定区域内的企业提供股权、债券的转让和融资服务的私募市场,一般以省级为单位,由省级人民政府监管。它是我国多层次资本市场的重要组成部分,也是我国多层次资本市场建设中必不可少的部分。对于促进企业特别是中小微企业股权交易和融资,鼓励科技创新和激活民间资本,加强对实体经济薄弱环节的支持,具有积极作用。

三、金融市场与经济增长的关系

(一) 金融市场促进经济增长的机理

金融是经济的核心,金融市场是金融体系的重要组成部分,金融市场与经济增长的关系一直是金融理论研究和经济增长理论研究的重要内容。而金融市场发展有利于经济增长的关联分析已被许多学者所证实:因为发育良好的金融市场以及畅通无阻的传导机制不仅有利于储蓄的增加和储蓄向投资的有效转化,而且具有能够改善资金融通中信息不对称和降低交易成本的功能,从而便利企业融资、促进资本积累和技术创新,并最终促进经济增长。

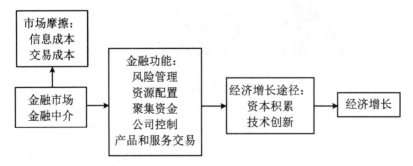

图 5.2 金融市场作用于经济增长的机理

资料来源:彭文平.金融市场与经济增长[J].经济学动态,2003(4):53-57.

包括金融市场在内的金融系统对经济增长的作用机理主要体现在五个方面:一是便利

商品和服务的交易。专业化能促进技术创新和经济增长,专业化需要大量的交易,良好的金融系统可以减少信息成本和交易成本,提高要素的边际生产率,从而促进经济增长。二是动员和汇集储蓄。由于资本分散于储蓄者手中,大规模的资本很难集聚,企业规模由于缺乏资本难以扩大,无法实现规模经济带来的好处,而良好的金融系统则可以实现资本集聚,实现经济体的规模经济,促进经济增长。三是提供关于投资与配置资本的信息,从而促进资源配置效率。由于在储蓄或资本的最初所有者作出投资决策之前,需要依据投资与配置资本的信息来辨别和评估投资机会,而金融系统的出现和发展则能实现有关信息收集和辨别的专业化分工,降低了获取信息和处理信息的成本,从而实现更优的资源配置,提高资源配置效率。四是促进风险的交易、规避、分散和汇集。在没有银行的情况下,家庭只能通过投资于流动性强、利润率低的生产性资产来防范特殊的流动性冲击,此时就会不得已放弃更有前景、生产力高、利润率高但不具有显著流动性的投资机会。由于银行能够将一些零散的资金聚集起来,并将一些资金投入到流动性虽然较小,但更有生产力的项目中去。因此银行的存在和金融市场的发展可以大大减缓这种投资上的低效率。所以金融系统的出现和演进增强了经济中的流动性,有助于缓解流动性风险,促进资本的有效配置,从而有利于长期经济增长。五是在事后(在提供融资之后)监督投资与实施公司治理,一定程度上解决了经济中的"内部人"问题以及"委托-代理"问题。

(二) 金融市场促进经济增长的途径

金融市场促进经济增长的途径主要体现在以下五个方面:流动性创造、风险分散、信息搜寻、加强企业控制和改善企业融资结构等。

1. 流动性创造

流动性是指资产在一定价格下变现的便利程度和速度。流动性风险产生于将资产转化为货币时的不确定性。比如,消费者(投资者)延迟消费将资金进行投资,但是在投资项目到期之前他可能因为意外的冲击而需要将这笔资金用于消费,这种意外冲击就是流动性冲击,而这时他就面临着流动性风险。为了预防流动性风险,他就可能不愿进行长期投资。金融市场的流动性创造功能就在于为投资者迅速变现投资项目提供了便利,从而促进经济增长。

假如投资者有两种投资项目可供选择:一种是流动性差但收益高的长期项目,另一种是流动性高但收益低的短期项目。如果投资者投资于流动性差的长期项目,他就可能会在项目到期之前发现自己受到流动性冲击,因而不得不将投资项目提前变现。如果他因此从项目中撤回资金,由于项目未到期,他将面临巨大的损失,而且项目也可能因为他撤资而不得不终止。出于这种考虑,投资者不愿投资于长期项目。这样资金就会大量流向收益低的短期项目,而收益高的长期项目难以融到资金,造成资源配置的低效率,阻碍经济增长。而股票市场则可以解决这一问题。这是因为项目所有人(企业)可以通过公开发行股票进行项目融资,而投资者可以通过购买股票进行投资。由于不会所有的投资者同时受到流动性冲击,因而一旦某个投资者受到流动性冲击,他可以方便地在股票市场将其持有的股票出售,以满足提前消费的需要。此外,股票市场的流动性创造功能还使企业能够长期持有发行股票所融入的资金,实现持续经营。因此,金融市场流动性创造有利于长期资本形成和资源配置,有利于长期经济增长。

2. 风险分散

风险分散功能有利于促进资本积累和有效配置并最终有助于实现经济增长。这是因为：在资本积累和配置过程中存在着两种风险，即与单个投资项目相关的生产性风险以及流动性风险。上面已经分析了流动性创造功能在分散流动性风险中的作用，这里只分析生产性风险。在资本积累和配置过程中，由于投资项目的收益不确定，并且收益高的项目风险也高，这样投资者为规避风险就会将资本过多地配置到风险低但收益也低的项目中去。在不存在金融市场和金融中介的条件下，投资者如果想通过多元化投资来分散风险，只能投资于不同的行业或项目，这样他就不得不进入本身不具有比较优势的行业和不熟悉的项目，其在每个项目上的投资规模也就会随着多元化而降低，难以实现规模经济。而在存在金融市场的情况下，投资者通过在金融市场上投资多种证券就可实现多元化。金融市场再将汇集的资金投入到特定的项目中去，从而实现规模经济和分散风险，使资金向收益高的项目转移，提高资本配置效率和投资收益，并最终促进经济增长。

3. 信息搜寻

投资者进行投资，首先需要搜寻有价值的项目。在确定好项目后，投资者往往将项目委托给代理人（如企业）具体实施。由于信息不对称，投资者需要对企业进行监督。显然，与单个投资者独立监督相比，投资者联合起来组成联盟，由联盟派出代表进行监督成本更低。这个联盟可以是金融中介，也可以是金融市场。一般来说，金融中介在监督企业等方面存在比较优势，而金融市场则在信息获取和汇总方面存在比较优势。金融市场特别是股票市场的一个重要功能就是信息的及时快速传播。因为股票市场上的交易价格是快速变动而且是公开的，而作为有效市场，股票价格包含着大量的公司信息。加上股票市场的信息披露制度，从而使得股票市场有可能成为信息最完全、传播速度最快的市场。尽管如此，股票市场信息仍然可能是不完全的，因而也存在套利机会。所以那些通过非公开渠道获得公司信息的投资者，就能够在信息广泛传播之前，通过证券买卖赚得利润。这就激励着投资者加大对公司经营的关注和监督，搜寻信息从而获利。规模越大、流动性越强的金融市场，就越能激励投资者搜寻公司信息。这是因为：规模越大的证券市场套利机会越多，而流动性越强的市场，投资者越容易将已获得的信息秘而不宣从而获利，这样充分利用好公司信息能有效地改进资源配置，最终有利于经济增长。

4. 加强企业控制

所有权和经营权分离是现代企业的特征。所有者一般将企业委托给经营者经营，由于两者目标不一致，经营者的行为可能不符合所有者的利益。所以如何使经营者按照所有者的利益行事，就成为企业治理中的重要问题，而证券市场有助于所有者加强对企业的控制。首先，有效的股票市场有助于消除代理问题。因为股票市场使经营者的收益和股票在股市上的表现联系起来，若股票市值上升，经营者和所有者均可获益。特别是股票市场还可以提供诸如经营者持股和股票期权等激励方式，这样经营者就具有使公司股票市值最大，也就是股东财富最大化的激励，经营者与所有者的利益就合为一体。其次，股东可以通过接管来加强对企业的控制。发达的股票市场使接管更为方便，接管的威胁将促使经营者实现企业股票价格的最大化。如果经营者的行为不是使企业股票价格最大化,那么股价低迷,就方便了股东联合起来通过收购企业股票而接管企业,并最终解聘不合格的经营者。而企业经营管理水平的提升,有利于增强企业盈利能力,进而促进经济增长。

5. 改善企业融资结构

企业融资方式随经济发展而变化。在经济发展水平很低时,企业主要依靠内源融资;随着经济发展,银行开始出现,专门为企业提供资金支持,这时债权融资成为企业外源融资的主要形式;而当经济发展到一定程度时,股票市场开始出现,这时股权融资和债权融资一样成为企业融资的重要形式。从企业融资的角度看,企业总是想方设法使融资成本最小化。而影响融资成本的因素很多,如利率水平、税收政策等。股票市场发展对企业融资的影响可分为直接效应和间接效应。直接效应是指随着股票市场的发展,股权融资将替代部分债权融资,从而使企业财务比例下降;间接效应则是指随着股票市场的发展,金融中介更容易获取企业经营信息,降低监督成本。这会减少企业外部债权的风险,从而导致企业外部融资的上升。因此,金融市场的发展不仅拓展了企业融资的渠道,而且有利于改善企业融资结构;既能使企业更方便地分散财务风险,又能降低企业财务成本,进而增加企业盈利能力,并最终促进经济增长。

延伸阅读 5

去杠杆——我国经济当务之急

近年来,为应对国际金融危机冲击和内部需求的疲弱,我国开启了信用扩张和加杠杆刺激经济的进程,整体信贷的快速增长和影子银行信贷的井喷,引起了国内外对我国债务问题的担忧。2017年4月中共中央政治局就维护国家金融安全进行集体学习,提出将"维护金融安全作为治国理政的一件大事",强调要控制好杠杆率,凸显高层对我国经济去杠杆问题的高度关注。

一、高杠杆:我国经济发展挥之不去的隐忧

目前我国债务问题到底如何?我们可从债务规模、结构、增速和债务成本四个维度来分析这一问题。

(1) 从债务规模看。截至2016年末,我国对内债务总额为192万亿元,与GDP的比值为258.1%。根据国际清算银行(BIS)的统计,这一数字略高于全球平均246%的债务杠杆率,但略低于发达国家平均279%的杠杆率。从具体国别比较来看,目前我国的债务杠杆率与美国接近,但远低于日本、希腊、西班牙等深受债务问题困扰的国家。

(2) 从债务结构看。为应对国际金融危机冲击和内部需求的疲弱,在"出口导向、投资拉动"型经济增长模式下,许多企业陷入了通过大量举债维持产能和库存的恶性循环。近年来,非金融企业部门的杠杆率大幅提高,与GDP的比值高达165.3%。从国际比较来看,我国债务问题的结构性矛盾较为突出,政府部门的杠杆率为48.4%,家庭部门的杠杆率为44.5%,均大幅低于国际平均水平,而非金融企业部门的杠杆率不但显著高于新兴市场105.9%的平均水平,也显著高于发达经济体88.9%的平均水平,在全球主要经济体中仅低于卢森堡和爱尔兰等离岸金融中心国家。

(3) 从债务增速看。美国次贷危机和欧洲债务危机爆发后，各国央行实施持续宽松的货币政策使得全球债务不断累积。我国的债务水平在过去10年中也呈快速增长之势，总杠杆率从131.3%增加到258.1%，特别是企业和家庭部门的总体债务额增加逾120万亿人民币，杠杆率也从109.2%猛增至210.0%，增长近一倍。这种增速使国内银行系统面临沉重压力，为金融体系和经济的稳健运行埋下了隐患。

(4) 从债务成本看。利息成本是衡量债务问题的另一个视角，直接决定了债务的可持续性。通过将居民、非金融企业、中央政府和地方政府所支付的利息加总，就得到整个经济实体部门的债务水平和利息支出。根据中国社科院国家金融重点实验室的测算，尽管近年来通过地方政府债务置换、企业债转股和降杠杆等措施使整体的利息支出有所降低，但2016年实体部门的利息支出仍高达8.24万亿元，占GDP的比例为11.1%，这一比例在全球主要经济体中仅低于巴西。从流量角度分析，利息负担达到增量GDP的1.4倍，占到社会融资总额的46.3%，过高的利息负担已日益成为经济前行的重负。从增长趋势来看，如果未来几年要保持6.5%的经济增长速度，货币信用和债务就必须保持在两倍以上的增长速度，届时利息负担将更加沉重。

由上观之，高杠杆已成为我国经济发展挥之不去的隐忧。

二、去杠杆：化解金融风险和振兴实体经济的关键

正如权威人士在《人民日报》2017年5月9日的文章中强调，"树不能长到天上，高杠杆必然带来高风险，控制不好就会引发系统性金融危机"。因此，必须充分认识当下我国经济所处的历史方位，为化解金融风险和振兴实体经济，需要更加综合性、系统性地思考去杠杆的战略路径。

1. 以流动性收缩和结构性改革为政策组合，倒逼负债主体去杠杆

在经济史上，去杠杆主要有四种路径：经济紧缩、高通货膨胀、大规模违约和在增长中消化债务。经济紧缩是最常见的路径。在经济紧缩过程中，债务虽然仍在增长，但增长速度远低于危机前水平，并且也低于名义GDP增长率，美国1933~1937年的大萧条，以及1997年亚洲金融危机之后的韩国和马来西亚即为典型案例。高通货膨胀是通过债务货币化和名义GDP的大幅增长来降低经济的杠杆率，如1976~1980年的智利。大规模违约通常伴随着货币危机，典型案例如2002~2008年的阿根廷和1982~1992年的墨西哥。在增长中消化债务是借助经济高速增长，资产价格上升，使得杠杆率发生下降，被称为"完美的去杠杆化"。

过去20年里我国曾经历过两次去杠杆。1992~1997年通过流动性紧缩及国有企业与国有银行的结构性重组解决了债务问题，2003~2007年则依托新一轮经济周期的高速增长实施了去杠杆，降低了经济对债务的依赖。目前我国经济在产能过剩、企业债务高企等方面与当时具有相似性，但当下的复杂性在于，新的经济增长动能尚未涌现，房地产市场泡沫化日益凸显，金融体系内的道德风险和"大而不倒"博弈不断强化，为了在经济稳增长、缓慢释放资产泡沫和去杠杆三个目标之间取得某种平衡，去杠杆必须采取适度紧缩和在经济增长中消化的组合方式进行：一方面保持流动性的收缩态势，容忍GDP增速的适当下调，通过融资成本的上升加大对负债主体的压力，因为在宽松时代经济主体是不可能主动去杠杆的；另一方面出台必要的结构性改革以促进民营部门投资和就业增长，释放出源自民营部门和新兴产业的巨大增长动力。

第五讲　金融市场与经济运行

2. 以金融去杠杆为先导,带动实体去杠杆

自2015年底中央经济工作会议提出"去杠杆"的思路以来,实体经济部门通过地方政府债务置换、债转股试点、资产证券化探索、PPP项目实践、居民部门买房加杠杆等多种措施,使债务成本有所下降,但杠杆率没有停止继续上升的趋势,债务压力并没有充分释放。其原因在于,实体杠杆和金融杠杆是相互依存的,实体去杠杆和金融去杠杆本就是一枚硬币的两面,在实体去杠杆的同时金融体系仍然在加杠杆,从而延缓了实体经济去杠杆的进程。为了给实体经济发展创造良好的金融发展环境,疏通金融进入实体经济的渠道,应选择以金融去杠杆为先导,带动信用利差扩大和融资成本的提升,迫使企业主动进行信用收缩。同时,金融去杠杆也可以改变货币资金脱实向虚、在金融体系内部空转的现状,将货币资金从金融市场内部释放,使之回归实体经济,从而有利于实现实体经济渐进式去杠杆的目标。

3. 以直接融资发展为根本,改善企业资本结构

我国非金融企业杠杆率较高,这与储蓄率高、以信贷为主的间接融资结构有关。在银行信贷为主导的融资体系下,在信用宽松的环境下,由于道德风险的原因,银行对高收益的追求不可避免地导致信贷标准降低,而我国经济仍存在着大量对利率不敏感的"僵尸"企业和预算软约束融资主体,从而导致银行的过度借贷行为。目前我国经济正处于结构调整转型的关键时期,在金融去杠杆抑制银行体系的信用创造冲动后,通过资本市场发展来提高直接融资比例,改变非金融企业具有的"高杠杆基因",是直接改善企业资本结构的根本手段。比如,完善股票、债券等多层次资本市场,建立上海证券交易所战略新兴板,支持创新创业企业融资;完善相关法律规则,推动特殊股权结构类创业企业在境内上市;增加全国中小企业股份转让系统挂牌公司数量,研究推出向创业板转板试点;规范发展区域性股权市场等。

4. 以救助流动性短缺和市场失灵为底线,确保不发生系统性金融风险

在信用扩张的时代,资产价格高歌猛进,杠杆收益、道德风险居高不下,以致市场都认为这一切都将是永恒的。与之相反,去杠杆则是一个漫长而痛苦的过程。当前不管是推动金融稳步去杠杆的举措,还是加强市场监管的一系列规定,都将对金融市场带来不同程度的冲击。可以确定的是,去杠杆的过程将始终伴随着流动性的冲击,债务违约事件也将不时在媒体上出现,而杠杆之巅的金融市场对于信用状况的变化极度敏感,市场波动风险凸显。在上述情景下,监管当局应加强政策协调,对结构性的流动性压力和阶段性的干扰变量保持战略定力,管理和引导好市场预期,在市场因系统性流动性枯竭而失灵时进行干预,确保不出现对资产价格周期和整体系统性风险产生巨大影响的市场冲击。

第六讲 宏观经济政策

> 宏观经济政策的每一课题的讨论都必须从约翰·梅纳德·凯恩斯开始。
>
> ——保罗·萨缪尔森①

一、宏观经济政策的含义和目标

（一）宏观经济政策的含义

宏观经济政策是指国家或政府有意识、有计划地运用一定的政策工具，调节控制宏观经济的运行，以达到一定的政策目标。换句话说，就是国家或政府为了增进整个社会经济福利、改进国民经济的运行状况、达到一定的政策目标，有意识和有计划地运用一定的政策工具而制定的解决经济问题的指导原则和措施。

宏观经济政策可分为需求管理政策和供给管理政策。需求管理是通过调节宏观经济的总需求来达到一定政策目标的宏观调控的方式。其理论基础是凯恩斯主义国民收入总需求法定论。依照凯恩斯主义理论，经济出现萧条的关键在于总需求不足，解决宏观经济运行中出现的问题也应借用于总需求管理政策。供给管理是通过对总供给的调节来达到宏观经济目标，其中包括对劳动力、工资、价格、产量增长等的管理与调节。

（二）宏观经济政策的目标

一般认为，宏观经济政策的主要目标有四个：充分就业、物价稳定、持续均衡的经济增长和国际收支平衡。

1. 充分就业

充分就业是指包含劳动在内的一切生产要素都以愿意接受的价格参与生产活动的状态。充分就业包含两种含义：一是指除了摩擦失业和自愿失业之外，所有愿意接受各种现行工资的人都能找到工作的一种经济状态，即消除了非自愿失业就是充分就业。二是指包括劳动在内的各种生产要素，都按其愿意接受的价格，全部用于生产的一种经济状态，即所有资源都得到充分利用。失业意味着稀缺资源的浪费或闲置，从而使经济总产出下降，社会总

---

① 萨缪尔森，诺德豪斯. 经济学[M]. 16版. 萧琛，等译. 北京：华夏出版社，1999：300.

福利受损。因此,失业的成本是巨大的,降低失业率,实现充分就业就常常成为西方宏观经济政策的首要目标。目前,大多数西方经济学家认为存在4%~6%的自然失业率是正常的。

2. 物价稳定

物价稳定是指物价总水平的稳定。一般用价格指数来衡量一般价格水平的变化。价格稳定不是指每种商品价格的固定不变,也不是指价格总水平的固定不变,而是指价格指数的相对稳定。价格指数又分为消费物价指数(CPI)、批发物价指数(PPI)和国民生产总值折算指数三种。物价稳定并不是通货膨胀率为零,而是允许保持一个低而稳定的通货膨胀率,所谓低,就是通货膨胀率在1%~3%之间;所谓稳定,就是指在相当时期内能使通货膨胀率维持在大致相等的水平上。这种通货膨胀率能为社会所接受,对经济也不会产生不利的影响。一般发达国家的通货膨胀率在2%以内,而发展中国家的通货膨胀率普遍高于发达国家。

3. 持续均衡的经济增长

经济增长是指在一个特定时期内经济社会所生产的人均产量和人均收入的持续增长。它包括维持高经济增长率以及培育经济持续增长的能力。一般认为,经济增长与就业目标是一致的。经济增长通常用一定时期内实际国民生产总值年均增长率来衡量。经济增长会增加社会福利,但并不是增长率越高越好。这是因为经济增长一方面要受到各种资源条件的限制,不可能无限地增长,尤其是对于经济已相当发达的国家来说更是如此。另一方面,经济增长也要付出代价,如造成环境污染,引起各种社会问题等。因此,经济增长就是实现与本国具体情况相符的适度增长率。

4. 国际收支平衡

国际收支平衡具体分为静态平衡与动态平衡、自主平衡与被动平衡。静态平衡,是指一国在一年的年末,国际收支不存在顺差也不存在逆差;动态平衡,不强调一年的国际收支平衡,而是以经济实际运行可能实现的计划期为平衡周期,保持计划期内的国际收支均衡;自主平衡,是指由自主性交易即基于商业动机,为追求利润或其他利益而独立发生的交易实现的收支平衡;被动平衡,是指通过补偿性交易即一国货币当局为弥补自主性交易的不平衡而采取调节性交易达到的收支平衡。

国际收支平衡的目标要求做到汇率稳定,外汇储备有所增加,进出口平衡。国际收支平衡不是消极地使一国在国际收支账户上经常收支和资本收支相抵,也不是消极地防止汇率变动、外汇储备变动,而是使一国外汇储备有所增加。适度增加外汇储备看作是改善国际收支的基本标志。同时一国国际收支状况不仅反映了这个国家的对外经济交往情况,还反映出该国经济的稳定程度。

以上四大目标相互之间既存在互补关系,也有交替关系。互补关系是指一个目标的实现对另一个的实现有促进作用。如为了实现充分就业水平,就要维护必要的经济增长。交替关系是指一个目标的实现对另一个有排斥作用。如物价稳定与充分就业之间就存在两难选择。为了实现充分就业,必须刺激总需求,扩大就业量,这一般要实施扩张性的财政和货币政策,由此就会引起物价水平的上升。而为了抑制通货膨胀,就必须紧缩财政和货币,由此又会引起失业率的上升。又如经济增长与物价稳定之间也存在着相互排斥的关系。因为在经济增长过程中,通货膨胀已难以避免的。再如国内均衡与国际均衡之间存在着交替关系。这里的国内均衡是指充分就业和物价稳定,而国际均衡是指国际收支平衡。为了实现国内均衡,就可能降低本国产品在国际市场上的竞争力,从而不利于国际收支平衡。为了实现国际收支平衡,又可能不利于实现充分就业和稳定物价的目标。

由此,在制定经济政策时,必须对经济政策目标进行价值判断,权衡轻重缓急和利弊得失,确定目标的实现顺序和目标指数高低,同时使各个目标能有最佳的匹配组合,使所选择和确定的目标体系成为一个和谐的有机的整体。

延伸阅读 1

中国 2017 年宏观经济政策目标

2017年3月5日国务院总理李克强在《2017年国务院政府工作报告》提出,2017年发展的主要预期目标是:国内生产总值增长6.5%左右,在实际工作中争取更好结果;居民消费价格涨幅3%左右;城镇新增就业1100万人以上,城镇登记失业率4.5%以内;进出口回稳向好,国际收支基本平衡;居民收入和经济增长基本同步;单位国内生产总值能耗下降3.4%以上,主要污染物排放量继续下降。

今年的经济增长预期目标,符合经济规律和客观实际,有利于引导和稳定预期、调整结构,也同全面建成小康社会要求相衔接。稳增长的重要目的是为了保就业、惠民生。今年就业压力加大,要坚持就业优先战略,实施更加积极的就业政策。城镇新增就业预期目标比去年多100万人,突出了更加重视就业的导向。从经济基本面和就业吸纳能力看,这一目标通过努力是能够实现的。

(三) 需求管理与供给管理

1. 需求管理

假定生产要素的供给为既定的条件下对总需求的调整和控制。根据凯恩斯经济学的国民收入均衡分析,由于社会总就业量取决于总需求和总供给的均势,如果在短期内生产技术、资本设备的数量和质量、劳动力的数量和技能等不变,即假定总供给不变,则经济调节的重点就应在总需求一边。按照凯恩斯主义经济学的说法,在通常的情况下,经济中的有效需求是不足的。所以,充分就业状态下的国民收入均衡不可能自行实现,而只有通过对总需求,即对有效需求的管理,才能实现充分就业均衡。

2. 供给管理

供给管理是指通过对总供给调节来达到一定的宏观经济目标的政策工具。供给管理包括控制工资与物价的收入政策、指数化政策,改善劳动力市场状况的人力政策,以及促进经济增长的增长政策。

供给管理包括两个方面:一是当总供给过剩时,采取措施抑制总供给。二是当总供给不足时,采取措施刺激总供给。实际上,当供求关系表现为供给过剩时,其矛盾的主要方面在于需求不足,宏观管理的方向总是放在刺激需求而不是抑制供给。因为平衡本身并不是目的,宏观管理的真正目的在于经济稳定增长,抑制供给以适应需求无异于削足适履,使真的要抑制供给,也无需政府专门控制,因为需求不足本身就是对供给的有力约束。因此,通常所谓的供给管理,大都是指有效供给不足情况下的供给管理,其方向是增加供给以适应需求的增长。

供给不足的原因在于供给收缩。因而,供给管理的重点就在于通过生产技术方面的重大改造和供给动力机制的重构,充分挖掘供给潜力;合理规划与调整产业结构,以使供给结构适应需求结构,减少资源闲置和供给滞存。显然,与需求管理相比供给管理难以在短期内收效,需长期不断地努力。然而,一旦供给基础得到真正改善,就能从根本上协调供求矛盾,为社会总供求的长期平衡打下坚实的基础。

与需求管理不同,供给管理不受产量与通货膨胀率之间的竞争性关系的困扰,它着眼于增加社会潜在的生产能力,增加供给以消除通货膨胀。

延伸阅读 2

供给侧结构性改革

1. 供给侧结构性改革的提出

2015 年 11 月,习近平总书记在中央财经领导小组第十一次会议上首次提出"着力加强供给侧结构性改革";同年 12 月中央经济工作会议将"去产能、去库存、去杠杆、降成本、补短板"作为 2016 年推进供给侧结构性改革的五大任务。《中华人民共和国国民经济和社会发展第十三个五年规划纲要》要求,"以供给侧结构性改革为主线,扩大有效供给,满足有效需求,加快形成引领经济发展新常态的体制机制和发展方式"。至此,实施供给侧结构性改革成为我国当前及整个"十三五"时期重要的经济发展战略和宏观调控内容。

2. 供给侧结构性改革的涵义

所谓供给侧结构性改革是指从提高供给质量出发,用改革的办法推进结构调整,矫正要素配置扭曲,扩大有效供给,提高供给结构对需求变化的适应性和灵活性,提高全要素生产率,更好满足广大人民群众的需要,促进经济社会持续健康发展。面对中国经济当下的困局,仅从需求侧着手已经很难有所突破,供给侧与需求侧双侧入手改革,增加有效供给的中长期视野的宏观调控,才是结构性改革。习近平总书记指出,供给侧结构性改革的重点是解放和发展社会生产力,用改革的方法推进结构调整,减少无效和低端供给,扩大有效和中高端供给,增强供给结构对需求变化的适应性和灵活性,提高全要素生产率。供给侧结构性改革的根本任务是:使我国供给能力更好满足广大人民日益增长、不断升级和个性化的物质文化和生态环境需要。

3. 供给侧结构性改革的背景

改革开放以来,中国经济持续高速增长,成功步入中等收入国家行列,已成为名副其实的经济大国。但随着人口红利衰减、"中等收入陷阱"风险累积、国际经济格局深刻调整等一系列内因与外因的作用,经济发展正进入"新常态"。2015 年以来,我国经济进入了一个新阶段,主要经济指标之间的联动性出现背离,经济增长持续下行与 CPI 持续低位运行,居民收入有所增加而企业利润率下降,消费上升而投资下降等。对照经典经济学理论,当前我国出现的这种情况既不是传统意义上的滞胀,也非标准形态的通缩。与此同时,宏观调控层面货币政策持续加大力度而效果不彰,投资拉动上急而下徐,旧经济疲态显露而以"互联网+"为依托的新经济生机勃勃,东北经济危机加重而一些原来缺乏优势的西部省区异军突起,中国经济的结构性分化正趋于明显。为适应这种变化,在正视传统的需求管理还有一定优化提升空间的同时,迫切需要改善供给侧环境、优化供给侧机制,通过改革制度供给,大力激发微观经济主体活力,增强我国经济长期稳定发展的新动力。习近平总书记指出,当前和今后一个时期,我国经济发展面临的问题在供给和需求两侧都存在,但矛盾的主要方面在供给侧。比如我国一些行业和产业产能严重过剩,同时大量关键装备、核心技术、高端产品还依赖进口。再比如我国农业发展形势很好,但一些供给没有良好适应需求变化,牛奶就难以满足消费者对质量、信誉保障的要求。事实证明我国不是需求不足而是供给产品质量、服务跟不上。有效供给能力不足带来的"需求外溢",消费能力严重外流。解决这些结构性问题,必须推进供给侧结构性改革。

4. 供给侧结构性改革的主要举措

推进供给侧结构性改革要从生产端入手的重点是:促进产能过剩有效化解,促进产业优化重组,降低企业成本,发展战略性新兴产业和现代服务业,增加公共产品和服务供给,提高供给结构对需求变化的适应性和灵活性。宏观政策要稳,营造稳定的宏观经济环境;产业政策要准,准确定位结构性改革方向;微观政策要活,激发企业活力和消费潜力;改革政策要实,加大力度推动改革落地;社会政策要托底,守住民生保障的底线。

延伸阅读3

供给侧结构性改革与供给学派的关系

在研究中国经济问题时,总有些人习惯于从西方经济理论中寻找依据,部分学者甚至信守"无西不经"(不是西方模式,就不是市场经济;不是西方的经济理论,就不是经济理论或不是可用理论)的崇"西"教条。供给侧结构改革提出后,一些人马上提出,改革的理论基础来自西方的供给学派。对此,习近平总书记指出:"我们讲的供给侧结构性改革,同西方经济学的供给学派不是一回事,不能把供给侧结构性改革看成是西方供给学派的翻版,更要防止有些人用他们的解释来宣扬'新自由主义',借机制造负面舆论。"

(1)宏观经济背景不同。美国供给学派产生的主要背景是美国宏观经济于20世纪七八十年代突发的"滞胀"。针对于此,在里根担任美国总统之前,美联储主席保罗·沃克尔已利用需求管理手段来大力刺激宏观经济,甚至通过把名义利率提高到20%以上来试图压制通货膨胀,但结果却是仅对滞胀中的"胀"来说发挥了一些作用,而对"滞"的解决却毫无贡献。中国供给侧结构性改革产生的主要宏观经济背景与美国20世纪80年代所面临的"滞胀"明显不同。从国际上看,当前世界经济结构正在发生深刻调整。国际金融危机打破了欧美发达经济体借贷消费,东亚地区提供高储蓄、廉价劳动力和产品,俄罗斯、中东、拉美等提供能源资源的全球经济大循环,国际市场有效需求急剧萎缩,经济增长远低于潜在产出水平。主要国家人口老龄化水平不断提高,劳动人口增长率持续下降,社会成本和生产成本上升较快,传统产业和增长动力不断衰减,新兴产业体量和增长动能尚未积聚。在这个大背景下,我们需要从供给侧发力,找准在世界供给市场上的定位。从国内看,经济发展面临"四降一升",即经济增速下降、工业品价格下降、实体企业盈利下降、财政收入下降、经济风险发生概率上升。这些问题的主要矛盾不是周期性的,而是结构性的,供给结构错配问题严重。需求管理边际效益不断递减,单纯依靠刺激内需难以解决产能过剩等结构性矛盾。因此,必须把改善供给结构作为主攻方向,实现由低水平供需平衡向高水平供需平衡跃升。

(2) 管理和调控宏观经济的手段不同。供给学派认为经济增长的唯一源泉在供给侧,对供给作片面强调,甚至主张与需求管理"彻底决裂"。我们对供给侧的注重则并不否定和放弃需求管理,强调供给侧和需求侧是管理和调控宏观经济的两个基本手段。需求侧管理,重在解决总量性问题,注重短期调控,主要是通过调节税收、财政支出、货币信贷等来刺激或抑制需求,进而推动经济增长。供给侧管理,重在解决结构性问题,注重激发经济增长动力,主要通过优化要素配置和调整生产结构来提高供给体系质量和效率,进而推动经济增长。习近平总书记指出:"放弃需求侧谈供给侧或放弃供给侧谈需求侧都是片面的,二者不是非此即彼、一去一存的替代关系,而是要相互配合、协调推进。"

(3) 宏观政策主张不同。供给学派的主要政策主张是减税,不注重全面的政策配套问题。习近平总书记指出:"供给学派强调的重点是减税,过分突出税率的作用,并且思想方法比较绝对,只注重供给而忽视需求、只注重市场功能而忽视政府作用。"中国供给侧管理不是只有减税,而是确认货币政策是对总量调控更为有效的政策手段,同时亦确认财政政策是具有针对性的、对结构调整更为有效的政策手段,主张继续践行积极的财政政策,并从服务全局与政策协调配套考虑,在合理范围内扩大财政赤字、提升政府财力分配的作用空间。习近平总书记指出:"供给侧结构性改革,这不只是一个税收和税率问题,而是要通过一系列政策举措,特别是推动科技创新、发展实体经济、保障和改善人民生活的政策措施,来解决我国经济供给侧存在的问题。"

(4) 具体措施不同。供给学派认为,增加生产和供给必须通过增加投资和劳动来实现,特别是投资的增加,而投资是储蓄的转化,所以产量的增长间接决定于储蓄量的高低,这一思路总体仍囿于需求侧"三驾马车"传统框架,停留在对总量调控的思考层面。我国的供给侧结构性改革的主要任务是去产能、去库存、去杠杆、降成本、补短板,最终落脚点是实现更高水平的供需平衡。习近平总书记指出:"推进供给侧结构性改革,要从生产端入手,重点是促进产能过剩有效化解,促进产业优化重组,降低企业成本,发展战略性新兴产业和现代服务业,增加公共产品和服务供给,提高供给结构对需求变化的适应性和灵活性。简言之,就是去产能、去库存、去杠杆、降成本、补短板。"

二、财政政策的含义和工具

(一) 财政政策的含义

财政政策是指为促进就业水平提高,减轻经济波动,防止通货膨胀,实现稳定增长而对政府财政支出、税收和借债水平所进行的选择,或对政府财政收入和支出水平所作的决策。或者说,财政政策是指政府变动税收和支出以便影响总需求进而影响就业和国民收入的政策。变动税收是指改变税率和税率结构。变动政府支出指改变政府对商品与劳务的购买支出以及转移支付。它是国家干预经济的主要政策之一。

财政政策是国家根据一定时期政治、经济、社会发展的任务而规定的财政工作的指导原则,通过财政支出与税收政策的变动来影响和调节总需求进而影响就业和国民收入的政策。财政政策是国家整个经济政策的组成部分。财政政策包括扩张性财政政策、紧缩性财政政策、中性财政政策。

扩张性财政政策,又称膨胀性财政政策,是国家通过财政分配活动刺激和增加社会总需求的一种政策行为。主要是通过减税、增加支出进而扩大财政赤字,增加和刺激社会总需求的一种财政分配方式。最典型的方式是通过财政赤字扩大政府支出的规模。当经济生活中出现需求不足时,运用膨胀性财政政策可以使社会总需求与总供给的差额缩小以至达到平衡;如果社会总供求原来是平衡的,这一政策会使社会总需求超过总供给;如果社会总需求已经超过总供给,这一政策将使两者的差额进一步扩大。中国称之为积极的财政政策。

紧缩性财政政策是宏观财政政策的类型之一,是指通过增加财政收入或减少财政支出以抑制社会总需求增长的政策。由于增收减支的结果集中表现为财政结余,紧缩性财政政策也称盈余性财政政策。

中性财政政策,我国在又称为稳健的财政政策,它是指国家财政分配活动对社会总需求的影响保持中性,既不产生扩张也不产生紧缩后果的政策。这种政策可以理解为收支平衡政策,即没有大量的结余,也没有大量的赤字。

(二) 财政政策的工具

财政政策的工具主要分为政府支出和政府收入两种类型。

政府支出是指整个国家中各级政府支出的总和,由具体的支出项目构成,主要可以分为政府购买支出和政府转移支付两类。政府购买是指政府对商品和劳务的购买,如购买军需品、机关公用品、政府雇员报酬、公共项目工程所需的支出等都属于政府购买支出。政府购买支出是决定国民收入大小的主要因素之一,其规模直接关系到社会总需求的增减。购买支出对整个社会总支出水平具有十分重要的调节作用。政府转移支付是指政府在社会福利保险、贫困救济和补助等方面的支出。转移支付不能算作国民收入的组成部分,它所做的仅仅是通过政府将收入在不同社会成员之间进行转移和重新分配。

通过改变政府支出实施财政政策的基本做法是:在经济萧条时期,由于总需求不足,导致失业率上升,此时的财政政策的目标是反衰退,因此应提高政府购买水平,增加政府对商品和劳动的购买支出,如政府性的大量公共工程,修建铁路,公路,水利工程等,扩大社会总需求,消除经济衰退;当总需求过度,出现通货膨胀时,财政政策的主要目标是反通货膨胀,此时,政府应降低政府购买水平,减少政策对商品和劳务的购买以抑制社会总需求增长。

再看政府的收入。税收是政府收入中最主要的部分,它是国家为了实现其职能按照法律预先规定的标准,强制地、无偿地取得财政收入的一种手段。与政府购买支出、转移支付一样,税收同样具有乘数效应,即税收的变动对国民收入的变动具有倍增作用。当政府税收不足以弥补政府支出时,就会发行公债,使公债成为政府财政收入的又一组成部分。公债是政府对公众的债务,或公众对政府的债务。它不同于税收,是政府运用信用形式筹集财政资金的特殊形式,包括中央政府的债务和地方政府的债务。

在西方国家政府的财政收入中,税收所占比重最大,因此,通过政府收入调整宏观经济的主要方法就是调整税率。通过改变政府支出实施财政政策的基本做法是:在经济萧条时期,有效需求不足,失业率上升,政府采取减税措施,降低税率,给个人和企业多留一些可支配收入,以增加有效需求,消除衰退;在通货膨胀时期,社会总需求过度,价格水平持续上涨,政府采取增税措施,减少个人和企业的可支配收入,以抑制过度需求,消除通货膨胀。因此,减税是反衰退的重要措施,增税是反通货膨胀的重要措施。

延伸阅读 4

金融危机时的积极财政政策

2008 年爆发的金融危机在全世界持续蔓延,世界经济严重衰退,我国的经济也遇到了较大的挑战。为此,我国政府积极应对,中央政府提出了"保增长、扩内需、调结构、促改革"的战略,出台了 4 万亿元的财政投资计划和 9.6 万亿元的信贷投资,以及十大产业振兴政策等措施抵御经济衰退。通过这一系列有力的宏观财政调控,我国的经济在全球率先复苏。2009 年 GDP 达到 33.5 亿元,增速达到 8.7%,我国经济逐渐走出危机的阴影。

中国政府在面对 2008 年金融危机时采取了积极的财政政策,通过增加政府支出,国内投资水平大幅度提高,刺激国内消费的成效也十分显著,从而扩大了国内的需求水平,帮助中国减少受到金融危机所带来的冲击。

三、财政政策的反周期调节

(一) 自动稳定器

西方国家财政制度本身的某些特点使它们自身具有某种自动调节经济、促进经济稳定的功能。也就是说,即使在政府支出和税收保持不变的时候,财政制度本身也会影响社会经济活动,因而被称为"自动稳定器"或"内在稳定器"。它的功能主要是通过政府收入和支出的自动变动来实现。政府收入的主要变动是税收,即个人所得税和公司所得税的自动变化;政府支出的自动变化主要表现为政府转移支付,即各项福利开支的自动变化。

个人所得税和公司所得税的征收都有一定的起征点和相应的税率。在经济萧条时期,由于经济衰退,失业人数增加,导致公司利润和个人收入减少,符合纳税规定的公司和个人减少了,政府税收会自动减少,而且在实行累进税的情况下,由于公司和个人收入自动进入了较低的纳税档次,政府税收下降的幅度将超过收入下降的幅度。这样,政府税收的自动减少有利于维持总需求,抑制衰退的进一步加剧。相反,在通货膨胀时期,经济高涨导致纳税的个人收入和公司收入增加,符合纳税条件的个人和公司增加了,政府的税收会自动增加,而且,在实行累进税的情况下,由于个人收入和公司收入进入了较高的纳税档次,政府税收的增加幅度将超过收入增加幅度。这样,政府税收的自动增加将有助于抑制总需求,降低通货膨胀,减少经济波动。

政府各项福利的开支都有一定的发放标准,发放的多少取决于失业人数的多少和他们收入水平的高低。在经济萧条时期,失业人数增加,个人收入减少,领取福利的人数较多,这有助于抑制人们可支配收入的下降,进而抑制总需求的下降,抑制经济衰退。相反,在经济扩张和通货膨胀时期,失业率下降,收入提高,政府支出的福利开支自动减少,有利于抑制人们可支配收入的增长,减轻通货膨胀。

财政制度的"内在稳定器"被认为是抑制经济波动的第一道防线,对经济波动起一定的减震作用,但不足以完全消除经济波动。因此,还必须运用财政政策和货币政策。

(二)斟酌使用的财政政策

由于政府收支中转移支付和税收通过乘数作用所产生的效果都比一般自发性支出所产生的效果要小,因此虽然各种稳定器一直在起作用,但作用毕竟有限,特别是对于剧烈的经济波动,自动稳定器更加难以扭转。

因此,西方经济学者认为,为确保经济稳定,政府要审时度势,主动采取一些财政措施,变动支出水平或税收水平以稳定总需求水平,使之接近物价稳定的充分就业水平。这就是斟酌使用的或权衡性的财政政策。当认为总需求非常低,即出现经济衰退时,政府应削减税收,降低税率,增加支出或双管齐下以刺激总需求;反之,当认为总需求非常高,即出现通货膨胀时,政府应增加税收或削减开支以抑制总需求。前者称为扩张性财政政策,后者称为紧缩性财政政策。究竟什么时候采取扩张性财政政策,什么时候采取紧缩性财政政策,应由政府对经济发展的形势加以分析权衡,斟酌使用。凯恩斯主义认为,当需求水平过低,产生衰退和失业时,政府应采取刺激总需求的扩张性财政政策;当总需求水平过高,产生通货膨胀时,政府应采取抑制总需求的紧缩性财政政策。简言之,要"逆风向行事"。

(三)财政政策效果及其局限性

财政政策的效果是指变动政府收入与支出的政策对总需求的影响。

若投资的利率系数越大,即利率变动一定幅度所引起的投资变动的幅度越大,即投资对利率变动的反应比较敏感,当一项扩张性财政政策使利率上升时,就会使私人投资下降很多,也就是说产生了"挤出效应"。所谓的"挤出效应"是指政府支出增加所引起的私人消费或投资降低的效果。因此,投资利率系数越大实行扩张性财政政策时被挤出的私人投资就越多,从而使国民收入增加的就越少,即政策效果越小。

若货币需求的利率系数越小,或者说货币需求对利率的反应不灵敏,这就表示政府支出增加而带来一定的货币需求增加将使利率上升的越快,从而对私人部门投资产生的挤出效应就越大,即财政政策效果越小。相反,当货币需求利率系数越大,政府由于增加支出,也不会使利率增加太多,从而不会对私人投资造成太大影响,挤出效应小,财政政策效果明显。

财政政策具有直接调节总需求的特点,但本身也有一定局限性。第一,财政政策具有挤出效应,与民争利。资源是有限的,政府增加公共投资,就会减少民间投资。第二,财政政策效应具有滞后性。财政政策的决策与政策实施后真正发挥作用存在着时滞问题,这不仅影响到政策效力的发挥,还可能导致政策实施结果和目标相背。第三,政府投资效率一般不高。政府投资缺乏竞争机制,长时间实施扩张性财政政策会造成全社会投资效率下降。

(四)财政政策反周期调节机制

世界上的任何国家都无法避免经济周期这种循环和波动的出现,于是问题就归结为如何避免周期中的超长波动并缓和常规波动,以寻求必要的经济稳定,减少与波动相关的损失,即推行各种反周期的宏观政策,通过国家干预来抑制经济波动。

一般来说,各个国家可以通过需求管理和供给管理来达到反周期的目的,对社会总供求的动态平衡进行调节控制。需求管理的核心是总量调控问题,供给管理的核心是结构优化问题。需求管理和供给管理都着眼于经济和社会的稳定,服务于国民经济整体效益的提高,都离不开财政政策手段的积极运用,反周期波动的财政政策,目的不在于也不可能完全消除经济周期所带来的波动,而是通过设定这一目标,用适当的政策措施尽可能地削弱经济周期的振幅,减少波动的不利影响。

四、货币政策的作用机理与传导机制

(一)货币政策的含义

货币政策是政府根据既定目标,通过中央银行运用其政策工具,调节货币供给和利率,以其影响宏观经济活动总水平的经济政策。同财政政策一样,货币政策必须分担宏观经济调控所设计的四个基本目标,但货币政策还有它的一些特殊目标,例如防止大规模的银行倒闭和金融恐慌,稳定利率以防止利率的大幅度波动等。

在货币供给中,活期存款占有最大的比例,因此,中央银行对货币供给的管理主要是对活期存款的管理,即通过利用活期存款的扩大或收缩机制影响法定存款准备金,从而实现对货币供给的管理和控制。

运用货币政策调节总需求,也和财政政策一样,坚持"逆经济风向行事"的基本原则。当经济衰退时,中央银行采取增加货币供给,刺激总需求,以解决经济衰退和失业问题;相反,在通货膨胀时期,中央银行采取措施减少货币供给,抑制总需求,以其控制物价上涨和解决通货膨胀问题。也就是说,在经济衰退时期,中央银行应该采取扩张性财政政策;在通货膨胀时期,中央银行应采取紧缩性货币政策。

中央银行实行扩张性货币政策的基本程序和过程是:首先,中央银行采取措施增加商业银行的法定存款准备金;其次商业银行的法定存款准备金增加后,通过存款创造乘数的作用引起活期存款多倍扩张,使货币供给增加;最后货币供给增加导致银根松动,这不仅使人们易于获得存款,而且因其利率下跌,这样便对投资产生了刺激作用,引起投资需求增加,并通过投资乘数作用使国民收入和就业机会增加,从而便可以消除经济衰退和失业。

中央银行采取紧缩性财政政策的基本程序和过程是:首先,中央银行采取措施减少商业银行的法定存款准备金;其次商业银行的法定存款准备金减少之后,通过存款创造乘数的作用引起活期存款的多倍收缩,这不仅使信贷难于获得,而且将使利率提高,对投资产生抑制作用,使投资需求减少,投资下降,并通过投资乘数的作用使总需求多倍收缩,从而消除通货膨胀。

(二) 货币政策工具及作用机理

中央银行实施货币政策的工具主要包括调整中央银行对商业银行的再贴现率,调整法定存款准备金和公开市场业务等。

1. 调整再贴现率

再贴现率是指商业银行向中央银行借款时的利率。中央银行调高或调低对商业银行发放贷款的利率,以限制或鼓励银行借款,从而影响银行系统的存款准备金和利率,进而决定货币存款和利率,以便达到宏观调控的目标。在 20 世纪 30 年代大危机以前,贴现率政策曾是中央银行实施货币政策的主要工具,通常是银行将其贴现的商业票据拿到中央银行再贴现,故有"再贴现"之称。20 世纪 30 年代以后,商业银行主要不再用商业票据,而是用政府债券作为担保向中央银行借款,所以现在把中央银行这种贷款利率称为再贴现率。

在经济衰退时期,中央银行降低再贴现率,扩大贴现数量,以增加商业银行的准备金,鼓励商业银行发放贷款,并通过货币创造的乘数效应增加货币供给,降低利率,刺激投资需求,扩大总需求,消除经济衰退和失业。相反,在经济高涨或通货膨胀时期,中央银行提高再贴现率,收缩贴现的数量,减少商业银行的法定存款准备金,以限制商业银行发放贷款,并通过货币创造乘数作用减少货币供给量,提高利率,抑制投资需求,减少总需求,消除通货膨胀。

2. 调整法定存款准备金

如前所述,法定存款准备金率是银行法定存款准备金对存款的比率。银行创造货币的多少与法定存款准备金成反比,即法定存款准备金率越高,银行创造的货币就越少;反之,法定存款准备金率越低,银行创造的货币就越多。

其具体的操作方法是:在经济衰退时期,中央银行降低法定存款准备金率,使银行能够创造出更多的货币,即商业银行扩张信贷,增加货币供给量,降低利率,刺激投资需求的扩大,消除经济衰退。相反,在通货膨胀时期,如果中央银行调高法定存款准备金率,则不仅使原先有超额准备金的银行在中央银行的超额准备金消失或缩减,还由于它缩小货币乘数,从而缩小银行在原来超额准备金基础上的存款创造乘数,能够在很短时期内导致较大幅度地缩减货币存量和提高利率。

3. 公开市场业务

公开市场业务是指中央银行在公开市场上买进或卖出政府债券以便调节商业银行的法定存款准备金,从而调节货币供给量和利率的一种政策手段。它是当代西方国家特别是美国实施货币政策的主要工具。

公开市场业务的具体操作是:在经济萧条时期,中央银行在公开市场上买进政府债券,把货币投入市场。商业银行将持有的一部分政府债券卖给中央银行获得货币,使商业银行的法定存款准备金增加;厂商和居民将持有的政府债券卖给中央银行获得货币,并将货币存入商业银行,也会增加商业银行的法定存款准备金。通过银行体系的存款创造,会使存款多倍放大,货币供给量增加,导致利率下降;与此同时,中央银行买进政府债券,会使债券价格上涨,利率下降。利率下降会刺激投资和扩张消费,使总需求扩大,从而带动生产、就业和物价增长,消除经济衰退和失业。相反,在经济过热和通货膨胀时期,中央银行在公开市场上卖出政府债券,收回货币。商业银行买进债券,向中央银行付款,这样就减少了商业银行的法定存款准备金;厂商和居民买进政府债券,减少了自己的活期存款,也会减少商业银行的法定存款准备金。商业银行法定存款准备金减少,会通过货币创造的乘数效应,使活期存款多倍收缩,货币供给量减少,利率上升;同时中央银行,卖出政府债券也会导致债券价格下跌,利率上升。利率上升会导致投资需求下降,总需求下降,从而抑制总需求的扩张,消除通货膨胀。

调整再贴现率,调整法定存款准备金和公开市场业务通常是相互配合的。中央银行在公开市场上买进或卖出政府债券使得利率降低或者提高时,就必须相应地改变再贴现率,使再贴现率与利率大致相互适应。通常是很少使用改变存款准备金率这种强有力的武器。

除了上述三种主要手段外,西方国家的中央银行还采用一些其他手段,比如道义上的劝告。道义上的劝告是指中业银行对商业银行发出口头或者书面的谈话或声明,劝说商业银行自助地遵循中央银行所要求的信贷政策。这种劝告虽然不具有行政的强制性和法律上的约束力,但在某种情况下颇为有效。

(三) 货币政策传导机制

货币政策传导机制是指中央银行运用货币政策工具影响中介指标,进而最终实现既定政策目标的传导途径与作用机理。货币政策传导机制是从运用货币政策到实现货币政策目标的过程,货币传导机制是否完善及提高,直接影响货币政策的实施效果以及对经济的贡献。

1. 货币政策影响经济变量的途径

尽管货币政策传导机制理论在不断发展,各种学派对货币政策的传导机制有不同看法,但归纳起来货币政策影响经济变量主要是通过以下四种途径:

(1) 利率传递途径

利率传导理论是最早被提出的货币政策传导理论,但从早期休谟的短期分析、费雪的过渡期理论、魏克赛尔的累积过程理论中所涉及的利率传导理论均未得到关注。直到凯恩斯的《就业、利息和货币通论》问世及 IS-LM 模型的建立,才正式引起学术界对利率传导机制的研究。利率传导机制的基本途径可表示为

$$货币供应量 M \uparrow \to 实际利率水平 r \downarrow \to 投资 I \uparrow \to 总产出 Y \uparrow$$

(2) 信用传递途径

威廉斯提出的贷款人信用可能性学说是最早有关货币政策信用传导途径的理论,伯南克则在此理论基础上进一步提出了银行借贷渠道和资产负债渠道两种理论,并得出货币政策传递过程中即使利率没发生变化也会通过信用途径来影响国民经济总量。信用传导机制的基本途径可表示为

$$货币供应量 M\uparrow \to 贷款供给 L\uparrow \to 投资 I\uparrow \to 总产出 Y\uparrow$$

(3) 非货币资产价格传递途径

托宾的 Q 理论与莫迪利亚尼的生命周期理论则提出了货币政策的非货币资产价格传递途径。资产价格传导理论强调资产相对价格与真实经济之间的关系,其基本途径可表示为

$$货币供应量 M\uparrow \to 实际利率 r\downarrow \to 资产(股票)价格 P\uparrow \to 投资 I\uparrow \to 总产出 Y\uparrow$$

(4) 汇率传递途径

汇率是开放经济中一个极为敏感的宏观经济变量,因而它也引起了众多学者的研究,而关于货币政策的汇率传导机制的理论主要有购买力平价理论、利率平价理论和蒙代尔-弗莱明模型等。货币政策的汇率传导机制的基本途径可表示为

$$货币供应量 M\uparrow \to 实际利率 r\downarrow \to 汇率 E\downarrow \to 净出口 NX\uparrow \to 总产出 Y\uparrow$$

2. 我国的货币政策传导机制

我国货币政策的传导机制,经历了从直接传导向直接传导、间接传导的双重传导转变,并逐渐过渡到以间接传导为主的阶段。

(1) 传统体制下的直接传导机制

这种机制与高度集中统一的计划管理体制相适应。国家在确定宏观经济目标时,如经济增长速度、物价稳定和国际收支平衡,已经通过国民经济综合计划将货币供应量和信贷总规模乃至该项指标的产业分布和地区分布包括在内。因此,中央银行的综合信贷计划只是国民经济计划的一个组成部分。中央银行的政策工具唯有信贷计划以及派生的现金收支计划,在执行计划时直接为实现宏观经济目标服务,这种机制完全采用行政命令的方式通过指令性指标运作。其特点是:第一,方式简单,时滞短,作用效应快;第二,信贷、现金计划从属于实物分配计划,中央银行无法主动对经济进行调控;第三,由于缺乏中间变量,政策缺乏灵活性,政策变动往往会给经济带来较大的波动;第四,企业对银行依赖性强,实际上是资金供应的大锅饭。

(2) 改革开放以来的双重传导机制

我国改革开放以来至 1997 年,货币政策直接传导机制逐步削弱,间接传导机制逐步加强,但仍带有双重传导特点,即兼有直接传导和间接传导两套机制的政策工具和调控目标。

第一个环节是运用货币政策工具影响操作目标——同业拆借利率、备付金率和基础货币。信贷计划、贷款限额是直接型的货币政策工具,其影响直达中介目标贷款总规模和现金发行量。直接传导过程中没有操作目标,或许可以称季度、月度的贷款和现金指标是其操作目标。这个环节是调控各金融机构的贷款能力和金融市场的资金融通成本。

操作目标的变动影响到货币供应量、信用总量、市场利率。信用总量的可测性不强,还不常使用;我国实行管制利率,不存在市场利率,只有中央银行根据经济、金融形势变化来调

整利率。这个环节是金融机构和金融市场、企业和居民在变化了的金融条件下作出反应,改变自己的货币供给和货币需求行为,从而影响到货币供应量的变动。

货币供应量的变动影响到最终目标的变动。改革之初,货币转化为存款和现金比较透明,贷款总量基本反映了货币供应量,只要守住了贷款就几乎守住了货币供给。但两者的相关性减弱,只控制贷款并不能完全调控住货币供应量,直接控制的效果减弱。然而,在货币政策间接调控货币供应量的机制不完善的条件下,只能两者并用。在经济过热、通货膨胀严重时,直接控制比间接调控的效果更好,所以并没有马上放弃它,形成了双重调控的特点。

我国经济经历了高通货膨胀后"软着陆"成功,商业银行推行资产负债比例管理,各级政府防范金融风险意识大大加强,取消贷款限额的条件基本成熟。1998年我国不失时机地取消了对商业银行的贷款限额,标志着我国货币政策传导机制从双重传导过渡到以间接传导为主。

然而,我国的社会主义市场经济体制仍在建立之中,商业银行和企业的运行经营机制还不健全,所以货币政策传导效应也还有待提高。只有真正按现代企业制度的要求加快商业银行和企业的改革步伐,使其对中央银行的货币政策传导反应灵敏,才能完善货币政策传导机制。

(四) 货币政策效果及其局限性

货币政策的效果指变动货币供给量的政策对总需求的影响。

若投资的利率系数较小,即投资对利率变动的敏感程度越差,则由于货币供给增加而使利率下降时,投资不会增加很多,从而使国民收入也不会有较大增加;反之,若投资的利率系数较大,因此,货币供给增加使利率下降时,投资和收入就会增加很多。

若货币需求的利率系数较大,则货币需求受利率的影响较大,即利率稍有变化就会使货币需求变动很多,因而货币供给量变动对利率变动的作用较小,从而增加货币供给量的货币政策就不会对投资和国民收入有较大影响;若货币需求利率系数越小,受利率影响较小,货币供给量稍有增加就会使利率下降很多,使投资和国民收入有较多增加,货币政策效果较强。

西方国家实行货币政策,常常是为了稳定经济,减少经济波动,但在实践中也存在一些局限性。

第一,在通货膨胀时期实行紧缩性货币政策可能比较显著,但在经济衰退时期实行扩张性货币政策效果就不明显。那时候,厂商对经济前景普遍悲观,即使中央银行降低利率,投资者也不肯增加贷款从事投资活动。

第二,增加或减少货币供给要影响利率,必须以货币流通速度不变为前提。如果这一前提并不存在,货币政策的影响就要打折扣。

第三,货币政策的外部时滞性也会影响政策效果。中央银行变动货币供给量,要通过利率来影响投资,再影响国民就业和收入,因此发挥作用需要相当长的一段时间。

第四,在开放经济中,货币政策的效果还因为资金在国际上的流动而受影响。比如实行紧缩性货币政策,利率上升,国外资金就会流入,本币升值,出口受到抑制,进口受刺激,从而使本国总需求比封闭状态下有更大的下降,从而使抑制效果超过预期目标。

(五)财政政策与货币政策的协调

如果某一时期经济处于萧条状态,则政府既可采用扩张性财政政策,也可以采用扩张性货币政策,还可以两种政策结合起来使用。比如,为刺激经济,度过萧条期,达到充分就业。政府可实行扩张性财政政策,也可以实行扩张性货币政策。采用这两种政策虽然都可以使收入增加,但会使利率大幅度上升或下降,如果既想使收入增加,又不想使利率变动,则可采用扩张性货币政策和财政政策结合的方法。即使收入增加到充分就业时的大小,又控制利率不发生变化。

财政政策和货币政策可有多种结合,这种结合的政策效应有的是可以预计的,有的必须根据两种政策何者更强力而定,因而是不确定的。例如上图中若财政政策更加强力,就会使利率上升,反之则会下降。表6.1就给出了各种政策结合使用的效应。

表6.1 财政政策和货币政策混合使用的效应政策

	政策混合	产出	利率
1	扩张性财政政策和紧缩性货币政策	不确定	上升
2	紧缩性财政政策和紧缩性货币政策	减少	不确定
3	紧缩性财政政策和扩张性货币政策	不确定	下降
4	扩张性财政政策和扩张性货币政策	增加	不确定

政府和中央银行可以根据具体情况和不同目标,选择不同的政策组合。例如,当经济萧条又不太严重时,可采取第一种组合,用扩张性财政政策刺激总需求,又用紧缩性货币政策抑制通货膨胀;当经济发生严重通货膨胀时,可采取第二种组合,以紧缩性货币来提高利率,紧缩财政,防止利率过分提高;当经济中出现通货膨胀又不太严重时,可采取第三种组合,以紧缩性财政政策抑制总需求,又用扩张性货币政策降低利率以免发生过度紧缩;当经济严重萧条时,可采用第四种组合,用扩张性财政政策增加总需求,用扩张性货币政策降低利率以克服"挤出效应"。

五、利率与汇率及其改革的实践反思

(一)我国利率市场化改革实践反思

利率是重要的资金价格,是发挥市场配置资源作用的重要工具。我国利率市场化改革的目标是逐步建立由市场供求决定金融机构存贷款利率水平的利率形成机制,中央银行通过运用货币政策工具调控和引导市场利率,使市场机制在金融资源配置中发挥主导作用。利率市场化改革是一项系统工程,自1996年以来,在遵循"先外币,后本币;先贷款,后存款;先长期、大额,后短期、小额"的原则下,我国利率市场化改革的各项措施稳步推进,银行间拆放利率、贴现利率、债券利率以及外币存贷款利率等先后实现市场化,同业存款和银行理财产品的价格也基本完全放开。目前,我国的利率市场化改革已经进入到至关重要的存贷款利率市场化阶段。

1. 我国利率市场化发展进程

1996年,我国央行通过实现同业拆借市场利率自由化,迈出了利率市场化的第一步。在这之后的时间里,我国通过借鉴一些成功完成利率市场化国家的历史经验,按照"先外币,后本币,先贷款,后存款"的方式稳步推进中国的利率市场化改革。

2011年,央行行长周小川在《关于推进利率市场化改革的若干思考》中指出,要建立一个以货币市场利率为基准、市场供求状况发挥基础作用、中央银行通过各种市场化工具来调控市场利率,并对利率水平和结构产生有效影响的理论体系。

2012年6月8日,央行首次采用非对称降息,将金融机构贷款利率浮动区间的下限调整为基准利率的0.8倍,将存款利率浮动区间上限调至基准利率的1.1倍。2012年7月6日,央行再将金融机构贷款利率浮动区间的下限调整为基准利率的0.7倍。

2013年,经国务院批准,中国人民银行自2013年7月20日起全面放开金融机构贷款利率管制。其中,涉及的贷款利率下限、票据贴现利率限制、农村信用社贷款利率上限等限制一律取消(除个人住房贷款)。

2014年11月22日,央行再将存款利率浮动区间上限提升至基准利率的1.2倍;2015年2月28日,央行将存款利率浮动区间上限再度提升,升至基准利率的1.3倍。2015年10月24日,央行宣布放开存款利率上限,标志着我国利率管制基本放开。

2017年央行发布的《中国金融稳定报告(2017)》提出,要进一步推进利率市场化改革。提高金融资源配置效率,完善金融调控机制。从提高金融市场深度入手继续培育市场基准利率和完善国债收益率曲线,不断健全市场化的利率形成机制。探索利率走廊机制,增强利率调控能力,疏通央行政策利率向金融市场及实体经济的传导。进一步督促金融机构健全内控制度,增强自主合理定价能力和风险管理水平。加强对金融机构非理性定价行为的监督管理,发挥好市场利率定价自律机制的重要作用,采取有效方式激励约束利率定价行为,维护公平定价秩序。

2. 利率市场化改革的思考

加快利率市场化改革对我国经济转型发展具有重要意义。首先,利率市场化有利于发挥市场配置金融资源的基础性作用。利率市场化之后,金融机构真正成为自主经营的竞争主体,并根据自身资金成本和服务优势选择融资对象和资金价格,这有利于资金向经济效应更高、发展前景更好、国家政策支持的领域流动。同时,利率市场化打破了银行获得低成本资金的保护网,因此,一旦银行负债成本升高,就必须寻找高收益资产与之匹配,这有利于促进金融机构将资金向经济发展的薄弱环节配置。其次,利率市场化有利于促进金融支持实体经济发展。利率市场化本质上是一种重大的分配改革,是国民经济增加值在金融和实体间的重新分配,它促进金融机构向实体经济让渡更多的利益,降低实体经济的运行负担。与此同时,利率市场化迫使银行进一步转变传统"等客上门"的经营模式,更加主动地营销客户,更加有效地优化业务流程,更加积极地创新产品和服务,从而有利于满足实体经济发展中多样化的金融需求。最后,利率市场化有利于提高宏观调控的有效性。利率市场化使央行不再通过行政命令的方式推行货币政策,而是依靠市场化手段来影响金融机构的行为以及金融资源的配置方向。利用丰富和完善的货币政策工具箱,央行可以根据经济形势的变化,灵活选择和搭配利率工具,有效控制社会货币总量,防范系统性金融危机发生。同时,利率市场化改革使利率成为更加敏感、更加准确的价格信号,能够更好地发挥经济杠杆作用,提高货币政策的传导效率。

(二) 我国汇率市场化改革实践反思

1. 我国汇率改革历程

1953~1973 年,人民币与美元有正式的挂钩,汇率保持在 1∶2.46 的水平上。由于当时境内外贸很少,人民币汇率意义不大。1980 年的汇率调整为 1∶1.50。

1981~1984 年,初步实行双重汇率制度,即除官方汇率外,另行规定一种适用进出口贸易结算和外贸单位经济效益核算的贸易外汇内部结算价格,汇率固定在 1∶2.80 的水平。1985 年初至 1991 年 4 月,复归单一汇率制度。1991 年 4 月至 1993 年底,官方汇率数十次小幅度调低。这时期人民币汇率制度演化与改革的特点是:官方汇率和调剂市场汇率并存、官方汇率逐渐向下调整。

1994 年 1 月 1 日,人民币官方汇率与外汇调剂价格正式并轨,我国开始实行以市场供求为基础的、单一的、有管理的浮动汇率制。企业和个人按规定向银行买卖外汇,银行进入银行间外汇市场进行交易,形成市场汇率。1994 年,人民币与美元非正式挂钩,汇率只能在 1∶8.27 至 1∶8.28 元之间浮动。

2005 年 7 月 21 日 19 时,我国央行宣布美元兑人民币官方汇率由 8.27 调整为 8.11,人民币升幅约为 2.1%。央行同时还宣布废除原先盯住单一美元的货币政策,开始实行以市场供求为基础、参考一篮子货币进行调节、有管理的浮动汇率制度。

2007 年 5 月 21 日起,银行间即期外汇市场人民币兑美元交易价日浮动幅度已由 3‰扩大至 5‰。

2008 年,人民币自 2005 年汇改以来已升值了 19%,但受金融危机的影响,人民币停止了升值走势。2010 年 6 月 19 日,央行决定进一步推进人民币汇率形成机制改革,增强人民币汇率弹性。

2012 年 4 月 16 日起,银行间即期外汇市场人民币兑美元交易价浮动幅度由 5‰扩大至 1%。

2015 年 8 月 11 日,央行对人民币实行汇改,将人民币对美元汇率中间价下调 1000 点,人民币一次性贬值 2%,实行"收盘汇率+一篮子货币汇率变化"的报价机制,人民币由盯住美元改为盯住一篮子货币。

2016 年 6 月份成立了外汇市场自律机制,以便更多地发挥金融机构在维护外汇市场运行秩序和公平竞争环境方面的作用,其中汇率工作组主要负责规范人民币汇率中间价报价行为。

2017 年 2 月,外汇市场自律机制将中间价对一篮子货币的参考时段由报价前 24 小时调整为前一日收盘后到报价前的 15 小时,避免了美元汇率日间变化在次日中间价中重复反映。

2017年第二季度,外汇市场自律机制组织各美元报价行完善人民币兑美元汇率中间价报价机制,在原有"收盘汇率＋一篮子货币汇率变化"的报价模型中加入"逆周期因子",以适度对冲市场情绪的顺周期波动,缓解外汇市场可能存在的"羊群效应"。调整后,"收盘汇率＋一篮子货币汇率变化＋逆周期因子"的人民币兑美元汇率中间价形成机制有序运行,更好地反映了我国经济基本面和国际汇市的变化,人民币兑美元双边汇率弹性进一步增强,双向浮动的特征更加显著,汇率预期平稳。

2. 汇率改革的思考

未来,我国汇率制度改革将会进一步完善人民币汇率市场化形成机制,加大市场决定汇率的力度,增强人民币汇率双向浮动弹性,保持人民币汇率在合理均衡水平上的基本稳定。加快发展外汇市场,坚持金融服务实体经济的原则,为基于实需原则的进出口企业提供汇率风险管理服务。进一步深化外汇管理制度改革,促进贸易和投资便利化,支持人民币在跨境贸易和投资中的使用,积极发挥本币在"一带一路"建设中的作用。稳步推进人民币对其他货币直接交易市场发展,完善人民币跨境使用政策的框架和基础设施,坚持发展改革和风险防范并重。密切关注国际形势变化对资本流动的影响,完善对跨境资本流动的宏观审慎管理。

延伸阅读 5

五大政策反思

五大政策是控制调整我国宏观经济运行的有效政策工具,包括财政政策、货币政策、收入政策、增长政策以及人力政策。在新常态下,我国五大政策的目标与任务发生了重要的变化。

1. 新常态下中国需求管理政策的调整与转变

改革开放以来,中国经济实现了长期、高速增长,需求管理政策发挥了重要作用。中国需求管理政策的特点是:① 根据经济形势的变化斟酌使用财政与货币政策;② 需求总量控制措施与结构优化措施相结合;③ 注重财政政策与货币政策的配合;④ 利用财政货币政策调控宏观经济的同时,财政金融自身也在不断地进行改革;⑤ 需求管理政策决策时滞短、政策时效性强。我国经济社会发展进入新常态以来,中国需求管理政策效果越来越差,我国宏观经济政策的主要目标和政策基调发生了重要变化。

党的十八大以来,我国经济、政治、文化和社会生活方方面面呈现出一系列新常态,包括经济新常态、从严治党新常态、社会治理新常态、文化强国新常态、生态文明新常态等等。其中,经济新常态主要的特征包括:经济增速由过去的高速增长或者是超高速增长,转向了一个中高速增长,发展方式由规模速度型粗放增长向质量效率型集约增长转变,产业结构由中低端向中高端转换,增长动力由要素驱动向创新驱动转换,资源配置由市场起基础性作用向起决定性作用转换,经济福祉由非均衡型向包容共享型转换。

今后一段时间,我国宏观调控将以供给为主、需求为辅,坚持总量调节和定向施策并举。保持经济总量基本平衡,明确经济增长合理区间的上下限,加强区间调控、相机调控,加强政策预研储备,备好用好政策工具箱。当经济面临滑出合理区间的风险时,采取更大力度的稳增长措施,以便有效缓解经济下行压力。坚持在区间调控基础上,注重实施定向调控、结构性调控,瞄准经济运行中的突出矛盾特别是不平衡、不协调、不可持续问题,统筹施策、精准发力,推动重大经济结构协调和生产力布局优化,努力提高经济发展的质量和效益。

同时,我国的宏观调控将坚持短期和中长期结合。一方面,增强宏观调控的针对性、有效性,通过预调微调,搞好需求管理,促使总需求与总供给基本平衡,熨平短期经济波动,保持经济运行在合理区间,防范化解各种经济风险。另一方面,着眼于改善中长期供给能力,大力实施创新驱动发展战略,推进结构性改革特别是供给侧的结构性改革,化解过剩产能、推动传统产业的转型升级,培育新的经济增长点、增长极、增长带,加快推动经济结构优化,不断提高要素产出效率,促进经济提质增效升级,提升经济潜在增长能力,为经济持续健康发展奠定坚实基础。

2. 新常态背景下的收入政策、增长政策与人力政策

(1) 收入政策

收入政策是后凯恩斯主流学派提出的政策主张之一,指政府为了影响货币收入或物价水平而采取的措施,其目的通常是为了降低物价的上涨速度。是政府为降低一般价格水平上升的速度而采取的强制性或非强制性的限制工资和价格的政策。目的在于影响或控制价格、货币工资和其他收入的增长率,是货币政策和财政政策以外的一种政府行为。收入政策通过限制工资收入从而限制物价的政策,因此也叫工资和物价管理政策。之所以对收入进行管理,是因为通货膨胀有时由成本推进所造成的。收入政策的目的就是制止通货膨胀。它有以下三种形式:一是工资与物价指导线,根据劳动生产率和其他因素的变动,规定工资和物价上涨的限度。企业和工会都要根据这一指导线来确定工资增长率,企业也必须据此确定产品的价格变动幅度。二是工资物价的冻结。即政府采用法律和行政手段禁止在一定时期内提高工资与物价,这些措施一般是在特殊时期采用,在严重通货膨胀时也被采用。三是税收刺激政策。即以税收来控制增长。

与后凯恩斯主流学派提出的收入政策不同,我国在宏观调控中,主要注重收入分配政策。《中华人民共和国国民经济和社会发展第十三个五年规划纲要》指出,"十三五"收入分配政策的目标是,正确处理公平和效率关系,坚持居民收入增长和经济增长同步、劳动报酬提高和劳动生产率提高同步,持续增加城乡居民收入,规范初次分配,加大再分配调节力度,调整优化国民收入分配格局,努力缩小全社会收入差距。我国《人力资源和社会保障事业发展"十三五"规划纲要》提出,要完善初次分配制度,健全再分配调节机制,规范收入分配秩序。

首先,要完善初次分配制度。完善市场评价要素贡献并按贡献分配的机制。健全科学的工资水平决定机制、正常增长机制、支付保障机制,推行企业工资集体协商制度,完善最低工资增长机制。健全高技能人才薪酬体系,提高技术工人待遇。完善适应机关事业单位特点的工资制度。加强对国有企业薪酬分配的分类监管。注重发挥收入分配政策激励作用,扩展知识、技术和管理要素参与分配途径。多渠道增加城乡居民财产性收入。

其次,要健全再分配调节机制。实行有利于缩小收入差距的政策,明显增加低收入劳动

者收入,扩大中等收入者比重。加快建立综合和分类相结合的个人所得税制度。将一些高档消费品和高消费行为纳入消费税征收范围。完善鼓励回馈社会、扶贫济困的税收政策。健全针对困难群体的动态社会保障兜底机制。增加财政民生支出,公共资源出让收益更多用于民生保障,逐步提高国有资本收益上缴公共财政比例。

最后,要规范收入分配秩序。保护合法收入,规范隐性收入,遏制以权力、行政垄断等非市场因素获取收入,取缔非法收入。严格规范工资外收入和非货币性福利。全面推行非现金结算,建立健全自然人收入和财产信息系统,完善收入统计调查和监测体系。

(2) 人力政策

人力政策是一种旨在改善劳动市场结构,以减少失业的政策,其主要措施包括人力资本投资、完善劳动力市场以及协助劳动力流动等。一是人力资本投资。由政府或有关机构向劳动者投资,以提高劳动者的文化技术水平与身体素质,适应劳动力市场的需要。二是完善劳动市场。政府应该不断完善和增加各类就业介绍机构,为劳动的供求双方提供迅速、准确而完全的信息,使劳动者找到满意的工作,企业也能得到其所需的员工。三是协助工人进行流动。劳动者在地区、行业和部门之间的流动,有利于劳动力资源的合理配置与劳动者人尽其才,也能减少由于劳动力的地区结构和劳动力的流动困难等原因而造成的失业。对工人流动的协助包括提供充分的信息、必要的物质帮助与鼓励。

《中华人民共和国国民经济和社会发展第十三个五年规划纲要》指出,要实施更加积极的就业政策,创造更多就业岗位,着力解决结构性就业矛盾,鼓励以创业带动就业,实现比较充分和高质量的就业。《人力资源和社会保障事业发展"十三五"规划纲要》提出,要坚持劳动者自主就业、市场调节就业、政府促进就业和鼓励创业的方针,实施就业优先战略和更加积极的就业政策,深入推进体制机制创新,鼓励以创业带动就业,创造更多就业岗位,着力解决结构性就业矛盾,有效应对失业风险,实现比较充分和更高质量的就业。首先,要促进经济发展与扩大就业的良性互动。把促进充分就业作为经济社会发展的优先目标,放在更加突出的位置。其次,要实施更加积极的就业政策。加强就业政策与财税、金融、产业、贸易等政策的衔接,形成有利于促进就业的宏观经济政策体系。再次,要促进以创业带动就业。进一步深化改革,降低市场准入门槛,消除限制创业的制度性障碍。然后要统筹做好各类重点群体就业,继续把高校毕业生就业摆在就业工作的首位。最后,要完善人力资源市场机制。充分发挥市场在人力资源配置中的决定性作用。

(3) 增长政策

增长政策主要有:① 增加劳动力的数量和质量。增加劳动力数量的方法包括提高人口出生率、鼓励移民入境等;提高劳动力质量的方法有增加人力资本投资。② 加快资本积累。资本的积累主要来源于储蓄,可以通过减少税收,提高利率等途径来鼓励人们储蓄。③ 促进技术进步。技术进步在现代经济增长中起着越来越重要的作用。因此,促进技术进步成为各国经济政策的重点。④ 计划化和平衡增长。现代经济中各部门之间协调的增长是经济本身所要求的,国家的计划与协调要通过间接的方式来实现。

随着我国人口老龄化,劳动力、土地等要素价格不断上涨,劳动力、资本等传统要素对经济增长的促进的作用递减,依靠低要素成本驱动的经济发展方式已难以为继,必须把发展动力转换到科技创新上来。新常态下,实施创新驱动战略,经济增长速度就可能会放缓,要为结构调整腾出空间、留出时间。《中华人民共和国国民经济和社会发展第十三个五年规划纲要》指出,要实施创新驱动发展战略,把发展基点放在创新上,以科技创新为核心,以人才发展为支撑,推动科技创新与大众创业万众创新有机结合,塑造更多依靠创新驱动、更多发挥先发优势的引领型发展。

首先,要强化科技创新引领作用。发挥科技创新在全面创新中的引领作用,加强基础研究,强化原始创新、集成创新和引进消化吸收再创新,着力增强自主创新能力,为经济社会发展提供持久动力。其次要深入推进大众创业万众创新。把大众创业万众创新融入发展各领域各环节,鼓励各类主体开发新技术、新产品、新业态、新模式,打造发展新引擎。

其次,要构建激励创新的体制机制。破除束缚创新和成果转化的制度障碍,优化创新政策供给,形成创新活力竞相迸发、创新成果高效转化、创新价值充分体现的体制机制。最后要实施人才优先发展战略。把人才作为支撑发展的第一资源,加快推进人才发展体制和政策创新,构建有国际竞争力的人才制度优势,提高人才质量,优化人才结构,加快建设人才强国。

第七讲　失业与通货膨胀

欧共体持续的高失业率是一个很大的迷。

——查尔斯·R·比恩①

统计大师和统计局在计算购买力指数和生活成本时，所表现出的煞有介事的严肃是没有意义的。这些指数数据对已经发生的变化是粗略和不准确的描述。

——卢德威格·冯·米塞斯②

一、失业与通货膨胀的经济代价

(一) 失业的经济代价

1. 失业的描述

劳动力人口(Population of Working Ages)泛指有劳动能力和就业要求的劳动适龄人口，包括从事社会劳动并取得劳动报酬或经营收入的就业人口和要求工作而尚未获得工作职位的失业或待业人口。劳动力人口是劳动年龄人口的基本组成部分，劳动年龄的上下限，各国根据自己国情有不同的规定，国际上一般把15~64岁的人群列为劳动年龄人口，我国则分性别规定男16~60岁、女16~55岁为劳动年龄人口。劳动力人口与劳动年龄人口在量上是不等的，这主要是因为劳动年龄人口中有一部分人丧失劳动能力；此外，在校学生、待升学者、家务劳动者，还有极少量的赋闲者，通常不算入劳动力人口；而且在超过劳动年龄上限的人口中，还有一部分继续从事社会劳动，通常也算入就业人口，因此实际上也是劳动力人口。

各国对于失业的定义虽然有一定差别，但总体上具有一致性，中国国家统计局对失业的定义是：一定年龄以上，有劳动能力但没有工作，正在寻找工作且马上可以开始工作的人。在我国，失业人口具体指年满16周岁，在调查周内从事未取得劳动报酬或经营收入的劳动，在调查前的3个月内采取了某种方式寻找工作，如有机会可以在两周内开始工作的人口。符合失业必须满足三个条件：① 一定年龄以上且有工作能力，即劳动力人口；② 没有工作；③ 正在积极寻找工作。这三个条件必须同时成立，才能满足对失业对象的定义

---

① 史库森.经济思想的力量[M].王玉茹,陈纪平,译.上海：上海财经大学出版社,2005:103.
② 史库森.经济思想的力量[M].王玉茹,陈纪平,译.上海：上海财经大学出版社,2005:223-224.

要求。

劳动力中可以划归失业者的包括三种人:第一,由于被解雇或者自己离职没有工作,但在调查前4周一直在找工作的人。第二,由于企业暂时减少生产而没有上班,但并未解雇,等待被重新召回原工作单位,一周以上未领工资的人。第三,第一次进入劳动力市场或重新进入劳动力市场,寻找工作4周以上的人。

失业是由劳动供给与劳动需求的矛盾产生的,即失业现象就是过多的劳动力去追求过少的工作岗位。① 为了更好地理解失业问题,我们用供给-需求分析框架对失业加以解释,如图7.1(a)和(b)所示。

图7.1中,横轴N为劳动力数量,纵轴W为劳动价格,曲线D为劳动需求曲线,曲线S为劳动供给曲线。(a)图描述的是竞争性的劳动供给和劳动需求的情况。其中图中的E点为劳动供给和劳动需求的均衡点,W^*点为均衡下的工资水平,即厂商愿意支付给工人的工资水平,在此工资水平下企业雇佣工人的数量为N_E。同时,在W^*工资水平下,存在$(N^* - N_E)$数量的工人愿意工作,但他们却要求更高的工资,于是导致这部分数量的工人没有工作而失业,这部分工人的失业则被称为是自愿失业。

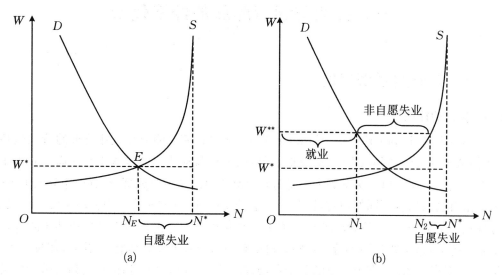

图7.1 失业的解释

图7.1中(b)图描述的是非出清的劳动市场情况。当市场中出现劳动需求冲击或劳动供给冲击后,工资不能迅速调整到使市场出清的状态,使得当时劳动价格是W^{**}而不是均衡工资或者市场出清时的工资W^*。于是在这种过高的工资水平下,需找工作的工人数量大于市场中提供工作职位的数量,出现了劳动供给过剩现象。此时愿意在工资W^{**}水平下工作的工人数量为N_2,但是市场中企业所需要的劳动数量为N_1,那么图中$(N_2 - N_1)$则表示劳动过剩的数量,这一部分劳动力在W^{**}工资水平下愿意工作但找不到工作,所以这部分劳动的失业为非自愿失业。此时(b)图中$(N^* - N_E)$数量的劳动力在W^{**}工资水平下不愿意工作,仍属于自愿失业。

---

① 高鸿业.西方经济学[M].5版.北京:中国人民大学出版社,2011:505.

衡量一个经济社会中失业程度的指标一般采用失业率。失业率是指失业人数占劳动力人数的比例,劳动力是指具有劳动能力的人,它包含有工作和没有工作但正在寻找工作的人,即劳动力等于就业人口和失业人口之和。失业率的计算公式为

$$失业率 = \frac{失业人数}{就业人数 + 失业人数} \times 100\% = \frac{失业人数}{劳动力人数} \times 100\%$$

国际上关于失业的定义虽然存在一致性,但各国对失业数据的处理存在差异。一些国家采用住户调查方式获取信息,一些国家利用领取失业救济人数等社会保险数据,还有的国家利用官方就业数据和劳动力数据来推算失业率数据[①]。

发达国家一般采取定期抽样调查方法来获取失业数据。例如,为了判断居民调查对象是否积极寻找工作,通常询问他们这样的问题:过去几周内是否在就业介绍所登记,是否向雇主申请工作,是否在工作场所登记或在报纸上登广告或应征广告等。虽然这类方法的设计原则比较科学,但实施成本较高且数据不能保证绝对准确。一方面,失业数据可能包括那些自愿离开工作岗位的工人,从而高估了失业率。另一方面,有的失业人员实际上愿意工作,但由于长期找不到工作,失去了继续寻找工作的信心和耐心,从而停止了找工作的行动,有可能被看做是自愿离开劳动力队伍,因而没有被统计为失业人员。

我国关于失业率的度量与发达国家不同,目前我国官方失业数据仅仅包括城镇失业对象,并不能真实反映我国的失业情况。第一,失业统计范围仅包括城镇人口,对于占我国绝大多数人口的农村并没有被覆盖。第二,城镇失业人口仅包括有城市户口的经济活动人口,没有包括在城市生活的非城市户口人员。第三,失业统计中的判断人们是否找工作,以是否在就业服务机构求职登记为标准,对于没有工作并在积极找工作的人员,如果没有在相关部门登记,就会被失业统计所遗漏。我国失业统计制度和数据统计虽然有了较大进步,但距离真实的失业率还有一定的距离。

2. 失业的分类与成因

通常将失业分为三种类型,即摩擦性失业、结构性失业以及周期性失业。

摩擦性失业是指在生产过程中由于劳动力缺乏流动性,信息交流不完全以及市场组织不健全等而造成的短期、局部性失业。摩擦性失业一般发生在人们处于不同地区,职业或生命周期的不同阶段,因而工作不停变动的场合。其中,劳动力缺乏流动性包括老人退休、年轻人进入就业市场的新老交替过程,以及人们因迁居而变换工作等情形。例如在生活中人们换工作或找新的工作便是这种失业的例子,有人可能不满意目前工作,因而辞职"跳槽";一家互联网公司被并购,部分技术员工需要寻找新工作;大学生毕业后进入劳动力市场;有的职工被雇主辞退等。摩擦性失业一般是过渡性的,失业期限较短。

结构性失业是指由于经济结构、体制、增长方式等的变动,使劳动力在包括技能、经验、工种、知识、年龄、性别、主观意愿、地区等方面的供给结构与需求结构不相一致而导致的失业。结构性失业则与劳动市场长期变动相联系,随着经济的发展和技术的进步,不同地区、行业的劳动力供求在不断发生变动。例如,随着人们收入水平提高和膳食结构的改善,鱼虾

---

① 卢锋.经济学原理[M].北京:北京大学出版社,2002:566.

水产品消费上升而主食消费下降,在农业部门则表现为对养殖水产品劳动力需求上升和对种粮劳动力需求下降;随着互联网技术和电子商务的发展,对互联网线上销售人才需求上升而对传统线下销售人员需求下降。一方面,劳动力需求结构随着技术、经济、偏好等因素改变而不断变动;另一方面,劳动力供给结构通常难以立刻作出反应,而是需要在或长或短的滞后期内才能完成必要调节。结构性失业最大的特点就是既有职位空缺又有失业。而且结构性失业一般是长期的。中国面临的就业问题,不仅有总量压力,还有结构性矛盾,未来随着中国经济结构的调整优化,这种结构性问题可能会更加突出。

周期性失业又称需求不足的失业,是由于总需求不足而引起的短期失业,它一般出现在经济周期的萧条阶段,这种失业是由经济的支出和产出下降造成的。这种失业与经济中周期性波动是一致的。在复苏和繁荣阶段,各厂商争先扩充生产,就业人数普遍增加。在衰退和谷底阶段,由于社会需求不足,前景暗淡,各厂商又纷纷压缩生产,大量裁减雇员,形成令人头疼的失业大军。

充分就业是指劳动市场上供求平衡时的状态,但充分就业并不意味着人人都有工作,充分就业只是消除了周期性失业,依然存在着摩擦性失业和结构性失业,所以充分就业使得失业率通常不会为零,而是等于摩擦性失业和结构性失业对应的失业率之和,美国经济学家米尔顿·弗里德曼把这样的失业率称为自然失业率。自然失业率是指经济社会在正常情况下,既不会造成通货膨胀也不会导致通货紧缩的稳定状态所对应的失业率。自然失业率状态所对应的就业率就是自然就业率。

3. 失业的影响与奥肯定律

失业有两种主要的影响,即社会影响和经济影响。首当其冲的便是经济影响。失业的经济影响可以用机会成本进行解释,当经济社会存在失业时,本来由失业者生产的物品就会损失,相当于本来应该由失业者创造的GDP没有被生产,造成社会经济损失,使得实际GDP由于失业的存在而低于潜在GDP。表7.1给出了20世纪中的高失业期间,美国实际产出相对潜在GDP的减少量。

表7.1 高失业时期的经济损失额

时期	平均失业率	产出损失	
		GDP损失(10亿美元,2003年价格)	占该时期GDP的比重
大危机时期(1930~1939年)	18.2%	2560	27.6%
石油危机和通货膨胀时期(1975~1984年)	7.7%	1570	3.0%
新经济跌落后的时期(2001~2003年)	5.5%	220	0.2%

资料来源:Samuelson, Nordhaus. Macroeconomics[M]. Eighteenth Edition. Irwin:McGraw-Hill, 2005:313.

失业所造成的社会影响虽然难以估计和定量衡量,但最容易被人们所感受到。当工人失业时,他的收入就会遭到损失,家庭的消费就会减少,使得一部分欲望和欲求得不到满足,家庭关系因此遭到破坏。西方经济学家提出,高失业率常常与吸毒、高离婚率和高犯罪率联系在一起,持续过高的失业率往往会造成社会的动荡甚至政权的更迭。

1968年美国经济学家阿瑟·奥肯(Arthur Okun)在为总统经济顾问委员会分析失业与经济增长的关系时,提出了经济周期中失业变动与产出变动的经验关系。奥肯定律的内容是:失业率每高于自然失业率1个百分点,实际GDP就低于潜在GDP 2个百分点。换一种方式说,相对于潜在GDP,实际GDP每下降2个百分点,失业率就高于自然失业率1个百分点。

西方学者认为,奥肯定律揭示了产品市场和劳动市场之间极为重要的联系。根据奥肯定律,可以通过失业率的变动来预测GDP的变动,也可以通过GDP的变动来预测失业率的变动。例如,如果实际失业率为6%,自然失业率为4%,那可以推算出实际GDP比潜在GDP低4%。

奥肯定律可以用下列公式来表示:

$$\frac{y-y_f}{y_f}=-a(u-u^*)$$

其中,y为实际GDP,y_f为潜在GDP,u为实际失业率,u^*为自然失业率,a为大于零的参数,在奥肯定律中a等于2%。在理解这一规律时应该注意:第一,它表明了失业率与实际国民收入增长率之间是反方向变动的关系。第二,失业率与实际国民收入增长率之间1∶2的关系只是一个平均数,是根据经验统计资料得出来的,在不同的时期并不是完全相同。

奥肯定律的政策含义是,为了防止失业率上升,实际GDP增长必须与潜在GDP增长同步,这为政策制定者提供了很好的经济学理论支撑。例如,如果实际失业率为6%,自然失业率为4%,为了使实际失业率降低2个百分点达到自然失业率水平,那么政策制定者必须采取相应的经济政策,使实际GDP高于潜在GDP 4个百分点。

延伸阅读1

奥肯定律"失灵"了

转型时期的中国经济,经济的增长率和失业率的变化之间是否存在典型(经济的增长与失业率的下降呈现2∶1的关系)的奥肯定律呢?现实的情况是,经济持续高速增长,与此同时,城镇登记失业率却居高不下。这种现象导致我国学者对奥肯定律在中国有效性的认识产生了不同的观点,认为奥肯定律在中国"失灵"了。

改革开放以来,我国经济持续高速增长,如图7.2所示:我国国内生产总值由1978年的3600亿元上升到2015年的686449亿元,与此同时,城镇人口登记失业率在大多数时间里保持稳定的基本态势。20世纪90年代以后,失业率逐步上升,由1991年的2.3%上升到2009年的4.3%,到2010年之后有所回落,2015年为4.1%。这一系列数据表明我国目前出现"高增长,高失业"现象。

按照西方经济学中经济增长理论的分析,一国或地区的经济增长是由于技术进步、资本积累和劳动力增加等因素长期作用的结果。根据世界各国经济的发展史来看,经济增长与就业增长一般是正相关的,无论是西方发达国家还是处于结构转型中的发展中国家,都证明了经济增长与就业增长之间的这种互动机制,奥肯定律本质上也是描述这样一种关系的经验定律。

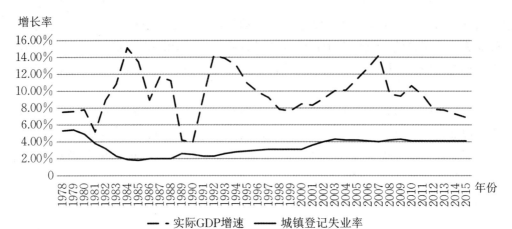

图 7.2 我国增长率和城镇登记失业率变化图
数据来源：《中国统计年鉴(2015)》。

然而，从我国目前的实际情况来看，经济增长确实能带来就业量的增长。从《中国统计年鉴》中的数据可以看出，我国就业人口从1978年的4亿人上升到2015年的7.7亿人。但是从逐年的数据来看，经济增长所带来的就业人口增长是逐年减少的。20世纪80年代，我国GDP每增长1%，可增加约240万个就业岗位，而到2015年，GDP每年增长1%，只能增加100～130万个，就业弹性明显下降。从增长率和就业人口增长率来看见（表7.2），1980～1994年，真实GDP年平均增长10.77%，就业人口年平均增长3.32%；到1995～1999年，真实GDP年平均增长17.61%，就业人口年平均增长下降0.96%。数据显示，1990年以后，我国GDP增长对就业的拉动作用与前期相比有较大幅度的降低。

表7.2 真实增长率与就业人口增长率的变化表

时间	真实GDP增长率	就业人口增长率
1980～1984	10.77%	3.32%
1985～1989	4.1%	2.61%
1990～1994	21.38%	1.23%
1995～1999	17.61%	0.96%
2000～2004	9.64%	1.04%
2005～2009	10.5%	0.79%
2010～2015	7.33%	0.58%

数据来源：《中国统计年鉴(2015)》《中国人口和就业统计年鉴(2015)》。

另一方面，从就业弹性系数（奥肯系数）来看，也能反映出这一现象。就业弹性系数就是从业人数增长率与经济增长率的比值，即经济增长1个百分点带动就业增长的百分点。系数越大，吸收劳动力的能力就越强，反之则越弱。如图7.3所示，整体来看，20世纪年80代的就业弹性明显高于该时期以后的就业弹性,即在保持经济持续较高增长的同时,就业也得到了较快的增长。但值得关注的是,在此后的经济发展过程中,就业弹性下降的幅度很大且有加速下降的趋势。

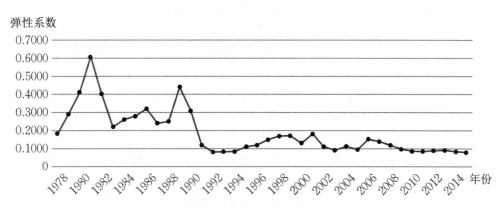

图 7.3 历年就业弹性变化图

数据来源:《中国统计年鉴(2015)》《中国人口和就业统计年鉴(2015)》。

这种失业率与经济增长率之间的负相关变动关系(GDP 的增加会伴随着失业率的下降),被很多学者称为奥肯定律。由上所述可知,近年来,中国经济在保持快速增长的同时,失业率不仅没有下降反而出现上升。奥肯定律这个在西方发达国家一直很"灵"的经济定律,而在中国出现失灵。

(二) 通货膨胀的经济代价

1. 通货膨胀的定义及度量

经济学界对通货膨胀的解释并不完全一致,一般所接受的是这样的定义:通货膨胀是物价水平普遍且持续的上升。例如弗里德曼说:"物价普遍的上涨就叫作通货膨胀"。而萨缪尔森则说:"通货膨胀的意思是:物品和生产要素的价格普遍上升的时期——面包,汽车,理发的价格上升;工资、租金等也都上升。"在理解通货膨胀时应注意:第一,物价的上升不是指一种或几种商品的物价上升,而是物价水平的普遍上升,即物价总水平的上升。第二,不是指物价水平一时的上升,而是指持续一定时期的物价上升。

衡量通货膨胀的指标通常是价格指数和通货膨胀率。

价格指数(PI)是反映不同时期一组商品(服务)价格水平的变化方向、趋势和程度的经济指标,是经济指数的一种,通常以报告期和基期相对比的相对数来表示,其计算公式为

$$PI = \frac{\sum P_t Q_t}{\sum P_0 Q_t} \times 100\%$$

其中,P_0,P_t 是基期和本期的价格,Q_t 是本期的商品量。

价格指数又可分为消费者价格指数(CPI)、生产者价格指数(PPI)和 GDP 折算指数。流行最广的通货膨胀指标是消费者价格指数。

消费者价格指数(CPI)又称零售物价指数或生活费用指数,是衡量各个时期居民个人消

费的商品和劳务零售价格变化的指标。它的基本意思是：人们有选择地选取一组相对固定的商品和劳务，然后比较它们按当期价格购买的花费和按基期价格购买的花费。用公式表示为

$$CPI = \frac{一组固定商品按当期价格计算的价值}{一组固定商品按基期价格计算的价值} \times 100\%$$

生产者价格指数（PPI）是衡量各个时期生产资料和消费资料批发价格变化的指标，是制定有关经济政策和国民经济核算的重要依据。由于 PPI 是衡量企业购买原材料和中间商品的价格指标，相当于企业的成本价格指标，企业最终会通过产品的生产、销售转移给消费者，也就是会影响消费者价格指数，这使得 PPI 成为经济社会中价格水平变化的信号，成为经济周期的指示性指标之一，被政策制定者密切关注[①]。

GDP 折算指数是名义 GDP 与实际 GDP 的比率，是衡量一国国内各个时期的一切商品与劳务价格变化的指标。

$$GDP 折算指数 = \frac{名义\ GDP}{实际\ GDP} \times 100\%$$

通货膨胀率是指当期价格水平相对于基期价格水平的变动率，通常用百分比表示。计算公式为

$$\pi_t = \frac{P_t - P_{t-1}}{P_{t-1}} \times 100\%$$

式中，π_t 为 t 期的通货膨胀率，P_t 为 t 期的价格水平，P_{t-1} 为 $(t-1)$ 期的价格水平。例如，上年的价格水平为 100，今年的价格水平为 112，那么今年相对于去年的通货膨胀率为 12%。

2. 通货膨胀的分类及成因

（1）按照通货膨胀的严重程度分类

第一类为爬行的通货膨胀，又称温和的通货膨胀。其特点是通货膨胀率低而且比较稳定。

第二类为加速的通货膨胀，又称奔驰的通货膨胀。其特点是通货膨胀率较高（一般在两位数以上），而且还在加剧。

第三类为超速通货膨胀，又称恶性通货膨胀。其特点是通货膨胀率非常高（一般在三位数以上），而且完全失去了控制。这种通货膨胀会引起金融体系完全崩溃、经济崩溃，以至于政权的更迭。例如，第一次世界大战后德国的通货膨胀与国民党政府垮台前旧中国的通货膨胀就属于这种超速通货膨胀。

第四类为受抑制的通货膨胀，又称隐蔽的通货膨胀。这种通货膨胀是指经济中存在着通货膨胀的压力，但由于政府实施了严格的价格管制与配给制，通货膨胀并没有发生。一旦解除价格管制并取消配给制，就会发生较严重的通货膨胀。原计划经济国家在经济改革过程中出现的通货膨胀就属于这种情况。

（2）根据通货膨胀的成因分类

第一类是需求拉动的通货膨胀。

---

① 高鸿业. 西方经济学[M]. 5 版. 北京：中国人民大学出版社，2011：510.

这是从总需求的角度来分析通货膨胀的原因,认为通货膨胀的原因在于总需求过度增长,总供给不足,即"太多的货币追逐较少的货物";或者是"因为物品与劳务的需求超过按现行价格可得到的供给,所以一般物价水平便上涨。"总之,就是总需求大于总供给所引起的通货膨胀。对于引起总需求过大的原因又有两种解释。

其一是凯恩斯主义的解释,强调实际因素对总需求的影响。凯恩斯认为:当经济中实现了充分就业时,表明资源已经得到了充分利用。这时,如果总需求仍然增加,就会由于过度总需求的存在而引起通货膨胀。可以用膨胀性缺口这一概念来说明这种通货膨胀产生的原因,膨胀性缺口是指实际总需求大于充分就业总需求时,实际总需求与充分就业总需求之间的差额。下面利用 AS-AD 模型分析需求拉动的通货膨胀,如图7.4所示,横轴表示国民收入 Q,纵轴表示价格水平 P,分析如下:

当总需求为 AD_1 时,决定了国民收入水平为 Q_1,价格为 P_1,这时国民收入并没有达到充分就业的水平 Q_3。当总需求增加到 AD_2 时,国民收入增加到 Q_2,这时国民收入仍然没有达到充分就业的水平 Q_3,但伴随着国民收入的增加,价格水平从 P_1 上升到了 P_2,于是,由于总需求的增加而发生了通货膨胀。这是因为当总需求增加后,总供给的增加并不能迅速满足总需求的这种增加,产生暂时的供给短缺,价格水平上升。但这时经济中并未实现充分就业,价格水平的上升刺激了总供给,使国民收入增加。在国民收入达到 Q_3 水平之前,随着总需求的增加,价格水平也随之增加。当国民收入达到 Q_3 时,由于此时国民收入已经达到充分就业水平时的产量,总供给曲线 AS 是一条垂线,总需求的增加不会使国民收入增加,只会使价格水平上涨,如图7.4所示,总需求曲线从 AD_3 移动到 AD_4,国民收入依然是 Q_3,但价格水平从 P_3 上涨到了 P_4,此时增长的总需求就是所谓的膨胀性缺口,以上这种情况就是需求拉动的通货膨胀。

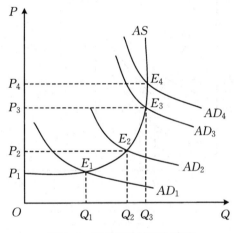

图7.4 需求拉动的通货膨胀

其二是货币主义的解释,强调货币因素对总需求的影响。货币主义认为:实际因素即使对总需求有影响也是不重要的,由此所引起的通货膨胀也不可能是持久的,引起总需求过度的根本原因是货币的过量发行。在货币流通速度稳定的假定下,则货币量的增加会引起总需求增加,总需求增加引起通货膨胀。所以美国经济学家弗里德曼认为:通货膨胀是发生在货币量增加的速度超过了产量增加的速度的情况下,而且单位产品所配给的货币量增加得愈快,通货膨胀的发展就愈快。

第二类是成本推动的通货膨胀。

成本推动通货膨胀理论,是西方学者企图从供给方面说明为什么会发生一般价格水平上涨的一种理论。成本推动通货膨胀,又称成本通货膨胀或供给通货膨胀,是指在没有超额需求的情况下由于供给方面成本的提高所引起的一般价格水平普遍且持续的上涨。

西方学者认为,成本推动通货膨胀主要是由于工资的提高造成的。他们把这种成本推动通货膨胀叫作工资推动通货膨胀,以区别于利润提高造成的成本推动通货膨胀。

工资推动通货膨胀是指不完全竞争的劳动市场造成的过高工资所导致的一般价格水平的上涨。在完全竞争的劳动市场上，工资率完全决定于劳动的供求，工资的提高不会导致通货膨胀；而在不完全竞争的劳动市场上，由于强大的工会组织的存在，工资不再是竞争的工资，而是工会和雇主集体议价的工资，并且由于工资的增长率，超过生产增长率，工资的提高就导致成本提高，从而导致一般价格水平上涨。这就是所谓工资推动通货膨胀。西方学者进而认为，工资提高和价格上涨之间存在因果关系：工资提高引起价格上涨，价格上涨又引起工资提高。这样，工资提高和价格上涨形成了螺旋式的上升运动，即所谓工资-价格螺旋。

利润推动通货膨胀是指垄断企业和寡头企业利用市场势力谋取过高利润所导致的一般价格水平的上涨。西方学者认为，就像不完全竞争的劳动市场是工资推动通货膨胀的前提一样，不完全竞争市场是利润推动通货膨胀的前提。在完全竞争的产品市场上，价格完全决定于商品的供求，任何企业都不能通过控制产量来改变市场价格，而在不完全竞争的产品市场上，垄断企业和寡头企业为了追求更大的利润，可以操纵价格，把产品价格定得很高，致使价格上涨的速度超过成本增长的速度。

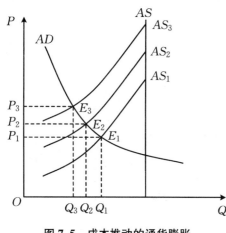

图7.5 成本推动的通货膨胀

在总需求曲线不变的情况下，包括工资推动通货膨胀和利润推动通货膨胀在内的成本推动通货膨胀，可以用图7.5来说明。横轴表示国民收入Q，纵轴表示价格水平P，总需求曲线为AD保持不变。当总供给曲线为AS_1时，此时经济的国民收入水平为Q_1，价格为P_1；当由于成本推动或者利益驱动使总供给曲线移动到AS_2时，此时均衡点为E_2，此时国民收入水平为Q_2，价格上涨到P_2；当总供给曲线不断向左上方移动时，国民收入不断下降，价格水平不断上涨。

第三类为结构性通货膨胀。

西方经济学家认为，在没有需求拉动和成本推动的情况下，只是由于经济结构因素的变动所引起的一般价格水平的普遍且持续的上涨。他们把这种价格水平的上涨叫作结构性通货膨胀。

结构性通货膨胀理论把通货膨胀的起因归结为经济结构本身所具有的特点。西方学者通常用生产率提高快慢不同的两个部门说明结构性通货膨胀。由于生产率提高的快慢不同，两个部门的工资增长的快慢也应当有区别。但是，生产率提高慢的部门要求工资增长向生产率提高快的部门看齐，结果使全社会工资增长速度超过生产率增长速度，因而引起通货膨胀。

上面关于需求拉动通货膨胀和成本推动通货膨胀的分析表明，通货膨胀对经济的冲击，使得总需求曲线和总供给曲线发生移动，导致一个新的更高价格水平的均衡。但是，通货膨胀不是价格水平的一次性改变，而是价格水平的持续上升。在大多数情况下通货膨胀似乎有一种惯性。如果经济有了8%的通货膨胀率，那么，这8%的通货膨胀率会有不断持续下去的趋势。这种情况被称为通货膨胀螺旋①。

产生这种现象的原因在于人们对于通货膨胀的预期,如果经济中大多数人都预期到同样的通货膨胀率,那么,这种对通货膨胀预期就会变成经济运行的现实。以工资为例,在通货膨胀时期,劳工与厂方谈判,要求保证工资上升与物价水平的上涨相一致,以使他们的实际工资不会下降。工资提高引起价格上涨,价格上涨又引起工资提高。于是,工资提高和价格上涨形成了螺旋式的上升运动,这就是前面所说的工资-价格螺旋。

考虑到上述情况,可以说,单纯用需求拉动或成本推动都不足以说明一般价格水平持续上涨。事实上,无论通货膨胀的原因如何,只要通货膨胀开始,需求拉动和成本推动过程几乎都发挥着作用。即使导致通货膨胀的初始原因消失了,通货膨胀也可以自行持续下去。当工人们预期物价会上涨时,他们就会坚持要求增加工资,而工资的上升,使企业成本增加,从而又导致更高的价格水平。

3. 通货膨胀的经济代价

(1) 通货膨胀的影响

一般来说,通货膨胀不会降低人们平均实际生活水平。一些人认为,通货膨胀会降低人们的实际收入,从而降低人们的生活水平。这实际上是一个错误的认识。根据国民收入循环理论,有1美元的最终产品就有1美元的国民收入。当价格上涨一倍时,国民收入也会上涨一倍。结果实际收入会保持不变。对于不同的个人,通货膨胀可能会使一些人的实际收入上升,也会使另一些人的实际收入下降,总的实际收入水平和平均的实际收入水平保持不变,从而平均的实际生活水平不会因此而受到影响。

在特殊情况下,通货膨胀时人们的实际生活水平可能下降。其一,为治理通货膨胀,政府实施紧缩政策,在此政策实施的初期,当总需求下降引起总产量下降时,人们通货膨胀的预期并不立即下降,这会使通货膨胀持续一段时期。此时,通货膨胀仍然存在,但人们的实际收入却下降了,从而导致人们实际生活水平下降。但是造成生活水平下降的原因并不是通货膨胀,而是总需求紧缩引起的经济衰退。所以,人们实际生活水平的下降与否并不与通货膨胀直接相关,而与总产量水平直接相关。其二,当价格上涨的幅度大于货币供给上升的幅度时,实际货币供给量会减少,从而引起利率上升,造成总需求的下降,使总产量减少,引起人们实际生活水平的下降。其三,成本推动型的通货膨胀会引起总产量减少,从而引起人们实际生活水平下降。

通货膨胀会导致收入再分配。通货膨胀对人们实际收入的总水平没有多大的影响,但它却会使收入和财富重新分配,使一些人从中受益,使另一些人从中受损。其一,通货膨胀会降低那些有固定货币收入的人们的实际收入,使他们的生活水平下降。对于固定收入阶层来说,其收入是固定的货币数额,落后于上升的物价水平。其实际收入因通货膨胀而减少,他们每一元收入的购买随价格的上升而下降。而且,由于他们的货币收入没有变化,因而他们的生活水平必然相应地降低。其二,在名义利率的提高低于通货膨胀率时,借者受

---

① 高鸿业. 西方经济学[M]. 5 版. 北京:中国人民大学出版社,2011:514.

益、贷者受损。由于大多数借贷没有完全指数化[①]，当通货膨胀率高于债权人的收益率,那么通货膨胀上升意味着债权人借出去的钱贬值,通货膨胀使得债权人利益受损。同样,通货膨胀也对储蓄者不利。其三,通货膨胀使政府的税收增加,使个人可支配收入减少。

(2) 通货膨胀的危害

通货膨胀一般不会降低人们总实际收入水平,但这并不等于它是无害的。通货膨胀会造成市场扭曲,增加经济活动中的不确定,引起社会的普遍不满,危害社会经济和社会生活的正常发展。

危害一,通货膨胀会造成国民收入的重新分配,因此会加剧市场竞争。人们通过各种竞争手段使自己名义收入的增长率超过通货膨胀率。当他们发现自己的目标并未实现的时候,就会感到通货膨胀的危害。更激烈的竞争与普遍的失望和抱怨会造成社会生活的动荡不安。

危害二,通货膨胀会增加市场的不确定性,加大投资的风险,使投资减少,资本存量增长缓慢,造成经济增长乏力。例如,商品的价格应该是市场对生产者发出的信号,生产者根据这个信号来掌握市场对自己产品的需求,从而相应地提高或者减少生产规模,以保证各种社会经济资源能够得到更好的运用。但是在通货膨胀的情况下,一种商品价格的上涨,并非是由于市场的真正需求的上涨,而只是由于生产者的投机冲动或者消费者对价格进一步上涨的恐慌造成的。使得投资的风险加大,投资减少,经济增长缓慢。

危害三,通货膨胀将阻碍劳动生产率的提高。由于通货膨胀加剧了经济的不确定性,这种不确定性使得社会资源不能得到有效配置,人们不再是集中在自己拥有比较优势的经济活动上,而是把精力投入在寻找避免通货膨胀所带来的损失上,结果,几乎每一个人都不再钻研其所擅长的专业,而是像业余经济学家和通货膨胀预测者那样投入更多的时间尝试预测通货膨胀,本应用于生产性创造的发明才能却被用于寻找从通货膨胀中获利的方法。从全社会的角度看,通货膨胀导致的这种才能分流阻碍了社会劳动生产率的提高[②]。

总之,通货膨胀会使几乎所有的社会成员感到紧张和不安,会破坏正常的经济生活,使社会各阶层滋生不满情绪,造成经济和社会的动荡。

延伸阅读 2

对我国 2007 年通货膨胀的思考?

2007 年对于中国的老百姓来说,是不同寻常的一年。中国经济结束了自 2000 年开始的近七年的"高增长,低通货膨胀"幸福时光。由年初粮食和食用植物油涨价开始,到五月份猪肉价格开始突然走高,出现了以食品价格上涨为主的带动的结构性价格上涨(图 7.6 和表 7.3):居民消费价格比上年上涨 4.8%,其中食品价格上涨 12.3%;商品零售价格上涨 3.8%;食品价格上涨为近几年之最;工业品出厂价格上涨 6.9%;农业生产资料价格上涨 20.3%;农产品生产价格上涨 18.5%;70 个大中城市房屋销售价格上涨 6.5%,其中新建住

[①] 斯蒂格利茨.经济学[M].2 版.北京:中国人民大学出版社,2000:720.
[②] 巴德,帕金.宏观经济学原理[M].2 版.梁小民,黄险峰,译.北京:中国人民大学出版社,2004:720.

宅价格上涨7.1%,二手住宅价格上涨6.2%;房屋租赁价格上涨1.4%。股票价格指数除五月末至七月下旬以及十月以后出现较大幅度的偏差调整外,其余时间总体上快速上行,10月16日达到历史最高水平(上证综合指数6124点,比年初上涨3449点),年末上证,深证综合指数分别为5262点和1447点,比年初分别增长97%和163%。

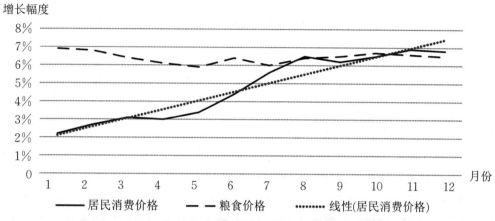

图7.6 2007年1～12月份中国居民消费价格、粮食价格涨跌幅度
资料来源:《2007年国民经济和社会发展统计公报》。

表7.3 2007年居民消费价格比上年涨跌幅度(%)

指标	全国	城市	农村
居民消费价格	4.8	4.5	5.4
食品	12.3	11.7	13.6
其中:粮食	6.3	6.4	6.2
肉禽及其制品	31.7	31.6	31.8
油脂	26.7	25.5	28.3
鲜蛋	22.9	23.0	22.8
鲜菜	7.3	6.6	9.4
鲜果	0.1	-0.2	1.0
烟酒及用品	1.7	1.8	1.6
服装	-0.6	-0.9	0.2
家庭设备用品及服务	1.9	1.9	2.1
医疗保健及个人用品	2.1	1.7	2.8
交通和通信	-0.9	-1.6	0.6
娱乐教育文化用品及服务	-1.0	-0.7	-1.6
居住	4.5	4.5	4.4

资料来源:《2007年国民经济和社会发展统计公报》。

通过对2007年的物价上涨进行剖析,可以说成因是多方面的。既有中国经济本身的缺陷,同时也有国际因素的影响。本轮通货膨胀的主要就是由食品价格上涨带动。根据表7.3可以看出:油脂、蛋类以及肉类制品价格涨幅达到了20%以上,其中肉类制品同比涨幅甚至高达36%。

由此产生的影响可以说是显著的,通货膨胀不仅抑制投资,侵蚀储蓄,而且破坏经济秩序,阻碍经济增长,甚至影响社会稳定,引发社会危机。可以说通货膨胀已经广泛影响到人们的日常生活和社会经济的健康发展。

对于通货膨胀的影响,凯恩斯曾指出,再没有什么比通过摧毁一国的货币来摧毁一个社会的基础更容易的事情了[1]。这个过程涉及破坏经济过程的所有隐藏经济法则的力量,并以绝大多数无法诊断的方式进行。也就是说,通货膨胀通常是由货币泛滥引起,而通货膨胀出现或恶化不仅会导致市场价格的严重扭曲,而且也会导致一国货币的严重贬值,并由此破坏整个市场的运作法则。一方面,通货膨胀对经济增长的影响是巨大的。从短期来看,轻微的通货膨胀能够促进产出的增长和收入的增加,能够刺激政府的投资性支出和社会总需求的增加,从而促进经济的有效增长。许多经济学家长期以来坚持这样的看法,即认为温和的或爬行的需求拉动的通货膨胀将刺激产出的扩大和就业的增加,中国近10年的发展也就充分体现了短期轻微的通货膨胀对中国经济发展的积极作用。但是,从长期来看,剧烈的通货膨胀对经济增长的消极作用也是非常明显的。通货膨胀的时间越长、越剧烈,就越会增加生产性的投资风险,使生产投资下降,不利于经济增长。另一方面,通货膨胀对国内居民的影响也是潜移默化的。首先,对于固定的工资收入持有者来说在通货膨胀中会遭受损失。对于那些固定收入的阶层,如领取救济金、退休金的人等,他们的收入属于弹性很小的固定资金额,普遍追赶不上物价上涨的幅度,尽管实际收入通过名义工资有所提高但是购买力将不断下降,导致固定收入者生活质量下降。其次,通货膨胀对居民储蓄不利,伴随物价水平上涨,居民存入银行的资金的实际价值就会下降,从而导致原本拥有的资金按照相反的利率来计算,使民众所持有的资金受到严重的打击。最后,通货膨胀还会对居民就业产生很大影响,虽然通货膨胀在前期内可以刺激生产者扩大生产,从而增加就业机会,扩大就业渠道,但是只要当通货膨胀继续以这种趋势发展下去,那么就会大大地降低人们的积极性,企业不愿意多提供产品而且工人的劳动生产率极大下降,这就会导致出现失业增多的现象。

二、失业与通货膨胀的两难选择

经济学家关注取舍:如果我们想要更多的一种东西,我们必须放弃什么?如果我们愿意接受较高的平均通货膨胀率,我们可以有一个较低的平均失业率吗?保持低而稳定的通货膨胀意味着产出和失业将会更不稳定吗[2]?显而易见,我们都喜欢低通货膨胀率与低失业率

---

[1] 于星慧,代婧. 对我国2007年通货膨胀的思考[J]. 现代商业,2014(17):79-80.
[2] 斯蒂格利茨. 经济学:下册[M]. 3版. 梁小民,等译. 北京:中国人民大学出版社,2005:795.

并存,如果这么简单,为什么决策者有时却在使经济免受通货膨胀之苦上遇到麻烦呢?一个原因是人们通常认为通货膨胀率和失业率之间存在取舍关系,即降低通货膨胀会引起失业暂时增加[①]。

(一) 从总供给曲线看失业与通货膨胀

为什么我们面临这种权衡取舍?根据普遍的解释,这种权衡取舍的产生是由于某些价格调整缓慢。例如,假定政府减少了经济中的货币量,在长期中,这种政策变动的唯一后果是物价总水平的下降,但并不是所有的价格都会立即作出调整。在所有企业都印发新目录,所有工会都作出工资让步,以及所有餐厅都印了新菜单之前,很可能几年时间已经过去了。这就是说,可以认为价格在短期中是黏性的。由于价格是黏性的,各种政府政策都具有不同于长期效应的短期效应。例如,当政府减少货币量时,它就减少了人们支出的数量。较低的支出与居高不下的价格结合在一起就减少了企业销售的物品与劳务量。销售量减少又引起企业解雇工人。因此,在对价格的变动作出完全的调整之前,货币量减少就暂时增加了失业[②]。

如何从理论上给出更加准确的解释呢?此处就要联系到总供给曲线理论。在前面章节中介绍总供给曲线时,我们证明了短期与长期的总供给的行为方式是不同的。在长期,价格具有弹性,但经济的产出仍然保持在其自然水平上。与此相反,在短期,价格具有黏性,总供给曲线不是垂直的。在这种情况下,总需求曲线的移动确实引起了产出的波动。把短期总供给曲线画为水平线,代表所有价格都固定的极端情况,这是对价格黏性的简化处理。现在我们的任务是加强对短期总供给的理解,以便更好地反映只有部分价格具有黏性的现实世界[③]。

假定决策者想利用货币或财政政策扩大总需求。在短期内,这一政策将使经济沿着短期总供给曲线变动到更高产出和更高物价水平的一点上。在图 7.7 中表现为,总需求曲线从 AD_1 移到 AD_2,均衡点从 A 点变动到 B 点,总需求的增加使实际物价水平 P_1 上升为 P_2,

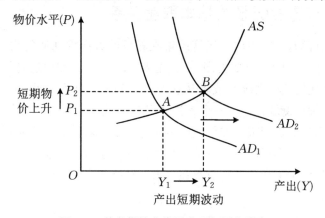

图 7.7 从总供给曲线看失业与通货膨胀

---

① 曼昆.经济学原理[M].梁小民,译.北京:北京大学出版社,2001:14-15.
② 曼昆.经济学原理[M].梁小民,译.北京:北京大学出版社,2001:14-15.
③ 曼昆.宏观经济学[M].6版.张帆,等译.北京:中国人民大学出版社,2009:385.

产量从 Y_1 增加到 Y_2。较高的产出意味着较低的失业,因为当企业生产更多时,它们需要更多的工人。在前一年的物价水平给定的情况下,较高的物价水平意味着较高的通货膨胀。因此,当决策者使经济沿着短期总供给曲线向上运动时,他们降低了失业率而提高了通货膨胀率。相反,当他们紧缩总需求并使经济沿着短期总供给曲线向下运动时,失业增加了而通货膨胀下降了。可见,经济决策者的两个目标——低通货膨胀和低失业率,往往是冲突的①。

需要注意的是,当通货膨胀是由供给推动时,此时通货膨胀和失业是正相关的。也就是说,我们会同时遭受更高的通货膨胀和失业,或者同时享受更低的通货膨胀和失业。那么这是不是意味着货币政策和财政政策能够躲过通货膨胀和失业之间的替代关系呢?当然不是。总供给曲线的移动能够导致通货膨胀和失业同升或同降,从而打破了统计上的菲利普斯曲线关系。但是,货币政策和财政政策产生的任何影响,都将使失业和通货膨胀反向变化,即使通货膨胀是因供给层面的问题引发的,并使通货膨胀和失业同时发生,货币和财政当局仍然面临着这种替代关系:他们采取的提高就业的任何措施都可能会恶化通货膨胀,而降低通货膨胀的任何举措也可能扩大失业。因为货币政策和财政政策只影响总需求曲线,而不影响总供给曲线。所以,不论通货膨胀的根源是什么,实行货币政策和财政政策的当局依然面临着通货膨胀和失业之间令人不悦的替代关系②。

在考察短期总供给曲线的基本理论后,我们确立了一个关键的启示。这条曲线意味着经济绩效的两个衡量指标——通货膨胀和失业之间的取舍关系。这种取舍关系被称为菲利普斯曲线(后文将详细介绍),它告诉我们,为了降低通货膨胀率,政策制定者必须暂时增加失业;为了减少失业,他们必须接受更高的通货膨胀。也就是说,失业与通货膨胀反方向变动。经济中经常会出现失业与通货膨胀此消彼长的现象,促使人们研究失业率与通货膨胀率之间的关系。本章的目标之一是解释为什么政策制定者在短期面临这种取舍关系,同样重要的是解释为什么他们在长期中没有面临这种取舍关系③。需要说明的是,在长期中,大多数经济学家认为长期菲利普斯曲线应该是垂直的,通货膨胀与失业之间不存在交替关系④。

(二) 失业与通货膨胀的基本取舍关系

由前面的讨论可知,短期中许多经济政策在相反的方向推动通货膨胀与失业。无论通货膨胀和失业从高水平开始(正如美国20世纪80年代初的情况)还是从低水平开始(正如美国20世纪90年代后期的情况),或者从这两者之间某个地方开始,货币政策和财政政策的制定者都面临这种权衡取舍——一个无法避免的替代关系。⑤ 如果他们刺激总需求以降低失业,他们就会提高通货膨胀。如果他们限制总需求以对付通货膨胀,他们就会引起更多的失业。用高失业换取低通货膨胀,或是用高通货膨胀换取低失业,都使政府决策者陷入了两难的境地,促使经济学家和公共官员都在寻求一种能走出困境的方法⑥。

---

① 曼昆. 宏观经济学[M]. 6版. 张帆,等译. 北京:中国人民大学出版社,2009:385.
② 鲍莫尔. 经济学原理与政策[M]. 9版. 方齐云,等译. 北京:北京大学出版社,2006:787-788.
③ 曼昆. 宏观经济学[M]. 6版. 张帆,等译. 北京:中国人民大学出版社,2009:385.
④ 威赛尔斯经济学[M]. 沈国华,译. 上海:上海人民出版社,2004:212-217.
⑤ 曼昆. 经济学原理[M]. 梁小民,译. 北京:北京大学出版社,2001:14-15.
⑥ 鲍莫尔. 经济学原理与政策[M]. 9版. 方齐云,等译. 北京:北京大学出版社,2006:787-788.

第七讲 失业与通货膨胀

短期中决策者可以通过改变政府支出量、税收量和发行的货币量来影响经济所经历的通货膨胀与失业的组合。由于这些货币与财政政策工具具有如此大的潜在力量，所以，决策者应该如何运用这些工具来控制经济，应该在什么时候采取行动来刺激或抑制经济，每个决策都涉及取舍关系①。考虑一下1994年和1995年美国决策者所面临的问题，当时失业率从7%降到6%，又降到了5.4%。每个人都认为，在某一点上，通货膨胀压力就会来临。当时的问题是，它在什么时候来临？例如，如果美联储行动过早，并且利率提高得太多，复苏就会停止，又会使经济回到衰退。如果等待时间太长，通货膨胀率又会上升②。

现在的焦点主要并不是以轻微的通货膨胀换取失业率的暂时下降。政府认识到，它们不能长期使经济以低于自然失业率的比率运行而又不使通货膨胀加速，而且大多数人也不愿意利用高通货膨胀率换取降低失业的短暂好处，典型的情况就是失业下降要比有一段时滞的通货膨胀早一些③。我们最终得到一个共识：当失业率保持在自然失业率之下时，通货膨胀率就上升；当失业率保持在自然失业率之上时，通货膨胀率就会下降。一个经济社会不可能长期将失业率保持在自然失业率之下而又不面临日益提高的通货膨胀。这个共识的一个重要结果就是一种正在形成的政策信念——政府不应该把失业率降到自然失业率之下。④现在，争论更多集中在风险上：如果自然失业率是不确定的，政府是应该主动进取还是保守呢？愿意用多大通货膨胀上升的风险作为资源没有得到充分利用的代价呢？但在确定这些风险时，经济学家仍然要继续评估通货膨胀和失业的代价。⑤

一个国家可以利用暂时减少产出和提高失业率的办法来降低惯性通货膨胀率，但是，政策制定者在权衡反通货膨胀政策的时候，也许很想了解将通货膨胀排除到经济生活之外要付出多大的代价？实施反通货膨胀、使通货膨胀率降低的政策要付出多大的代价？有关研究表明，降低通货膨胀率的代价会因为国家、初始通货膨胀率和所采取政策的不同而不同。有些人曾对美国的反通货膨胀代价进行过研究，并已经获得了一致的答案。这些研究表明，用提高失业率的办法使通货膨胀率每降低1个百分点，就会使年GDP减少4%。而就当时的GDP水平来说，使通货膨胀率降低1个百分点的损失大约为3000亿美元（按1996年美元价格）。⑥我们可以对此进行大致估算，牺牲率反映的是降低通货膨胀的成本，即为使通货膨胀下降1%，而要求一年中失业率保持在自然失业率之上多少。有人认为1996年美国的牺牲率为2个百分点左右，也就是说如果失业率一年低于自然失业率2%，那么通货膨胀只上升1%；相反，要使通货膨胀率下降1%，就要求一年的失业率比自然失业率高2%。⑦同时奥肯定律指出：当失业率高于自然失业率2个百分点时，实际GDP就将比潜在的GDP水平下降4%。就1996年的情况来看，潜在GDP为7.6万亿美元（按1996年美元价格），要让通货膨胀率降低1个百分点，就必须使当年的失业率大约提高2个百分点。于是，如果按美

---

① 曼昆.经济学原理[M].梁小民,译.北京:北京大学出版社,2001:14-15.
② 斯蒂格利茨.经济学:下册[M].2版.黄险峰,张帆,译.北京:中国人民大学出版社,2002:766-767.
③ 斯蒂格利茨.经济学:下册[M].2版.黄险峰,张帆,译.北京:中国人民大学出版社,2002:766-767.
④ 斯蒂格利茨.经济学:下册[M].2版.黄险峰,张帆,译.北京:中国人民大学出版社,2002:727.
⑤ 斯蒂格利茨.经济学:下册[M].2版.黄险峰,张帆,译.北京:中国人民大学出版社,2002:766-767.
⑥ 萨缪尔森,诺德豪斯.经济学[M].16版.萧琛,等译.北京:华夏出版社,1999:480-484.
⑦ 斯蒂格利茨.经济学:下册[M].2版.黄险峰,张帆,译.北京:中国人民大学出版社,2002:727.

元计算,降低 1 个百分点的通货膨胀要付出的代价是:2%(2 个百分点的失业率)×2%(失业率高于自然失业率时 GDP 下降的百分比)×7.6 万亿美元 GDP=3,040 亿美元。①

在菲利普斯曲线理论的基础上,经济学家们对菲利普斯曲线进行了修正,以费尔普斯和弗里德曼为代表的货币主义经济学家最先提出质疑,主要涉及两个方面:第一,菲利普斯曲线是一条稳定关系的曲线吗? 第二,失业和通货膨胀的交替关系在长期中存在吗?② 自此,菲利普斯曲线有了长期和短期的区别,即向下倾斜的菲利普斯曲线仅仅适用于短期情况,而在长期中,存在着与稳定的通货膨胀水平相适应的最低失业率水平,这一失业率称为非加速通货膨胀的失业率。③ 当经济处于非加速通货膨胀的失业率水平时,意味着通货膨胀是稳定的,没有受到向上的压力,不存在加速或下降的趋势。然而,现实情况是,一个国家不可能一直处于非加速通货膨胀的水平而又不造成工资和物价的螺旋式上升。短期内,一个国家或许能驾驭短期的菲利普斯曲线,但长期内,经济扩张与低失业率并存的局面必然被打破,最终经济增长和繁荣需要依靠通货膨胀率的上升,上升到一定程度时,难免经历痛苦的紧缩时期以降低通货膨胀率。

(三) 关于取舍的不同观点

失业了,无工作可做;通货膨胀了,钱不值钱。两杯"苦酒",如何抉择?

不同的群体对待失业和通货膨胀的态度有很大不同,关键是要认识到失业与通货膨胀对不同群体的影响。那些承担通货膨胀代价的人往往不同于承担失业代价的人。失业的代价往往集中于非熟练工人,这些低工资工人和其他处境差的群体可能从低失业政策中获益最大,因为他们没有什么储蓄,承担的通货膨胀代价很小。正如通货膨胀上升时出现的一般情况那样,通货膨胀未预期到的上升的代价一般主要由那些拥有长期债券的人承担,他们眼看着随着通货膨胀上升,这些债券的价值在减少。因此,毫不奇怪,工会一般推动更加主动进取的宏观经济政策,而华尔街的债券持有者推动更加保守的政策。由于更主动进取的政策一般是使美联储降低利率,利率是借债为存货和厂房与机器购买筹资的企业的主要成本,并提高产出水平,这两者对企业都是好事;同样毫不奇怪的是,像全国制造业协会这样的企业组织一般也支持更加主动进取的政策。④

虽然大多数经济学家现在接受了"通货膨胀与失业之间存在短期权衡取舍"思想,但是却未能在取舍的问题上达成一致意见。⑤ 那些支持富有进取心政策的人相信,由于未能把失业保持在尽量低而又不至于引起严重通货膨胀风险的水平所造成的产出损失和经济危险是巨大的,而低通货膨胀的实际代价是小的,失业的成本大于通货膨胀的成本,尤其是在实行指数化时更是如此。他们还相信,纠正"错误"的代价并不是很高,"错误"是指短时期中把失业率降到自然失业率之下,所以他们支持主动进取的政策,主张低失业政策。一些经济学家

---

① 萨缪尔森,诺德豪斯. 经济学[M]. 16 版. 萧琛,等译. 北京:华夏出版社,1999:480-484.
② 武献华,庞明川. 中国经济转轨中的失业、通货膨胀与经济增长[M]. 大连:东北财经大学出版社,2003:90-93.
③ 萨缪尔森,诺德豪斯. 宏观经济学[M]. 17 版. 萧琛,等译. 北京:人民邮电出版社,2004:280-285.
④ 斯蒂格利茨. 经济学:下册[M]. 2 版. 黄险峰,张帆,译. 北京:中国人民大学出版社,2002:766-767.
⑤ 曼昆. 经济学原理[M]. 梁小民,译. 北京:北京大学出版社,2001:14-15.

担心通货膨胀时代一旦开始就很难得到控制,这种控制一般要求延长高失业时期。他们不仅认为通货膨胀的代价高,而且认为降低失业的短期利益小于高失业的风险,这会引起通货膨胀,美联储"被迫"进行"非通货膨胀",所以他们支持保守政策,主张低通货膨胀政策。因此,政策分歧主要来源于对通货膨胀和失业的代价的估量上的分歧。①

对于"政府是否应该采取强硬措施以阻止或降低通货膨胀"的问题,认为通货膨胀成本大于失业成本的人的答案是肯定的,持有这种经济观点的人往往是货币主义者和理性预期主义者以及(通常保守的)赞成他们的政治家;认为失业的成本大于通货膨胀成本的人的答案是否定的,许多凯恩斯主义者持有这些观点,支持他们的(一般是自由主义的)政治家常常会反对以衰退为代价来反通货膨胀,这一点丝毫不让人奇怪了。②

(四) 残酷的两难困境

政策制定者关心的是如何降低惯性通货膨胀率又不引起大量失业,但历史经验表明,惯性通货膨胀率的下降往往是以经济衰退为代价。为了减小这一代价,各国经济学家们纷纷提出完善劳动力市场信息服务,改进劳动者培训计划,降低政策障碍,以提高失业者寻找工作积极性等措施。然而,这些措施的可操作性和效果连他们自己都表示怀疑。

今天许多经济学家都认为,在我们的经济运行中存在着一个最低可持续失业率。如果失业率低于这一水平,则我们的经济运行就只能面临通货膨胀螺旋上升的风险。而且,他们还认为这一可持续失业率常常是高度缺乏效率。批评资本主义制度的人发现,这种充斥于北美和欧洲国家的高失业现象,是现代资本主义经济的主要缺陷。如何寻找办法来摆脱这种必须以高失业率来遏制通货膨胀的残酷的两难困境,仍是现代宏观经济学最关心的问题之一。③

三、失业与通货膨胀的关系

失业与通货膨胀是短期宏观经济运行中的两个主要问题。如果经济决策者的目标是低通货膨胀和低失业,则他们会发现低通货膨胀和低失业目标往往是冲突的。利用总需求和总供给模型来解释,假设决策者想用货币或财政政策扩大总需求,在理论上,这种政策将使经济沿着短期总供给曲线变动到更高产出和更高物价水平的一点上。较高的产出意味着较低的失业,因为当企业生产更多时,它们需要更多的劳动力,而较高的物价水平则意味着较高的通货膨胀。因此,当决策者使经济沿着短期总供给曲线向上移动时,他们降低了失业率而提高了通货膨胀率。相反,当决策者紧缩总需求并使经济沿短期总供给曲线向下移动时,失业增加了而通货膨胀率下降了。因此,有必要从理论上探讨失业和通货膨胀之间的关系,在宏观经济学中,失业和通货膨胀的关系主要是由菲利普斯曲线来说明的。④

---

① 斯蒂格利茨. 经济学:下册[M]. 2版. 黄险峰,张帆,译. 北京:中国人民大学出版社,2002:786.
② 鲍莫尔. 经济学原理与政策[M]. 9版. 方齐云,等译. 北京:北京大学出版社 2006:787-788.
③ 萨缪尔森,诺德豪斯. 经济学[M]. 16版. 萧琛,等译. 北京:华夏出版社,1999:480-484.
④ 高鸿业. 西方经济学:宏观部分[M]. 5版. 北京:中国人民大学出版社,2012.

(一)菲利普斯曲线的提出

1. 原始的菲利普斯曲线

1958年,在英国任教的新西兰籍经济学家菲利普斯在研究了1861~1957年英国的失业率和货币工资增长率的统计资料后,提出了一条用以表示失业率和货币工资增长率之间替换关系的曲线,在以横轴表示失业率,纵轴表示货币工资增长率的坐标系中,画出一条向右下方倾斜的曲线,这就是最初的菲利普斯曲线。它表明失业率减少时,货币工资增长速度趋向上升;失业率增加时,货币工资增长率就趋于减少。这揭示出在失业和名义工资增长速度之间存在此消彼长的关系。用公式表示为:

$$g_w = -b(u - u^*)$$

式中,g_w 表示下一期的货币工资增长速度,即 $g_w = (w_{t+1} - w_t)/w_t$;$-b$ 表示名义工资增长率对失业的反应程度参数。

菲利普斯曲线被表示为图 7.8。图中横轴为失业率 u,纵轴为名义增长率 g_w,PC 为菲利普斯曲线。[①]

2. 修改的菲利普斯曲线

以萨缪尔森为代表的新古典综合派随后便把菲利普斯曲线改造为失业和通货膨胀之间的关系,并把它作为新古典综合理论的一个组成部分,用以解释通货膨胀。

新古典综合派对最初的菲利普斯曲线加以改造的出发点在于如下所示的货币工资增长率、劳动生产率和通货膨胀之间的关系:

$$通货膨胀率 = 货币工资增长率 - 劳动生产增长率$$

根据这一关系,若劳动生产的增长率为零,则通货膨胀率就与货币工资增长率一致。因此,经改造的菲利普斯曲线就表示了失业率与通货膨胀率之间的替换关系,即失业率高,则通货膨胀率低;失业率低,则通货膨胀率高。菲利普斯曲线如图 7.9 所示。

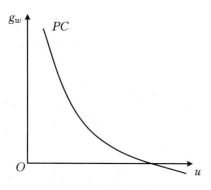

图 7.8　原始的菲利普斯曲线

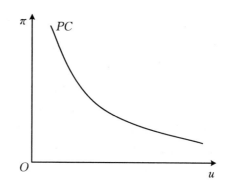

图 7.9　菲利普斯曲线

图 7.9 中,横轴代表失业率 u,纵轴代表通货膨胀率 π,向右下方倾斜的曲线 PC 即为菲

---

① 吴易风.西方经济学:下册[M].北京:高等教育出版社,2011.

利普斯曲线。若设 u^* 代表自然失业率,则可以将简单形式的菲利普斯曲线表示为:

$$\pi = -a(u - u^*)$$

于上式中,参数 a 衡量价格对于失业率的反应程度。举例来说,如果 a 是 2,上述方程表示,实际失业率相对于自然失业率每增加 1 个百分点,则通货膨胀率下降 2 个百分点。总之,上述方程描述的是,当失业率超过自然失业率,即 $u > u^*$ 时,价格水平就下降,当失业率低于自然失业率时,价格水平就上升。[①]

(二)用总需求曲线和总供给曲线来解释菲利普斯曲线

菲利普斯发现失业率和通货膨胀率之间的反向关系,图 7.10(a) 反映了导致这种反向关系的因素。

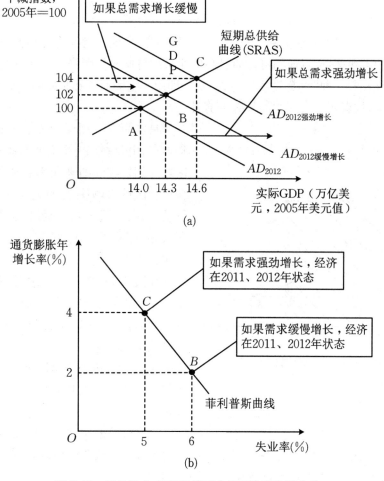

图 7.10 用总需求-总供给模型来解释菲利普斯曲线

---

① 高鸿业.西方经济学:宏观部分[M].5 版.北京:中国人民大学出版社,2012.

图 7.10(a)所示为总需求-总供给(AD-AS)模型,图 7.10(b)所示为菲利普斯曲线。为简化起见,在图 7.10(a)基本总需求-总供给模型中,我们假定长期总供给曲线(LRAS)和短期总供给曲线(SRAS)都不发生移动。假定在 2011 年经济处于 A 点,实际 GDP 为 14 万亿美元,价格水平为 100。假定总需求增长缓慢,经济移动到 B 点,实际 GDP 14.3 万亿美元,价格水平为 102。在图 7.10(b)中,通货膨胀为 2%,失业率为 6%。假定在 2012 年需求强劲增长,经济移动到 C 点,实际 GDP 为 14.6 万亿美元,价格水平为 104。强劲的需求增长导致通货膨胀为 4%,失业率降低到 5%。这种高通货膨胀、低失业的组合用图 7.10(b)中的 C 点表示。

AD-AS 模型显示,总需求的缓慢增长导致高失业和低通货膨胀。这种关系解释了向下倾斜的菲利普斯曲线:为什么通货膨胀和失业之间存在短期的替代关系。①

(三)菲利普斯曲线的政策含义

菲利普斯曲线被修正后,迅速成为西方宏观经济政策分析的基石。它表明,政策制定者可以选择不同的失业率和通货膨胀率的组合。例如,只要他们能够容忍高通货膨胀,他们就可以拥有低的失业率,或者他们可以通过高失业来维持低通货膨胀率。换言之,在失业和通货膨胀之间存在着一种"替换关系"(trade-off),即用一定的通货膨胀率的增加来换取一定的失业率的减少,或者用后者的增加来减少前者。

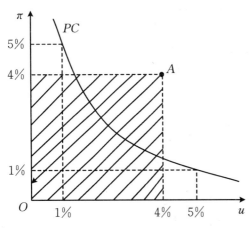

图 7.11 菲利普斯曲线与政策运用

具体而言,一个经济社会先确定一个社会临界点,由此确定一个失业与通货膨胀的组合区域。如果实际的失业率和通货膨胀率组合在组合区域内,则社会的决策者不用采取调节行动,如在区域之外,则可根据菲利普斯曲线所表示的关系进行调节。现用图 7.11 来说明。

在图 7.11 中,假定当失业率和通货膨胀率在 4% 以内时,经济社会被认为是安全的或可容忍的,这时在图中就得到了一个临界点,即 A 点,由此形成一个四边形区域,称其为安全区域,如图中的阴影部分所示。如果该经济的实际失业率与通货膨胀率组合落在安全区域内,则决策者无须采取任何措施(即政策)进行调节。

如果实际通货膨胀率高于 4%,例如达到了 5%,这时根据菲利普斯曲线,经济决策者可以采取紧缩性政策,以提高失业率为代价降低通货膨胀率。从图中可以看到,当通货膨胀率降到 4% 以下时,经济的失业率仍然在可忍受的范围内。

如果经济社会的失业率高于 4%,例如 5%,这时根据菲利普斯曲线,决策者可以采取扩

---

① 哈伯德,奥布来恩. 宏观经济学[M]. 3 版. 王永钦,赵英军,译. 北京:机械工业出版社.

张性政策,以提高通货膨胀率为代价降低失业率。从图中看到,当失业率降到4%以下时,经济的通货膨胀率仍然在可忍受的范围内。

(四) 从总供给曲线推导出菲利普斯曲线

菲利普斯曲线是短期总供给曲线的反映:当决策者使经济沿着短期总供给曲线运动时,失业与通货膨胀反方向变动,菲利普斯曲线是表述总供给的一种有用的方法,因为失业与通货膨胀都是经济状况的如此重要的衡量指标。

菲利普斯曲线的现代形式说明了通货膨胀率取决于三种力量:① 预期的通货膨胀;② 失业与自然率的背离,被称为周期性失业;③ 供给冲击。这三种力量可以用下式来表述:

$$\pi = \pi^e - \beta(u - u^*) + v$$

通货膨胀 = 预期通货膨胀 − (β × 周期性失业) + 供给冲击

式中,β是衡量通货膨胀对周期性失业的反应程度的参数。要注意的是,在周期性失业这一项带有负号:其他因素相同时,高失业与低通货膨胀相联系。

这个菲利普斯曲线方程式来自何方呢?虽然这个方程式看来并不熟悉,但我们可以用总供给方程式把它推导出来,为了了解如何推导,把总供给方程式写为

$$P = P^e + \left(\frac{1}{\alpha}\right)(Y - \overline{Y})$$

通过一加、一减和一次代入,我们可以把这个式子变成通货膨胀与失业之间的菲利普斯曲线关系。

这里有三个步骤。第一,方程式右边加一项供给冲击 v,代表改变物价水平并使短期总供给曲线移动的外生事件(例如,世界石油价格的变动):

$$P = P^e + \left(\frac{1}{\alpha}\right)(Y - \overline{Y}) + v$$

第二,为了从物价水平转变到通货膨胀率,从这个方程式两边减去上一年物价水平 P_{-1} 得出:

$$(P - P_{-1}) = (P^e - P_{-1}) + \left(\frac{1}{\alpha}\right)(Y - \overline{Y}) + v$$

左边的 $P - P_{-1}$ 项是本年物价水平与上年物价水平的差额,即通货膨胀率 π。右边的 $P^e - P_{-1}$ 项是预期物价水平与上年物价水平的差额,即预期通货膨胀率 π^e。因此,我们可以用 π 来代替 $P - P_{-1}$,用 π^e 来代替 $P^e - P_{-1}$:

$$\pi = \pi^e + \left(\frac{1}{\alpha}\right)(Y - \overline{Y}) + v$$

第三,为了从产出中得出失业率,根据奥肯定律给出这两个变量之间的关系,奥肯定律的这种形式说明了产出与自然水平的背离和失业与其自然率背离负相关。这就是说,当产出高于自然产出水平时,失业低于自然失业率。我们可以把这种关系写为

$$\left(\frac{1}{\alpha}\right)(Y - \overline{Y}) = -\beta(u - u^e)$$

运用奥肯这一定律关系,我们可以用$-\beta(u-u^e)$来代替前一式中的$(1/\alpha)(Y-\overline{Y})$得到:

$$\pi = \pi^e - \beta(u-u^*) + v$$

这样,我们就可以从总供给方程式中推导出菲利普斯曲线方程式。

所有这些代数式都是要说明一件事:菲利普斯方程式和短期总供给方程式在本质上代表了同样的宏观经济思想。特别是,这两个方程式都说明了,产生古典二分法(实际与名义变量的理论分离)的实际与名义变量之间的联系在短期中被打破了。根据短期总供给方程式,产出与未预期到的物价水平变动相关。根据菲利普斯曲线方程式,失业率与未预期到的通货膨胀率的变动相关。当我们研究产出与物价水平时,总供给曲线更方便,而当我们研究失业率与通货膨胀率时,菲利普斯曲线更方便。但是,我们不应该忽略这一事实,菲利普斯曲线与总供给曲线仅仅是同一枚硬币的两面。[①]

(五)附加预期的菲利普斯曲线

1968年,货币主义的代表人物、美国经济学家弗里德曼指出了菲利普斯曲线分析的一个严重缺陷,即它忽略了影响工资变动的一个重要因素:工人对它通货膨胀的预期。弗里德曼指出,企业和工人关注的不是名义工资,而是实际工资。当劳资双方谈判新工资协议时,他们都会对新协议期的通货膨胀进行预期,并根据预期的通货膨胀相应地调整名义工资水平。根据这种说法,人们预期通货膨胀率越高,名义工资增加越快。由此,弗里德曼等人提出了短期菲利普斯曲线的概念。这里所说的"短期",是指从预期到需要根据通货膨胀作出调整的时间间隔。短期菲利普斯曲线就是预期通货膨胀率保持不变时,表示通货膨胀率与失业率之间关系的曲线。

根据以上说明,为了显示预期通货膨胀的重要性,将菲利普斯曲线方程即下式改写为

$$(\pi - \pi^e) = -\alpha(u-u^*)$$

即

$$\pi = \pi^e - \alpha(u-u^*)$$

式中,π^e表示预期通货膨胀率。方程被称为现代菲利普斯曲线,或附加预期的菲利普斯曲线。注意,附加预期的菲利普斯曲线有一个重要的性质,这就是当实际通货膨胀等于预期通货膨胀时,失业处于自然失业率水平。这意味着,附加预期的菲利普斯曲线有一个重要性质,这就是当实际通货膨胀等于预期通货膨胀时,失业处于自然失业率水平。这意味着,附加预期的菲利普斯曲线在预期通货膨胀水平上与自然失业率相交。自然失业率为经济社会在正常状况下的失业率,它是劳动市场处于供求稳定状态时的失业率,这里的稳定状态被认为是:既不会造成通货膨胀也不会导致通货紧缩的状态。利用上式所示的附加预期的菲利普斯曲线,可以将自然失业率定义为非加速通货膨胀的失业率(Nonaccelerating Inflation Rate of Unemployment,缩写成 NAIRU)。在上式中,当$\pi^e = \pi$时,$u = u^*$,这意味着,当经济的通货膨胀既不加速也不减速时的失业率即为自然失业率。一般地,这一自然失业率的定义是西方学者使用最普遍的一个定义。附加预期的菲利普斯曲线如图

[①] 曼昆.宏观经济学[M].6版.张帆,译.北京:中国人民大学出版社,2009.

7.12所示。

菲利普斯曲线所揭示的失业与通货膨胀的替代关系与美国20世纪60年代通货膨胀和失业的数据吻合得很好。然而,20世纪70年代以来,简单的菲利普斯曲线与美国的实际情况相距甚远。

针对这一情况,一些西方学者认为,这主要是由于忽略预期通货膨胀这一重要因素造成的。基于这一认识,一些西方学者试图用附加预期的菲利普斯曲线来拟合实际数据。图7.13给出了美国20世纪60年代初期和80年代初期的(附加预期的)菲利普斯曲线。

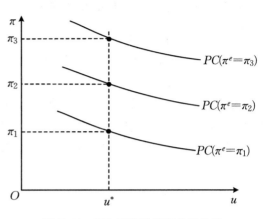

图7.12　附加预期的菲利普斯曲线

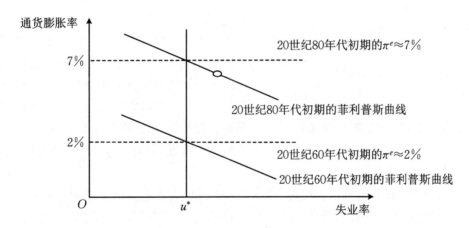

图7.13　通货膨胀预期与短期菲利普斯曲线

图中的两条短期的菲利普斯曲线分别反映了20世纪60年代初期较低的预期通货膨胀水平与80年代初期较高的预期通货膨胀水平。有两点需要注意:一是它们所反映的失业与通货膨胀的短期替换关系相同,即它们的斜率相等。二是20世纪60年代初期的充分就业水平(或相应的自然失业率水平)与大约7%的年通货膨胀率相对应。总之,在西方学者看来,附加预期的菲利普斯曲线在解释失业与通货膨胀的关系方面还算是成功的。

应该指出,附加预期的短期菲利普斯曲线表明,在预期的通货膨胀率低于实际通货膨胀率的短期中,失业率与通货膨胀之间仍存在着替换关系。由此,向右下方倾斜的短期菲利普斯曲线的政策含义就是:在短期中引起通货膨胀率上升的扩张性财政与货币政策是可以起到减少失业的作用。换句话说,调节总需求的宏观经济政策在短期是有效的。[①]

---

① 高鸿业.西方经济学:宏观部分[M].5版.北京:中国人民大学出版社,2012.

(六) 长期的菲利普斯曲线

按照一些西方学者的说法,在长期中,工人将根据实际发生的情况不断调整自己的预期,工人预期的通货膨胀率与实际的通货膨胀率迟早会一致,这时工人会要求改变名义工资,以使实际工资不变,从而较高的通货膨胀就不会起到减少失业的作用。西方学者认为,在以失业率为横坐标、通货膨胀率为纵坐标的坐标系中,长期当中的菲利普斯曲线,即长期菲利普斯曲线是一条垂直线,表明失业率与通货膨胀率之间不存在替换关系。而且,在长期中,经济社会能够实现充分就业,经济社会的失业率将处于自然失业率的水平。

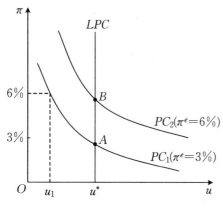

图 7.14 短期和长期菲利普斯曲线

可以用图 7.14 说明短期菲利普斯曲线不断移动,进而形成长期菲利普斯曲线的过程。

图 7.14 中,假定某一经济处于自然失业率为 u^*、通货膨胀率为 3% 的 A 点。若这时政府采取扩张性政策,以使失业率降低到 u_1。由于扩张性政策的实施,总需求增加,导致价格水平上升,使通货膨胀率上升为 6%。因为在 A 点,工人预期的通货膨胀率为 3%,而现在实际的通货膨胀率为 6%,高于预期的通货膨胀率,使实际工资下降,从而会增加生产,增加就业,于是失业率减少为 u_1。于是就会发生图中短期菲利普斯曲线 $PC_1(\pi^e=3\%)$ 所示的情况,失业率由 u^* 下降为 u_1,而通货膨胀率从 3% 上升到 6%。

但这种情况只能是短期的。经过一段时间,工人们会发现价格水平的上升和实际工资的下降,这时他们便要求提高货币工资。与此同时,工人们会相应地调整期预期,即从原来的 3% 调整到现在的 6%。伴随着这种调整,实际工资回到了原有的水平。相应地,企业生产和就业也都回到了原有的水平,失业率又回到原来的 u^*。但此时经济已处于具有较高通货膨胀预期(即 6%)的 B 点。

将以上过程重复下去,可以想象,在短期,由于工人不能及时改变预期,存在着失业与通货膨胀之间的替换关系,表现在图形上,便有诸如 PC_1、PC_2 等各条短期菲利普斯曲线。随着工人预期通货膨胀率的上升,短期菲利普斯曲线不断上升。

从长期来看,工人预期的通货膨胀与实际的通货膨胀是一致的。因此,企业不会增加生产和就业,失业率也就不会下降,从而便形成了一条与自然失业率重合的长期菲利普斯曲线。从图 7.14 可知,垂直于自然失业率水平的长期菲利普斯曲线表明,在长期中,不存在失业与通货膨胀的替换关系。

长期菲利普斯曲线的政策含义是:从长期来看,政府运用扩张性政策不但不能降低失业率,还会使通货膨胀率不断上升。[①]

---

① 高鸿业.西方经济学:宏观部分[M].5 版.北京:中国人民大学出版社,2012.

延伸阅读2

菲利普斯曲线"失灵"了

50多年前,菲利普斯曲线折射了失业与通货膨胀之间的关系:通货膨胀率高时,失业率低;通货膨胀率低时,失业率高。经济学家对此进行了大量的理论解释,并成为宏观调控者进行抉择的重要依据。

然而,菲利普斯曲线在中国却似乎失灵了。

2012年下半年以来,尤其是三季度到四季度,GDP增速放缓的同时,物价增幅处于较低水平,而就业却保持了较高增长。数字显示,2012年9月~12月,CPI数字分别为增长1.9%、1.7%、2.0%和2.5%,处于较低水平;同时,就业却保持了较快增长,2012年全国城镇新增就业1266万人,城镇失业人员再就业552万人,年末城镇登记失业率为4.1%,均超额完成年初的预定目标。"较低的物价"和"较高的就业",这两个在经济学和经济社会中似乎不可兼得的目标正在中国成为现实。

这难道是一种中国奇迹吗?答案绝非如此简单。

菲利普斯曲线为何在中国失灵?现在理论界似乎没有定论。有经济学家说,菲利普斯曲线的假设条件在中国不存在了;也有说,菲利普斯曲线适用于一个经济周期,而中国目前正处于过渡期,所以不太适用;还有说,西方的经济学模型大都在中国水土不服,因为国情差距太多。这些似乎都有道理,而这种"失灵"是否正常?"失灵"到底带给我们什么警示?

有一点可以肯定的是,尽管目前我们的就业指标还比较乐观,但须看到,就业指标在宏观经济各项指标中是一项滞后指标。如果经济增长的速度持续放缓,对就业带来的负面影响将逐渐显现。显然,这种"低通货膨胀、高就业"能否持续还需要打上一个大大的问号。

曾经很长一个时期,我国大量农村富余劳动力涌向城市,城市的快速发展引发了对劳动力的巨大需求。从2003年到2007年,我国保持了经济的"高增长",同时伴有"低物价""高就业"。这种与菲利普斯曲线的"低物价、高失业"的背离,反映了中国城镇化、工业化进程加快对就业所带来的利好,而这是西方发达国家所没有的国情和机遇。

2009年以来,我国农村劳动力大量向城市转移的特征正在慢慢减弱。另一个值得关注的现象是,中国劳动力市场正在发生一个重大变化——比如,我们看到,近年来越来越多的地方出现了"用工荒",随着我国对"三农"支持力度的加强和各项补贴的跟进,以及外出生活成本的高涨,许多远离家乡的农民工选择返乡,就近就业。东部经济增速放缓的同时,中西部经济增速保持了较高增长,中西部日益成为吸纳农村劳动力的重要阵地,拉动了就业指标的增长。这使得在整个经济增速放缓的背景下,我国仍保持了较低的通货膨胀水平和较高的新增就业,再次呈现与菲利普斯曲线的"低物价、高失业"的背离,反映中国经济结构调整和产业转移所带来的重大机遇。

然而,一些问题也值得警惕——从经济发展的周期看,中国超高速发展的时代已经过去,目前虽仍处在较高速的发展阶段,但这种增长还能否持续?还能持续多久?另一个问题,当前,我们的劳动力市场更多呈现出结构性的过剩与短缺,比如一边是"招工难",一边是"大学生就业难"。这种就业结构的失衡暴露了我国经济结构、教育结构、人力资源结构的深层次问题,如何更好地实现"稳定匹配"需要新的改革和创新。

我们期待"低通货膨胀"和"高就业"的并存,但菲利普斯曲线在中国的失灵究竟是短暂的,还是长期的,尚且难以断言。"失灵"不光是"利好",更是"警示"。"较低通货膨胀"和"较高就业","鱼"与"熊掌"的兼得表面上看是好事,但其中也深藏着隐患。特殊国情和结构调整带来的利好若想可持续,还有待于各项改革的深化,有待于政策在多目标的博弈中寻找到新的平衡。[1]

四、失业与通货膨胀的治理对策

(一) 失业的治理对策

高失业率不仅是经济问题而且是社会问题。之所以是经济问题,是因为它意味着要浪费掉有价值的资源。之所以又成为社会问题,是因为它会使失业人员面对收入减少的困境而痛苦挣扎。在高失业率时期,经济上的贫困令人无法承受,影响着人们的情绪和家庭生活。[2]

失业的治理分为主动的失业治理政策和被动的失业治理政策。

主动的失业治理政策是建立在前面对失业成因的理论分析基础上的,既然失业是由一些原因造成的,那么我们就可以通过对劳动力人口进行有效管理、开展职业培训、提供就业服务信息、提高宏观经济水平等手段促进就业增长,抑制失业人数扩大。被动的失业治理是建立在一定信念上的,即在市场经济的条件下,要彻底消除失业现象是不可能的。既然消除失业现象是不可能的,那么我们更迫切地应该实施被动的失业治理政策,即对失业者进行救济,也就是说建立起一套完善的失业保障体系,使失业者能维持基本的生活水准。[3]

主动的失业治理政策主要是通过提高劳动力供给质量、修复劳动力市场以及提高经济活动水平等途径进行失业的治理。

首先可以通过提高劳动力供给质量来对失业进行治理。劳动力的结构和质量与劳动力需求不相称,就改变劳动力供给结构,提高劳动力的质量,使之与劳动力需求相适应,控制和减少劳动力的无效供给。提高劳动力供给质量,既可延缓劳动力在当前的冲击,又可以从根本上缩短劳动力质量与经济发展要求之间的距离。主要措施有以下几个方面:一是延长劳动者的受教育年限。通过延长劳动者的受教育年限可以推迟年轻人进入劳动力市场的年龄,不仅起到直接缓解失业的作用,还可以提高每个劳动者的素质,降低结构性失业的可能性。通过教育年限的延长,人力资本投入的增加,可以提高一个国家的整体竞争力。二是对特殊群体培训。对初次就业者、妇女就业者、劳动率较低的失业者政府择优鼓励企业采用实习雇佣的形式,让部分人取得经验。三是开展职业培训和创业培训。职业培训有利于提高

---

[1] 冯蕾. 菲利普斯曲线"失灵"了[N]. 光明日报,2013-4-2.
[2] 萨缪尔森,诺德豪斯. 经济学[M]. 18版. 萧琛,等译. 北京:人民邮电出版社,2008.
[3] 袁志刚. 失业经济学[M]. 上海:上海人民出版社,1997.

劳动者的劳动技能和职业素质,可以帮助有工作的劳动者提高劳动效率,帮助没有工作的劳动者提高竞争力。

可以通过对劳动力市场的修复来进行失业治理。失业的出现在很大长程度上是因为劳动力市场的调节功能出现了问题,因此如何修复劳动力市场的调节能力就成了治理失业的重要措施。如何修复劳动力市场的调节功能,就要从一个经济体系当中劳动力市场按纯粹的市场机制运行的规则来看,被破坏到什么程度或者不完善到什么程度。从纯粹的市场机制运行规则来看,一个市场机制的充分运行首先必须具有以下条件:① 价格是可以充分运行的,当供求出现差额时,价格能够迅速上下变动,从而消除供求不平衡现象;② 企业可以根据劳动力市场工资的上下波动和生产当中劳动发挥效率的情况随意地确定劳动需求量等等。如果这些条件不具备,就需要创造条件,使这些条件得以满足。当然现实生活中,劳动是一种特殊商品,工资的制定远远比普通商品的价格制定过程来的复杂和艰难,要使劳动力市场和其他商品市场完全一样的运行是不可能的,但尽量使劳动力市场与其他商品市场靠近是可能的。总的来说,修复劳动力市场的调节功能,其实质就是让劳动力市场起作用的供求和价格,尽量能灵活的变动,而不至于僵化。如增加劳动使用数量的易变性、增加工资收入的易变性,鼓励职业介绍所、就业指导中心等机构的建立,建设劳动市场的信息服务体系等。

通过提高经济活动水平来进行失业的治理。根据凯恩斯理论,失业主要是因为有效需求不足。因此,治理失业的一个有效措施就是刺激经济的有效需求,提高经济活动水平,经济增长是治理失业的根本性药方。在经济未达到充分就业时,政府可以采用扩张性的财政政策加以调节,扩张性的财政政策主要包括增加政府购买、增加政府转移支付和减少政府税收等政策。也可以通过扩张性的货币政策来加以调节,主要包括降低再贴现率、买入政府债券以及降低法定准备金率等,通过增加市场中的货币供给,刺激经济达到充分就业。

被动的失业治理政策主要有失业保障和社会救助等。提供失业保障的原因主要有以下三点:首先提供失业收入保障,可以维持失业者的基本生活需求;其次可以提高劳动力市场参与率,通过失业保障,可以让其有足够的时间寻找到适合的工作,从而提高劳动力市场效率;最后通过失业保障能够通过政府社会支出达到有效目的。

但是也存在很多对失业保障政策的批判者。一些人担心该政策会降低失业者找工作的积极性。有一些证据说明了这一点,正好在失业津贴期满时找到工作的人数太多,这很难解释为偶然。另一些人担心可以得到慷慨的失业保障时,在任何一种既定的工资和失业水平时,员工勤奋工作的激励小了,因为解雇的威胁并不像没有失业保障那样令人提心吊胆。要恢复效率工资的刺激,企业应该支付高工资,但当这样做时,高劳动成本又会使它们少雇用员工。根据这种逻辑,高失业保障实际上引起失业率提高。

延伸阅读3

21世纪初我国失业的治理

进入21世纪后,我国就业形势依然严峻,不仅历史遗留问题仍然存在并需要进一步解决,而且失业呈现出了新的趋势和特点。由于城镇新增劳动力、农村剩余劳动力、下岗失业人员、高校毕业生"四碰头",使我国本来就承受着巨大压力的就业形势更加严峻。具体来说,主要表现在以下几个方面:第一,城镇登记失业率一直保持在较高水平。总体上看,当前我国城镇失业人员数量相当大。第二,农村剩余劳动力数量庞大。近几年来,我国农村剩余劳动力转移仍然是我国就业面临的一大难题。如果按照国际通行的,以世界平均的农业生产率推算,我国的种植业将有大量农村剩余劳动力需要转移。第三,下岗职工再就业形势严峻。新世纪以来,虽然我国政府加大再就业保障力度,解决了部分国有和集体企业下岗人员再就业问题,但这部分人员数量依然较大。第四,大学毕业生成为新的失业群体。自1998年高等院校扩招以来,我国高等院校在校生人数逐年增加,毕业生数量也大幅度增加,大批高校毕业生处于"失业"状态,形成了大学生毕业即"失业"现象。

我国自2003年起,将就业和再就业纳入国民经济和社会发展宏观调控目标,实施积极的就业政策,坚持"劳动者自主就业,市场调节就业,政府促进就业"的就业方针。其内容包含以下几个方面:

第一,发展经济、调整结构,积极创造就业岗位。首先,通过发展经济扩大就业。将促进就业作为国民经济和社会发展的战略任务,将控制失业率和增加就业岗位作为宏观调控的主要目标,纳入国民经济和社会发展计划。积极调整经济结构,提高经济增长对就业的拉动能力。其次,发展第三产业,扩大就业容量。再次,鼓励发展多种所有制形式,拓宽就业渠道。大力发展劳动密集型产业、服务业和各类中小企业,发展有利于扩大就业的新行业、新产业,鼓励、支持、引导非公有制经济发展。最后,发展灵活多样的就业形式,增加就业途径。鼓励劳动者通过灵活多样的方式实现就业,积极发展劳务派遣组织和就业基地,为灵活就业提供服务和帮助。政府为此制定了非全日制用工、临时就业人员医疗保险等政策,在劳动关系、工资支付、社会保险等方面建立制度,保障灵活就业人员的合法权益。

第二,鼓励自主创业、自谋职业。促进以创业带动就业,通过发展多元化创业主体和多种创业形式,创造更多的就业岗位,带动更多的人就业。2008年9月国务院下发了《国务院办公厅转发人力资源社会保障等部门关于促进以创业带动就业工作指导意见的通知》,进一步营造宽松的创业和投资环境,完善落实市场准入、场地安排、税费减免、小额担保贷款、免费就业服务和职业培训补贴等扶持政策。通过完善支持自主创业、自谋职业政策,加强就业观念教育,营造自主创业的社会环境。对高校毕业生自主创业、农民工返乡创业进一步降低门槛,给予更大支持。加强技能培训和信息服务,积极培育创业主体,使更多劳动者成为创业者,推动创业型社会建设,扩大就业容量。

第三,完善公共就业服务体系,培育发展劳动力市场。建立市场导向的就业机制:积极培育和发展劳动力市场,确立企业作为劳动力市场的用人主体、劳动者作为供给主体的地位。改善劳动力市场发育的客观环境,让市场机制在劳动力资源配置中发挥基础性作用。发展完善公共就业服务体系,大力加强劳动力市场科学化、规范化、现代化建设,建立公共就业服务制度。

第四,推进就业体制改革创新。一是积极做好高校毕业生就业工作:加大投入,进一步加强对高校毕业生的公共就业服务;广泛组织开展高校毕业生技能培训和就业见习活动;鼓励和引导大学生面向农村、面向基层就业;开展为家庭经济困难和就业相对困难的毕业生提供就业援助和保障工作。二要统筹城市就业和农村劳动力转移就业,建立统一规范的人力资源市场,形成城乡劳动者困难群众的就业援助制度。加强有组织的劳务输出,引导农民工有序流动。三是帮助城镇就业困难人员、零就业家庭就业。进一步开辟公益性就业岗位。

第五,实施积极促进就业的政策法规,形成促进就业工作的有效机制。政府先后制定了一些促进就业工作的纲领性文件。

通过一系列的政策的实施,在促进就业方面取得了一些成就。目前我国就业总量稳步增长,统筹城乡就业取得明显进展,在劳动力总量增加较多、就业压力很大的情况下,保持了就业形势的基本稳定。就业结构得到了进一步优化,第三产业从业人员所占比重稳步增长,成为新增就业的主渠道。同时,多种所有制经济成为新的就业增长点,就业形式日益灵活多样,非全日制就业、季节性就业、弹性工作等各种就业形式迅速兴起。再就业工作取得显著成就。2008年2月3日,在《国务院关于做好促进就业工作的通知》中明确表示,"就业再就业的方针政策,取得显著成绩,体制转轨遗留的下岗失业人员再就业问题基本解决"。全国基本完成国有企业下岗职工基本生活保障制度向失业保险制度并轨。大批劳动力从国有企业转向非公有制经济领域,成功地破解了国有企业改革和结构调整中的富余人员分流安置这一难题。失业率得到有效控制。在扩大就业的同时,政府采取多种措施加强失业调控,控制城镇登记失业率的上升。

(二) 通货膨胀的治理对策

通货膨胀对经济发展不利,影响社会再生产过程的顺利运行。因此,在发生通货膨胀时,各国政府都要加以治理。治理通货膨胀的一般措施如下:

1. 财政金融紧缩政策

通货膨胀通常总是与货币供应增长过快、总需求膨胀有关,因此,一般都要实行紧缩需求政策措施。紧缩需求的途径主要有两个:财政和金融;然后通过这些途径以影响企业投资支出和居民消费支出。

财政方面采取的紧缩措施有以下几种:① 削减财政支出,包括减少军费开支和政府在市场的采购等;② 限制公共事业投资;③ 增加税收,以抑制企业投资和个人消费支出;④ 加大关键行业的投入。

居民基本生活消费品价格,特别是农副产品价格上涨是通货膨胀的领头羊,当前全球通货膨胀的压力与国际市场食品和能源价格大幅上涨更是密不可分,加大对农业和能源等关键行业的支持或补贴,已成为抑制通货膨胀的重要措施。发展中国家或转轨国家的通货膨胀受粮价上涨的影响相对较大,所以,扩大农业生产成为各国的重要对策,如印度正通过增加农业投入、减免农民的贷款等手段控制食品价格过快上涨;俄罗斯表示将进一步加大对农业的投入,并通过建立商品生产基地的方式来促进农业发展。

金融方面紧缩措施主要是通过中央银行运用法定存款准备率、再贴现率和公开市场业务三项传统的货币政策手段,收缩贷款规模和货币供应量,以影响投资,压缩总需求。

2. 价格体制改革

治理价格体制的物价上涨压力是防治通货膨胀的根本所在。我国当前存在一定通货膨胀压力正是由于价格体制内部存在不合理的问题导致的,突出地表现为长期管制国内市场包括能源在内的基础性和生产要素产品价格过低,客观上促使人们过度使用这些资源,加大对高耗能产业的投资,并引发固定资产投资规模膨胀乃至通货膨胀。

具体举措有:① 逐步提高基础性产品价格市场化程度,其中包括逐步提高农产品价格市场化程度、基础性产品价格市场化程度和生产要素价格的市场化程度;② 提高政府管理价格机制的能力,其中包括健全价格行为法制规范和提高政府物价服务水平等手段;③ 完善政府治理通货膨胀的有效手段。价格调整与其他宏观调控政策配套,以缓解价格波动对物价总水平的冲击。

3. 管制工资和物价

这通常是为抑制物价上涨较猛的势头而采取的权宜之计。管制工资和物价的措施有两种类型:① 冻结工资和物价,即把工资和物价冻结在某一特定时间的水平上,在一定时期内不允许作任何变动;② 管制工资和物价,即将工资和物价上涨的幅度限制在一定范围内,在一定时期内不允许突破。

在管制的做法上也有两种情况:一种是强制性的,政府通过立法程序,规定工资和物价上涨的限度;另一种是自愿性的,政府通过劝告使劳资双方自愿约束价格和工资的变动。

管制工资和物价措施过去主要用于战争时期和非常局势下,但在平常时期紧急情况下也有采用的。

4. 实行币值改革

这通常是经历了严重的通货膨胀而采取的措施。其做法是:废除旧币,发行新币,并制定一些保证新币稳定的措施。其目的是消除原来货币流通混乱的局面,在新的基础上实行稳定;也有的是通过新旧币兑换,附带调节个人之间的收入分配。

必须指出,币值改革本身不能保证消除通货膨胀,关键在于能否实施币制改革中规定的各项稳定措施。

此外,针对20世纪70年代出现的滞胀现象,西方国家某些学者提出相应的处方,其目的是在紧缩需求的同时,又采用刺激生产的方法增加商品供应。具体措施包括:① 削减政府支出,以压低总需求;② 降低所得税,提高折旧率,以促进投资和生产,增加商品供应;③ 控制货币供应增长率,压缩总需求。

延伸阅读 4

2010~2011 年我国通货膨胀

2010年我国居民消费价格指数(CPI)同比上涨3.3%,比上年高4.0个百分点,5月份突破了3%的警戒线,各季度CPI同比涨幅分别为2.2%、2.9%、3.5%和4.7%,其中食品价格和非食品价格分别上涨7.2%、1.4%,同比上涨6.4个百分点、2.8个百分点;工业品出厂价格同比上涨5.5%,比上年提高了10.9个百分点;原材料、燃料、动力购进价格同比上涨9.6%,比上年增加了17.5个百分点。2010年前三个季度,居民消费价格指数同比上涨5.7%,其中第三季度各月居民消费价格指数同比涨幅分别为6.5%、6.2%和6.1%,平均上涨为6.3%,创下2008年以来的新高。第三季度,食品价格涨幅继续扩大,涨幅比上个季度高1.4个百分点,达到13.9%,拉动上涨约4.2个百分点;非食品价格涨幅与上个季度基本保持一致,同比上涨达2.9%,拉动CPI上涨约2.1个百分点。这变动趋势明显地反映出年初以来我国物价上涨显著的现象。

据中国人民银行发布的数据,2010年年末,流通中现金(M0)余额为4.5万亿元,同比增长16.7%,增速比上年末高4.9个百分点;狭义货币供应量(M1)余额为26.7万亿元,同比增长21.2%,人民币贷款余额同比增长19.9%,比年初增加7.95万亿;广义货币供应量(M2)余额为72.6万亿元,同比增长19.7%;银行基础货币余额为18.5万亿元,比年初增加了4.1万亿元,同比增长了28.7%。全年现金净投放6381亿元,同比多投放了2354亿元。截至2011年末,M0余额为5.1万亿元,同比增长13.8%;M1余额为29万亿元,增长7.9%;M2余额为85.2万亿元,比上年末增长13.6%。

过多的纸币,使得国内物价不断攀高,货币的购买力下降,人民币呈现对外升值对内贬值的状态。2010~2011年我国CPI一直呈现上升趋势,并于2011年6月超过了6%,通货膨胀压力大,人民币表现出对内贬值的状态。与此同时,人民币对美元汇率一度跌破7.0大关,一路升值,2010年末人民币对美元汇率中间价收于6.6227元/美元,较2009年末(6.8282元/美元)升值3.1%。自2005年汇改以来,人民币对美元汇率中间价累计升值25.0%。2010年,人民币名义有效汇率升值1.8%,实际有效汇率升值4.7%,即人民币对外呈现升值状态,且升值幅度越来越大。

1. 通货膨胀的经济效应

通货膨胀对经济体的影响不同,对有些经济体来说,通货膨胀会给他们带来有利的影响;而对有些经济体来说,通货膨胀会给他们带来福利损失。不同类型的通货膨胀对经济的影响也不同,了解通货膨胀对经济的影响,将有助于我们更好地治理通货膨胀。

(1)通货膨胀的投资消费效应。当通货膨胀发生时,物价全面上涨,居民的消费会受到极大的刺激,从而居民的消费和投资决策也会随之受到影响。2010年社会消费品零售总额156998亿元,比上年增长18.3%,扣除价格因素,实际增长14.8%。按经营统计,城镇消费品零售额136123亿元,增长18.7%;乡村消费品零售额20875亿元,增长16.2%。此外,2010年统计公报公布的数据显示,2010年我国城镇居民家庭食品消费支出占消费总支出的比重为35.7%,农村为41.1%,均比上年高。

(2)通货膨胀的收入再分配效应。通货膨胀会引起收入再分配的改变,使居民收入差距扩大。通货膨胀的发生不利于靠固定收入维持生活的人,相反,那些靠浮动收入生活的人,则会在通货膨胀中获得收益,他们会通过资产的保值增值来弥补通货膨胀造成的损失,使得他们的收入随着物价的上涨而提高;而靠固定收入生活的人则没有资产或者其他财富存量来实现保值增长,这样一来居民收入差距进一步被扩大了。

(3)通货膨胀的资产价格效应。在我国流动性过剩的背景下,通货膨胀使得投资者更倾向于股票、房地产等投资品。股票价格从2008年的1600点,到2010年7月突破3000点,股价呈上升趋势。2010年,在国家严厉的房地产调控政策下,房价依然居高不下,当年6月底,全国房屋销售价格指数同比上涨11.4%;11月,全国70个大中城市房屋销售价格同比上涨7.7%,环比连续3个月保持上涨。

2. 本轮通货膨胀的原因分析

(1)需求拉动——固定资产增加。一般来说固定资产投资的增加会引致对能源、原材料等生产资料的需求,对商品物价产生不小的影响,最终引发基础产品价格上涨。2006～2010年我国固定资产投资增长率分别为23.97%、24.8%、25.9%、30.0%、23.8%,2009年达到了30.0%的历史最高点,2010年后增长率有所下降,但仍然达到23.8%。而我国近几年的固定资产投资增长率明显高于上限,所以我国存在投资过热的现象。

(2) 成本推动。农产品属于基础性产品,农产品价格的上涨会带动餐饮业、服务业等上下游行业价格的上涨,进而引起物价的全面上升。所以,农产品价格的上涨是推动我国通货膨胀的一个直接原因。例如,花生油价格为35.9元/千克,增长率为12.5%。

劳动力成本的增加也是引发通货膨胀的一个原因,劳动力成本作为生产成本的主要部分,它的增加必然带动生产成本的提高。通过相关研究证实,工资水平与通货膨胀之间存在着一定的相关关系,我国劳动力报酬在过去几年是快速上升的,有数据证明,2002年3月～2011年3月的9年间,我国城镇就业单位实际劳动报酬翻了3.5倍,这也推动了通货膨胀的上涨。

(3) 国际贸易。在国际贸易角度下,外部因素主要通过价格和货币供给量两条途径来影响国内通货膨胀水平。例如,2011年一季度铁矿石价格环比上涨达8%左右,炼钢成本随之上升。基本原材料价格上涨,迫使国内各钢厂提高钢铁价格100～200元/吨。

(4) 国际资本流动。大量的国际资本流入国内,将使国内货币供给增加,物价上涨。汇率也会影响资本的流动,

预期一国货币会贬值时,资本净流出就会增加;预期货币升值时,资本的净流入就会增加。2010年,我国直接投资顺差从2009年的701亿美元上涨到1249亿美元,增长了78%。

3. 针对本轮通货膨胀我国采取的货币政策及其效果分析

(1) 加大公开市场操作力度及其效果分析。央行票据的发行量和货币供给量的关系,我们可以用货币冲销操作的效果来反映。自2003年正式发行央行票据以来,我国每年的票据发行总量和年末余额不断增加,2003发行总额为7226.8亿元人民币,年末余额为3376亿元;到2010年末时,发行总额为4.2万亿元,年末余额增长到4万亿元。但通过发行央行票据净回笼的基础货币的比重却在不断下降,由2004年的50.7%下降到2010年的—21.4%,这说明发行每单位的央票所能收回的基础货币在不断减少,也就是说,面对我国持续快速增长的外汇储备,货币当局采取公开市场操作冲销由外汇占款增加所投放的基础货币已很困难了,我国公开市场操作对货币供给量控制作用越来越有限。央行可以通过上调法定存款准备金率冻结部分基础货币,减缓公开市场操作压力,增强公开市场操作有效性。

(2) 上调存款准备金率及其效果分析。理论上讲,央行通过提高法定存款准备金率,可以降低货币供应量。2010～2011年我国货币供应量出现环比下降,M2环比增长率从2010年2月的1.7%下降到2011年7月的—1.0%,M1环比增长率从2010年3月下降到2011年7月的—1.5%。所以,提高存款准备金率使货币供应量出现了平稳回落。法定存款准备金率的提高,可以冻结商业银行部分可用资金,缩减商业银行的信贷规模,从而达到收缩流动性的目的。考虑到存款准备金的滞后性,央行加快了上调的频率,12次上调存款准备金,从年初的16%上调到21.5%,上调幅度达5.5%。2011年9月CPI开始回落,7月到12月CPI价格指数分别是6.5%、6.25%、6.1%、5.5%、4.2%、4.1%,说明货币政策的作用逐渐

开始显现了。

(3) 上调存贷利率及其效果分析。理论上讲,适时上调存贷款基准利率,对于稳定通货膨胀预期、引导货币信贷合理增长可发挥积极的作用。具体来看,2010 年 10 月份以来,物价上涨的压力继续加大,央行的货币政策进入一个拐点时期,央行宣布 10 月 20 日加息、11 月 16 日上调存款准备金率的措施给人们一个警示——央行要采取紧缩性的货币政策,央行下一步继续加息的预期加大,于是金融市场上各项存款额增加,同时贷款额减少。

(4) 人民币升值的效果分析。2010 年我国迫于压力,放弃了人民币对美元的固定汇率,频繁调整汇率,截至 2010 年年末人民币对美元汇率同比升值 3%,基础货币余额达到 28.7 亿元,同比增长 28.7%,同时我国物价不断攀高。2011 年上半年汇率继续保持了快速的升值趋势,基础货币增长率更是达到了 32.8%,物价不降反升,所以人民币的升值对抑制本轮通货膨胀效果不理想。

资料来源:常丽.2010~2011 年中国的通货膨胀及货币政策分析[D].成都:西南财经大学,2012.

延伸阅读 5

何谓"痛苦指数"?

痛苦指数(Misery Index)是美国经济学家奥肯在 20 世纪 70 年代提出的一种经济指数,由失业率和通货膨胀率加总得来,数字越高,表示痛苦程度越高。

要义是,如果两率双双上升,则一个国家的经济和社会工本增加,翻译成现实感受,就是人民日子难过,即 Misery。

痛苦指数成为卡特制胜最大武器,那年夏天的痛苦指数是 13.57%,他以此将福特打成"美国史上最糟的"总统,说任何给国家这种痛苦指数的人,连开口说要当总统的权利也没有。

但卡特成也痛苦指数,败也痛苦指数。1980 年,里根一定程度上就是在它的帮助下压倒卡特,赢得了大选的胜利。在 10 月间的辩论当中,里根指出,卡特 1976 年进入白宫时,痛苦指数为 12%,而在 4 年任期将满时,这一指数已经升到了 22%。1980 年他带着 21.98% 的痛苦指数寻求连任,里根只问选民一句"你的日子比 4 年前好过吗",就赢走大选。

1. "痛苦指数"的提出

人有快乐、希望,也有愤怒、沮丧等不同情绪。那么在经济学中如何衡量一个人的感受呢?著名经济学家阿瑟·奥肯认为人们的痛苦比幸福更容易测量,因此他提出将通货膨胀率和失业率加总所得到的数值作为"痛苦指数",来衡量人们的幸福程度,数值越高人们越不幸福。由于通货膨胀和失业都会给社会经济、居民生活带来诸多不利的影响,按照菲利普曲线,通货膨胀率与失业率存在一定的相关关系,一般呈反向变化。所以单举一率,不足以呈现经济全貌,两率并举合计,庶几得之。

这也是现在不少国家和地区的政府,希望推出"幸福指数",但却无法在一个比较大的范围达成共识的原因,因为迄今为止,研究者对幸福这个概念还没有完全清楚的界定。例如,不同的人的生活满意度是不同的,感受到的幸福也是不同的。而情绪有正面,也有负面;测量人们的负面情绪来了解人民的痛苦,是一个较直接简便的方法。

2. 痛苦指数的计算与作用

痛苦指数代表令人不快的经济状况。它涉及如何用宏观经济指标来衡量经济状况的问题。宏观经济指标包括国内生产总值(GDP)、物价指数和失业率(在开放经济中还有国际收支和汇率)等。宏观经济状况指标所用的实际指标是失业率,名义指标是通货膨胀率。

该指数认为,失业与通货膨胀给人们带来的痛苦是相同的,失业率上升1%与通货膨胀率上升1%对人们构成同样程度的"痛苦"。以美国某年的痛苦指数计算为例:

$$Misery\ Index\ (12.97) = Unemployment\ Rate\ (9.1) + Inflation\ Rate\ (3.87)$$

即

$$痛苦指数 = 失业率 + 通货膨胀率$$

有调查表明,公众对于通货膨胀的忍受力是失业的1.6倍,因此有人提出痛苦指数的公式应该为:

$$痛苦指数 = (通货膨胀率百分比/1.6) + 失业率百分比$$

当指数超过20%时,表示经济处在"悲惨"状态;在10%~20%之间,为"尚可";如果小于10%,为"优异"。

痛苦指数的作用:首先,痛苦指数能在一定程度上反映整个社会的幸福感。其次,痛苦指数可以作为政府宏观调控的依据之一。众所周知,较高的失业率和糟糕的通货膨胀水平都将导致一个国家的经济和社会损失:通货膨胀率越高,说明稳定物价越不成功;失业率越高,说明实现充分就业越不成功;痛苦指数越高,说明宏观经济状况越坏,政策越不成功。每个社会不同时期都有不同的痛苦指数安全线,高于这一安全线,势必采取适当的政策。因此,痛苦指数可作为决策依据之一。

3. 关于"痛苦指数"的讨论

一些经济学家不同意以完全负面的"痛苦"一词来形容通货膨胀的负面冲击。实际上,经济学家中有许多认为公众对温和通货膨胀的成见是来自其相互影响,群众只记得在高通货膨胀时期相关的经济困难状况。

所以,痛苦指数作为衡量社会整体不满程度的指标,是否能如实反映民众心理?2015年9月美国痛苦指数降至5.1,创下近60年来新低,这是否代表人们认为自己变得更幸福快乐?

尽管缺乏全国性的实证调查来佐证,但从不退烧的小确幸风潮、各式各样疗愈小物的盛行来看,就算失业率、物价维持在相对低的水平,人们似乎没有感到生活获得多大的改善。其中原因或许不像先前官员声称"人们没有进行跨国性的比较",而是普遍面临过劳拖垮身体健康、工时过长很难挤出时间陪伴亲友,或是沦为非自愿兼差、无法发挥所长等低度就业的状况,而这种社会现象背后的症结究竟是什么,也考验即将上任的新政府及产官学界专家的智能。

第八讲　开放经济中的宏观经济学

（自由贸易的）教条是站不住脚的……进口压力在20世纪80年代的减缓以非常小的代价挽救了美国的工业基础以及无数的工业岗位。[①]

——帕特·布坎南

一、世界经济与经济全球化

（一）世界经济

世界经济是世界各国的经济相互联系和相互依存而构成的世界范围的经济整体。它是在国际分工和世界市场的基础上，把世界范围内的各国经济通过商品流通、劳务交换、资本流动、技术转让、国际经济一体化等多种形式和渠道，把各国的生产、生活和其他经济方面有机地联系在一起。

世界经济从出现至今经历了四个发展时期：第一个时期，从18世纪中叶到第一次世界大战，是统一的无所不包的资本主义世界经济体系形成时期。这个时期，一方面表现为资本主义殖民地、半殖民地相互之间的经济联系日益密切；另一方面，明显地表现为未开化的国家从属于文明的国家，东方从属于西方，宗主国与殖民地之间存在极度不平等的国际经济贸易关系。第二个时期，从20世纪初期俄国十月革命到20世纪80年代，由于出现了新社会主义经济，统一的资本主义世界体系被打破，世界经济一分为二，形成两个对立的经济体系。在这不到100年间，世界经济前后经历两个不同的发展阶段：十月革命到1945年第二次世界大战结束为第一阶段。在这个阶段，苏联社会主义经济同资本主义经济相互并存、相互斗争。此时正处于国际分工大发展的时期，也带有明显的殖民主义的烙印。从第二次世界大战结束到20世纪80年代末为第二阶段。在此期间，社会主义从一国发展到多国，形成了社会主义世界经济体系，大批新兴的民族国家经济开始兴起，它们同资本主义世界经济体系相互渗透、相互斗争，世界经济关系错综复杂。第二次世界大战结束以后，国际分工进入深化发展阶段。第三个时期，20世纪90年代初"冷战"结束之后，世界经济进入一个新的发展时期。随着世界范围内"冷战"的结束和科技革命向纵深发展，经济体制改革和经济结构调整成为世界经济发展的潮流，各国经济按照其自身的规律向全球化、集团化方向发展，建立在

[①] 史库森.经济思想的力量[M].王玉茹,陈纪平,译.上海：上海财经大学出版社,2005:98.

知识和信息的生产、分配和使用之上的知识经济初见端倪。全球化加强各国间联系,贸易合作更加密切。第四个时期,就是2008年金融危机爆发至今。2008年由美国住宅市场泡沫经济所促成的华尔街次贷危机引发了一场世界范围的金融危机,在那之后,全球经济进入大调整、大变革和大转型时代。经过几年的恢复,全球经济再平衡取得一定进展,新技术新产业加快孕育,一些新迹象、新趋势将对世界经济格局产生深远影响。

(二) 经济全球化

经济全球化(Economic Globalization),是指世界经济活动超越国界,通过对外贸易、资本流动、技术转移、提供服务、相互依存、相互联系而形成的全球范围的有机经济整体。经济全球化是当代世界经济的重要特征之一,也是世界经济发展的重要趋势。经济全球化,有利于资源和生产要素在全球的合理配置,有利于资本和产品在全球性流动,有利于科技在全球性的扩张,有利于促进不发达地区经济的发展,是人类发展进步的表现,是世界经济发展的必然结果。但它对每个国家来说,都是一柄双刃剑,既是机遇,也是挑战。特别是对经济实力薄弱和科学技术比较落后的发展中国家,面对全球性的激烈竞争,所遇到的风险、挑战将更加严峻。经济全球化中急需解决的问题是建立公平合理的新的经济秩序,以保证竞争的公平性和有效性。经济全球化是指贸易、投资、金融、生产等活动的全球化,即生存要素在全球范围内的最佳配置,从根源上说是生产力和国际分工的高度发展,要求进一步跨越民族和国家疆界的产物。进入21世纪以来,经济全球化与跨国公司的深入发展,既给世界贸易带来了重大的推动力,同时也给各国经贸带来了诸多不确定因素,使其出现许多新的特点和新的矛盾。

1. 经济全球化的表现

贸易自由化。随着全球货物贸易、服务贸易、技术贸易的加速发展,经济全球化促进了世界多边贸易体制的形成,从而加快了国际贸易的增长速度,促进了全球贸易自由化的发展,也使得加入WTO组织的成员以统一的国际准则来规范自己的行为。

生产国际化。生产力作为人类社会发展的根本动力,极大地推动着世界市场的扩大。以互联网为标志的科技革命,从时间和空间上缩小了各国之间的距离,促使世界贸易结构发生巨大变化,促使生产要素跨国流动,它不仅对生产超越国界提出了内在要求,也为全球化生产准备了条件,是推动经济全球化的根本动力。

资本全球化。世界性的金融机构网络,大量的金融业务跨国界进行,例如跨国贷款、跨国证券的发行和跨国并购体系的形成。世界各主要金融市场在时间上相互接续、价格上相互联动,几秒钟内就能实现上千万亿美元的交易,尤其是外汇市场已经成为世界上最具流动性和全天候的市场。

科技全球化。它是指各国科技资源在全球范围内的优化配置,这是经济全球化最新拓展和进展迅速的领域,先进技术和研发能力的大规模跨国界转移,跨国界联合研发广泛存在。以信息技术产业为典型代表,各国的技术标准越来越趋向一致,跨国公司巨头通过垄断技术标准的使用,控制了行业的发展,获取了大量的超额利润。经济全球化的四个主要载体都与跨国公司密切相关,或者说跨国公司就是经济全球化及其载体的推动者与担当者。

2. 经济全球化的影响

经济全球化过程中,国家间经济往来的障碍逐渐减少,企业可以越来越多地根据自己的需要在世界范围内组织活动,促进了经济的发展。由于世界各国在自然资源、生产力和科技水平、政治经济制度和民族文化等方面存在着巨大的差异,以及资本主义经济政治发展不平衡规律的作用,经济全球化对不同的资本主义国家会产生不同的影响。

西方发达国家是经济全球化的主导,能够在经济全球化过程中占有更多的优势,获得更多的利益。第一,发达国家掌握了世界上最先进的生产力和高新科学技术,在全球分工体系中处于优势地位。发达国家掌握了经济全球化赖以发展的信息技术的基础,世界研究与开发的投资、科技力量和科技成果也主要集中在发达国家。发达国家正是利用其资金、技术、信息和人才优势,集中精力发展高技术含量、高信息含量的高新技术产业,而将传统工业和一般技术成熟的产业向发展中国家转移。第二,发达国家的跨国公司是经济全球化的重要推动器,是实现全球生产要素流动和资源优化配置的主要载体。发达国家通过跨国公司全球性的联合、兼并和扩张,进一步发展其高度发达和高度集约型的经济,使其产品竞争力始终高居世界领先地位。

经济全球化的过程是生产社会化程度不断提高的过程。在经济全球化进程中,社会分工得以在更大的范围内进行,资金、技术等生产要素可以在国际社会流动和优化配置,由此可以带来巨大的分工利益,推动世界生产力的发展。由于发达资本主义国家在经济全球化进程中占据优势地位,在制定贸易和竞争规则方面具有更大的发言权,控制一些国际组织,所以发达国家是经济全球化的主要受益者。经济全球化对发展中国家也具有积极的影响:经济全球化使资源在全球范围内加速流动,发展中国家可以利用这一机会引进先进技术和管理经验,以实现产业结构的高级化,增强经济的竞争力,缩短与发达国家的差距;发展中国家可以通过吸引外资,扩大就业,使劳动力资源的优势得以充分发挥;发展中国家也可以利用不断扩大的国际市场解决产品销售问题,以对外贸易带动本国经济的发展;发展中国家还可以借助投资自由化和比较优势组建大型跨国公司,积极参与经济全球化进程,以便从经济全球化中获取更大的利益。

此外,经济全球化的消极影响是全球金融危机的助推剂。经济全球化的代价之一就是全球经济的不稳定将成为一种常态。在经济全球化的大背景下局部地区的经济震荡很可能引起全球范围内的金融危机。在经济全球化过程中,各国经济的相互依赖性空前加强。不少国家的对外贸易依存度已超过 30%,个别国家则达到了 50%~60%。在这种环境下,经济波动和危机的国际传染便成为经常性的而且是不可避免的事情。任何一个国家的内部失衡都会反映成为外部失衡,进而很快影响到与其具有紧密贸易和投资关系的国家,最后极有可能将所有国家不同程度地引入失衡与危机的境地。2008 年美国的次贷危机,很快传染到整个欧洲地区以及东南亚,从而形成严重的地区性金融危机,随后又波及拉美地区,形成了事实上的全球性金融动荡。

3. 逆全球化

与全球化进程背道而驰的就是逆全球化。逆全球化产生的原因是全球化进程导致西方出现了全球化赢家与输家之间的结构性对立。如果把全球化视为一种现代化进程,那么"现代化输家"理论总体上可以解释逆全球化思潮出现和涌动的原因。所谓"现代化输家",是指在西方经济、社会、文化与政治持续变迁过程中出现的,不能适应现代化进程,地位与声誉受到影响并遭受社会排斥的收入低、受教育程度低的群体。这个群体表现出反全球化和反精英的态度。

英国脱欧、美国大选等2016年国际形势逆全球化特征明显,曾经的"地球村"观念在一些国家正在被贸易保护、边境修墙、控制移民等思潮掩盖。2015年5月28日,英国政府向下议院提交并公布了有关"脱欧公投"的议案,于2016年6月23日开始了脱欧公投,结果显示"脱欧"。支持者认为,英国可通过谈判与欧盟达致"友好离婚",但与欧盟国家仍保持贸易联系。也有分析认为,如果英国与欧盟就此分道扬镳,势必导致双方利益受损,出于利益角度的考虑,"脱欧"实难真正实现。2016年11月9日美国总统大选上美国共和党总统候选人唐纳德·特朗普在宾夕法尼亚州战胜民主党总统候选人希拉里·克林顿赢得2016年美国总统大选。他说想在墨西哥边境建一堵墙,并设法让墨西哥出钱。他要将美国境内的1100万非法移民全部遣返回国。他说每一个与他们做生意的国家都是对美国的盗窃。特朗普还主张解除国内的一些能源生产限令,反对奥巴马政府的清洁能源计划,脱离《巴黎协议》。英媒曾称特朗普胜选相当于美版的"脱欧公投"。此外贸易保护主义抬头,据英国经济政策研究中心最新发布的《全球贸易预警》报告显示,随着世界经济增长显著放缓,全球范围内的贸易保护主义倾向变得日益严重。作为全球第一大经济体的美国,从2008年到2016年对其他国家采取了600多项贸易保护措施,仅2015年就采取了90项,位居各国之首。

二、汇率与国际收支

(一) 汇率

汇率(又称外汇利率、外汇汇率或外汇行市)是一种货币兑换另一种货币的比率,是以一种货币表示另一种货币的价格。由于世界各国(各地区)货币的名称不同,币值不一,所以一种货币对其他国家(或地区)的货币要规定一个兑换率,即汇率。汇率又是各个国家为了达到其政治目的的金融手段。汇率会因为利率、通货膨胀、国家的政治和每个国家的经济等原因而变动。而汇率是由外汇市场决定。从短期来看,一国(或地区)的汇率由对该国(或地区)货币兑换外币的需求和供给所决定。外国人购买本国商品、在本国投资以及利用本国货币进行投资会影响本国货币的需求。本国居民想购买外国产品、向外国投资以及外汇投机影响本国货币供给。在长期中,影响汇率的主要因素主要有:相对价格水平、关税和限额、对本国商品相对于外国商品的偏好以及生产率。

1. 汇率标价方法

确定两种不同货币之间的比价,先要确定用哪个国家的货币作为标准。由于确定的标准不同,于是便产生了几种不同的外汇汇率标价方法。常用的标价方法包括直接标价法、间接标价法、美元标价法。

直接标价法,又称为应付标价法,是以一定单位的外国货币作为标准,折算为本国货币来表示其汇率。在直接标价法下,外国货币数额固定不变,汇率涨跌都以相对的本国货币数额的变化来表示。一定单位外币折算的本国货币减少,说明外币汇率下跌,即外币贬值或本币升值。我国和国际上大多数国家都采用直接标价法。我国人民币汇率是以市场供求为基础的、单一的、有管理的浮动汇率制度。中国人民银行根据银行间外汇市场形成的价格,公布人民币对主要外币的汇率。

间接标价法,又称为应收标价法。是以一定单位的本国货币为标准,折算为一定数额的外国货币来表示其汇率。在间接标价法下,本国货币的数额固定不变,汇率涨跌都以相对的外国货币数额的变化来表示。一定单位的本国货币折算的外币数量增多,说明本国货币汇率上涨,即本币升值或外币贬值。反之,一定单位本国货币折算的外币数量减少,说明本国货币汇率下跌,即本币贬值或外币升值。英国一向使用间接标价法。

直接标价法和间接标价法所表示的汇率涨跌的含义正好相反,所以在引用某种货币的汇率和说明其汇率高低涨跌时,必须明确采用哪种标价方法,以免混淆。

美元标价法又称纽约标价法,是指在纽约国际金融市场上,除对英镑用直接标价法外,对其他外国货币用间接标价法。美元标价法由美国在1978年9月1日制定并执行,目前是国际金融市场上通行的标价法。

2. 汇率的种类

根据不同的划分标准,可将汇率进行以下分类。

从制定汇率的角度来考察,可分为基本汇率和交叉汇率。通常选择一种国际经济交易中最常使用,且在外汇储备中所占的比重最大的可自由兑换的关键货币作为主要对象,与本国货币对比,制定出汇率,这种汇率就是基本汇率。而在制定出基本汇率后,本币对其他外国货币的汇率就可以通过基本汇率加以套算,这样得出的汇率就是交叉汇率,又叫作套算汇率。

从汇率制度角度考察,可分为固定汇率和浮动汇率。固定汇率,即外汇汇率基本固定,汇率的波动幅度局限于一个较小的范围之内。浮动汇率,即汇率不予以固定,也无任何汇率波动幅度的上下限,而是汇率随着外汇市场的供求变化而自由波动。

从银行买卖外汇的角度考察,可分为买入汇率、卖出汇率和中间汇率。买入汇率,又叫作买入价,是外汇银行向客户买进外汇时使用的价格。因其客户主要是出口商,帮卖出价常被称作"进口汇率"。卖出汇率,又叫作卖出价,是外汇银行向客户卖出时使用的价格。因其客户主要是进口商,帮卖出价常被称作"进口汇率"。买入卖出价是根据外汇交易中所处的买方或卖方的地位而定的。买卖价之间的差额一般为1‰~5‰左右,这是外汇银行的手续费收益。中间汇率是买入价与卖出价的平均数,报刊报导汇率消息时常用中间汇率。

从外汇交易支付通知方式角度考察,可分为电汇汇率、信汇汇率和标汇汇率。电汇汇率是银行卖出外汇后,以电报为传递工具,通知其国外分行或代理行付款给收款人时所使用的一种汇率。电汇系国际资金转移中最为迅速的一种国际汇兑方式,能在一两天内支付款项,银行不能利用客户资金,因而电汇汇率最高。信汇汇率是在银行卖出外汇后,用信函方式通知付款地银行转汇收款人的一种汇款方式。由于邮程需要时间较长,银行可在邮程期内利用客户的资金,故信汇汇率较电汇汇率低。标汇汇率是指银行在卖出外汇时,开立一张由其国外分支机构或代理行付款的汇票交给汇款人,由其自带或寄往国外取款。由于票汇汇率从卖出外汇到支付外汇有一段间隔时间,银行可以在这段时间内占用客户的资金,所以票汇汇率一般比电汇汇率低。

从外汇交易交割期限长短考察,可分为即期汇率和远期汇率。即期汇率,也叫现汇汇率,是指买卖外汇双方成交当天或两天以内进行交割时使用的汇率。远期汇率,是指在未来一定时期进行交割,而事先由买卖双方签订合同,达成协议的汇率。到了交割日期,由协议双方按预订的汇率、金额进行交割。远期外汇买卖是一种预约性交易,是由于外汇购买者对外汇资金需要的时间不同,以及为了避免外汇风险而引进的。远期汇率与即期汇率相比是有差额的,这种差额叫远期差价。差额用升水、贴水和平价来表示。升水是表示远期汇率比即期汇率贵,贴水则表示远期汇率比即期汇率便宜,平价表示两者相等。

从外汇银行营业时间的角度考察,可分为开盘汇率和收盘汇率。开盘汇率是外汇银行在一个营业日刚开始营业进行外汇买卖时用的汇率。收盘汇率是外汇银行在一个营业日外汇交易终了时的汇率。随着现代科技的发展、外汇交易设备的现代化,世界各地的外汇市场连为一体。由于各国大城市存在时差,而各大外汇市场汇率相互影响,所以一个外汇市场的开盘汇率往往受到上一时区外汇市场收盘汇率的影响。开盘与收盘汇率只相隔几个小时,但在汇率动荡的当天,也往往会有较大的出入。

(二) 汇率决定理论

汇率决定理论(Exchange Rate Determination Theory)是国际金融理论的核心内容之一,主要分析汇率受什么因素决定和影响。汇率决定理论随经济形势和西方经济学理论的发展而发展,为一国货币局制定汇率政策提供理论依据。汇率决定理论主要有国际借贷学说、购买力平价学说、利率平价学说、国际收支学说、资产市场说。资产市场说又分为货币分析法与资产组合分析法。货币分析法又分为弹性价格货币分析法和黏性价格货币分析法。

1. 国际借贷学说

国际借贷学说(Theory of International Indebtedness)出现和盛行于金本位制时期,理论渊源可追溯到 14 世纪。1861 年,英国学者 G. I. Goschen 较为完整地提出该理论。该理论认为,汇率是由外汇的供给和需求决定的,而外汇的供给和需求是由国际借贷所产生的,因此国际借贷关系是影响汇率变化的主要因素。这里所讲的国际借贷关系不仅包括贸易往来,还包括资本的输出和输入。国际借贷分为固定借贷和流动借贷,前者指借贷关系已经形成但尚未进入实际支付阶段的借贷;后者指已经进入支付阶段的借贷。只有流动借贷的变化才会影响外汇的供求。国际借贷理论第一次较为系统地从国际收支的角度解释外汇供求的变化,分析了汇率波动的原因,因此又称他的这一理论盛行于第一次世界大战前的金本位货币制度时期。从目前的角度看,国际收支仍然是影响汇率变化最直接最重要的基本因素之一。但从另一方面看,国际借贷说存在其历史的局限性,它并没有说明汇率决定的基础和其他一些重要的影响因素。其次,该学说在金本位制度下是成立的。此理论对汇率变动原因的解释(由外汇供求关系亦即流动借贷引发),作出了很大的贡献。事实证明,国际收支失衡是导致汇率变动的主要原因之一。但它并没有回答汇率由何决定这个问题,也无法解释在纸币流通制度下由通货数量增减而引起的汇率变动等问题。

2. 购买力平价学说

购买力平价学说(Theory of Purchasing Power Parity)的理论渊源可追溯到16世纪。1914年,第一次世界大战爆发,金本位制崩溃,各国货币发行摆脱羁绊,导致物价飞涨,汇率出现剧烈波动。1922年,瑞典学者Cassel出版了《1914年以后的货币和外汇》一书,系统地阐述了购买力平价学说。该学说认为,两种货币间的汇率决定于两国货币各自所具有的购买力之比(绝对购买力平价学说),汇率的变动也取决于两国货币购买力的变动(相对购买力平价学说)。假定,A国的物价水平为P_A,B国的物价水平为P_B,e为A国货币的汇率(直接标价法),则依绝对购买力平价学说:$e=P_A/P_B$。假定t_0时期A国的物价水平为P_{A0},B国的物价水平为P_{B0},A国货币的汇率为e_0,t_1时期A国的物价水平为P_{A1},B国的物价水平为P_{B1},A国货币的汇率为e_1。则依相对购买力平价学说,$e_1/e_0=(P_{A1}/P_{A0})/(P_{B1}/P_{B0})$,相对购买力平价意味着汇率升降是由两国的通货膨胀率决定的。

购买力平价学说的缺陷主要有:① 该学说只考虑了可贸易商品,而没有考虑不可贸易商品,也忽视了贸易成本和贸易壁垒。更没有考虑人所生活的自然环境(如:环保、绿化、基础设施完善程度),也没有考虑人所生活的社会环境(如:制度、社会稳定程度、社会文明程度等)。② 该学说没有考虑到越来越庞大的资本流动对汇率产生的冲击。③ 存在一些技术性问题。一般物价水平(物价指数)很难计算,其难点在于:选择何种物价指数,是居民消费价格指数(CPI),还是GDP平减指数,还是其他指数。即使指数选定了,如何选择样本商品也是个问题。④ 过分强调物价对汇率的作用,但这种作用不是绝对的,汇率变化也会影响物价。⑤ 相对购买力平价学说有个前提,即t_0时期的汇率e_0是均衡汇率,如果t_0时期的汇率是不均衡的,那么e_1也就不可能是均衡的。

3. 利率平价学说

利率平价学说(Theory of Interest Rate Parity)的理论渊源可追溯到19世纪下半叶,1923年由凯恩斯系统地阐述。该理论认为,两国之间的即期汇率与远期汇率的关系与两国的利率有密切的联系。该理论的主要出发点,就是投资者投资于国内所得到的短期利率收益,应该与按即期汇率折成外汇在国外投资并按远期汇率买回该国货币所得到的短期投资收益相等。一旦出现由于两国利率之差引起的投资收益的差异,投资者就会进行套利活动,其结果是使远期汇率固定在某一特定的均衡水平。同即期汇率相比,利率低的国家的货币的远期汇率会下跌,而利率高的国家的货币的远期汇率会上升。远期汇率同即期汇率的差价约等于两国间的利率差。

利率平价学说从资金流动的角度指出了汇率与利率之间的密切关系,有助于正确认识现实外汇市场上汇率的形成机制,有特别的实践价值,它主要应用在短期汇率的决定。利率平价学说不是一个独立的汇率决定理论,与其他汇率决定理论之间是相互补充而不是相互对立的。利率平价学说的缺陷是:① 忽略了外汇交易成本。② 假定不存在资本流动障碍,实际上,资本在国际间流动会受到外汇率管制和外汇市场不发达等因素的阻碍。③ 假定套利资本规模是无限的,现实世界中很难成立。④ 人为地提前假定了投资者追求在两国的短期投资收益相等,现实世界中有大批热钱追求汇率短期波动带来的巨大超额收益。

4. 国际收支学说

1944 年到 1973 年布雷登森林体系实行期间,各国实行固定汇率制度。这一期间的汇率决定理论主要是从国际收支均衡的角度来阐述汇率的调节,即确定适当的汇率水平。这些理论统称为国际收支学说。它的早期形式就是国际借贷学说。这一期间,有影响的汇率理论主要有局部均衡分析的弹性论、一般均衡分析的吸收论、内外均衡分析的门蒙代尔-弗莱明模型(Mundell-Fleming Model)以及注重货币因素在汇率决定中重要作用的货币论。

国际收支学说通过说明影响国际收支的主要因素,进而分析了这些因素如何通过国际收支作用到汇率上。假定 Y、Y' 分别是该国及外国的国民收入,P、P' 分别表示该国及外国的一般物价水平,i、i' 分别是该国及外国的利率,e 是该国的汇率,Ee_f 是预期汇率。假定国际收支仅包括经常账户(CA)和资本与金融账户(K),所以有 $BP=CA+K=0$。CA 由该国的进出口决定,主要由 Y、Y'、P、P'、e 决定。因此,$CA=f_1(Y,Y',P,P',e)$。K 主要由 i、i'、e、Ee_f 决定。因此 $K=f_2(i,i',e,Ee_f)$,所以

$$BP = CA + K = f_1(Y,Y',P,P',e) + f_2(i,i',e,Ee_f)$$
$$= f(Y,Y',P,P',i,i',e,Ee_f) = 0$$

如果将除汇率以外的其他变量均视为已经给定的外生变量,则汇率将在这些因素的共同作用下变化到某一水平,从而起到平衡国际收支的作用,即

$$e = g(Y,Y',P,P',i,i',Ee_f)$$

5. 资产市场说

1973 年,布雷顿森林体系解体,固定汇率制度崩溃,实行浮动汇率制度,汇率决定理论有了更进一步的发展。资本市场说在 20 世纪 70 年代中后期成为了汇率理论的主流。与传统的理论相比,汇率的资本市场说更强调了资本流动在汇率决定理论中的作用,汇率被看作资产的价格,由资产的供求决定。依据对本币资产与外币资产可替代性的不同假定,资产市场说分为货币分析法与资产组合分析法,货币分析法假定本币资产与外币资产两者可完全替代。而资产组合分析法假定两者不可完全替代。在货币分析法内部,依对价格弹性的假定不同,又可分为弹性价格货币分析法与黏性价格货币分析法。

弹性价格货币分析法假定所有商品的价格是完全弹性的,这样,只需考虑货币市场的均衡。其基本模型是:

$$\ln e = (\ln M_S - \ln M_S') + a(\ln y' - \ln y) + b(\ln i' - \ln i) \quad a、b > 0$$

该模型由卡甘的货币需求函数及货币 $MD/P=L(y,i)=ky^a i^b$,$MD=MS$ 及购买力平价理论三者导出。它表明,该国与外国之间国民收入水平、利率水平及货币供给水平,通过对各自物价水平的影响而决定了汇率水平。

1976 年,多恩布什提出黏性价格货币分析法,也即所谓超调模型(Overshooting Model)。他认为商品市场与资本市场的调整速度是不同的,商品市场上的价格水平具有黏性的特点,这使得购买力平价在短期内不能成立,经济存在着由短期平衡向长期平衡的过渡过程。在超调模型中,由于商品市场价格黏性的存在,当货币供给一次性增加以后,本币的瞬时贬值程度大于其长期贬值程度,这一现象被称为汇率的超调。

1977年,布朗森提出了汇率的资产组合分析方法。与货币分析方法相比,这一理论的特点是假定本币资产与外币资产是不完全的替代物,风险等因素使非套补的利率平价不成立,从而需要对本币资产与外汇资产的供求平衡在两个独立的市场中进行考察。二是将该国资产总量直接引入了模型。该国资产总量直接制约着对各种资产的持有量,而经常账户的变动会对这一资产总量造成影响。这样,这一模型将流量因素与存量因素结合了起来。假定该国居民持有三种资产,该国货币 M,该国政府发行的以本币为面值的债券 B,外国发行的以外币为面值的债券 F,一国资产总量为 $W=M+B+e'F$。一国资产总量是分布在该国货币、该国债券、外国债券之中的。从货币市场来看,货币供给是由政府控制的,货币需求是该国利率、外国利率的减函数,资产总量的增函数。从该国债券市场来看,该国债券供给同样是由政府控制的,该国债券的需求是该国利率的增函数,外国利率的减函数,资产总量的增函数。从外国债券市场来看,外国债券的供给是通过经常账户的盈余获得的,在短期内也是固定的。对外国债券的需求是该国利率的减函数,外国利率的增函数,资产总量的增函数。在以上三个市场中,不同资产供求的不平衡都会带来相应的变量(主要是该国利率与汇率)的调整。只有当三个市场都处于平衡状态时,该国的资产市场整体上才处于平衡状态。这样,在短期内,由于各种资产的供给量是既定的,资产市场的平衡会确定该国的利率与汇率水平。在长期内,对于既定的货币供给与该国债券供给,经常账户的失衡会带来该国持有的外国债券总量变动,这一变动又会引起资产市场的调整。因此,在长期内,该资产市场的平衡还要求经常账户处于平衡状态。

延伸阅读 1

人民币汇率制度改革

为顺应中国经济发展的需要,人民币汇率制度自 1949 年新中国成立以来经历了一系列的变革。1979 年前中国实行单一的固定汇率制,市场机制对汇率的作用微乎其微。为适应对外贸易的发展,1979 年后人民币汇率进入双轨制,官方汇率和外汇调剂汇率并存,增强了市场对汇率的调节作用。但双轨制不利于外汇资源有效配置和企业之间公平竞争,1994 年人民币官方汇率与外汇调剂汇率正式并轨,中国开始实行钉住单一美元的固定汇率制,人民币汇率一次性贬值 1/3,并维持在 8.27 元人民币兑换 1 美元的水平上。此次汇率制度改革有利的一面是中国产品出口得以大幅增加,但同时美元波动不利于中国货币政策的实施以及经济、贸易的长远发展。2005 年 7 月开始,人民币不再钉住单一美元,而是以市场供求为基础,参考一篮子货币,依据人民币多边汇率指数的变化,对人民币汇率进行管理和调节。2015 年 8 月人民币中间价报价机制得以改革,增强了人民币兑美元汇率中间价的市场化程度。2017 年以来,"收盘汇率+一篮子货币汇率变化"的人民币兑美元汇率中间价形成机制有序运行,汇率形成机制的规则性、透明度和市场化水平不断提升,人民币对美元双边汇率弹性进一步增强,双向浮动特征更加显著,汇率预期总体平稳。[①] 人民币汇率制度改革对国内货币政策有效性的影响是近年来国内学者研究的一个新热点,有学者通过分析 2005 年人

---

① 中国人民银行货币政策分析小组. 中国货币政策执行报告[R]. [2017].

民币汇率制度改革前后利率政策对宏观经济的影响发现,人民币汇率制度改革不仅不会降低反而增强了货币政策的有效性。①

(三) 国际收支

国际收支(Balance of Payments)是指一定时期内一个经济体(通常指一个国家或者地区)与世界其他经济体之间发生的各项经济活动的货币价值之和。它有狭义与广义两个层面的含义。狭义的国际收支是指一个国家或者地区在一定时期内,由于经济、文化等各种对外经济交往而发生的,必须立即结清的外汇收入与支出。广义的国际收支是指一个国家或者地区内居民与非居民之间发生的所有经济活动的货币价值之和。

1. 国际收支平衡表

国际收支平衡表(Balance of International Payments)是反映一定时期一国同外国的全部经济往来的收支流量表。国际收支平衡表是对一个国家与其他国家进行经济技术交流过程中所发生的贸易、非贸易、资本往来以及储备资产的实际动态所作的系统记录,是国际收支核算的重要工具。通过国际收支平衡表,可综合反映一国的国际收支平衡状况、收支结构及储备资产的增减变动情况,为制定对外经济政策,分析影响国际收支平衡的基本经济因素,采取相应的调控措施提供依据,并为其他核算表中有关国外部分提供基础性资料。

表中包含的主要内容有:

经常项目,主要反映一国与他国之间实际资源的转移,是国际收支中最重要的项目。经常项目包括货物(贸易)、服务(无形贸易)、收益和单方面转移(经常转移)四个项目。经常项目顺差表示该国为净贷款人,经常项目逆差表示该国为净借款人。

资本与金融项目,反映的是国际资本流动,包括长期或短期的资本流出和资本流入。是国际收支平衡表的第二大类项目。资本项目包括资本转移和非生产、非金融资产的收买或出售,前者主要是投资捐赠和债务注销;后者主要是土地和无形资产(专利、版权、商标等)的收买或出售。金融账户包括直接投资、证券投资(间接投资)和其他投资(包括国际信贷、预付款等)。

净差错与遗漏,为使国际收支平衡表的借方总额与贷方总额相等,编表人员人为地在平衡表中设立该项目,来抵消净的借方余额或净的贷方余额。

储备与相关项目,包括外汇、黄金和分配的特别提款权(SDR)。特别提款权是以国际货币基金组织为中心,利用国际金融合作的形式而创设的新的国际储备资产。国际货币基金组织(IMF)按各会员国缴纳的份额,分配给会员国的一种记账单位,1970年正式由IMF发行,各会员国分配到的SDR可作为储备资产,用于弥补国际收支逆差,也可用于偿还IMF的贷款。又被称为"纸黄金"。

国际收支平衡表中计算公式有:

国际收支总差额 = 经常账户差额 + 资本与金融账户差额 + 净差错与遗漏

国际收支总差额 + 储备资产变化 = 0

---

① 吴晓芳,谢建国,葛秋颖. 人民币汇率制度改革影响了中国货币政策的有效性吗? [J]. 经济评论,2017(1):28-39.

各项差额 = 该项的贷方数字 - 借方数字

2. 国际收支失衡

国际收支失衡是指一国国际收支的经常账户项目产生较大的顺差或逆差。产生国际收支不平衡的原因主要有：① 经济结构的影响。世界各国由于技术水平、地理环境和自然环境不同，形成了不同的出口商品结构。如果国际间对某些商品的生产或需求发生变化，在一定程度上就要改变某些国家出口商品的结构。而如果该国的国内生产结构不能适应这种变化，势必引起对外贸易的不平衡，其结果则可能导致国际收支不平衡。② 资本国际移动的影响。在不实行外汇管制的国家，国际资本的大量流入或流出，会对该国的国际收支产生重大影响，造成国际收支的顺差或逆差。③ 物价变动的影响。物价变动包括国内市场和国际市场两种价格因素。首先，国内物价会由于通货膨胀或通货紧缩而发生变动。一国如果实行通货膨胀政策，必然导致国内物价的上涨。国内物价上涨后，在汇率不变的情况下，以外币表示的本国出口商品的国际市场价格就会相应提高，而进口商品的国内市场价格就会显得偏低，这样本国商品的国际竞争能力就会削弱，客观上起到抑制出口鼓励进口的作用，造成贸易外汇支出增加，从而使国际收支产生逆差。反之，则有可能产生顺差。其次，国际市场大宗商品价格的变动，也会直接影响到该商品主要进出口国家的国际收支平衡。④ 货币汇率变动的影响。在纸币流通的货币制度下，各国多以自由兑换货币作为国际清偿手段和储备资产。如果作为清偿手段或储备资产的货币对外价值发生变动，就会使以该货币计价结算的债权债务和储备资产的实际价值发生变动，从而引起国际收支的不平衡。⑤ 周期性经济危机的影响。在经济周期的各个阶段都会给国际收支带来不同的影响，而且这种影响往往是相互渗透且呈连锁反应的。一般来说，在繁荣时期，由于生产的高涨，对外贸易会大幅度增长，国际收支经常项目可能出现顺差，外汇储备也会随之增加，国际收支就可能出现顺差；而萧条时期，由于生产下降，出口缩减及外汇支出增加，则会导致国际收支逆差。

（四）国际收支理论

1. 国际收支理论

国际收支调节理论是国际金融理论的主要组成部分之一，它是各国政府用以分析国际收支不平衡的原因、适时调节政策以保持国际收支平衡的理论依据。世界各国经济的不断发展推动了国际收支调节理论的发展。

1752年英国经济学家大卫·休谟在《论贸易平衡》中提出"价格-铸币流动机制"，认为在金本位制下国际收支具有自动调节的机制。在金本位制度下，一国国际收支出现赤字，就意味着本国黄金的净输出，由于黄金外流，国内黄金存量下降，货币供给就会减少，从而引起国内物价水平下跌。物价水平下跌后，本国商品在国外市场上的竞争能力就会提高，外国商品在本国市场的竞争能力就会下降，于是出口增加，进口减少，使国际收支赤字减少或消除。同样，国际收支盈余也是不能持久的，其造成的黄金内流趋于扩大国内的货币供给，造成物价水平上涨。物价上涨不利于出口有利于进口，从而使盈余趋于消失。

休谟的金本位制下自动平衡国际收支理论否定了传统的重商主义（重金主义）时期认为只有维持贸易顺差，一国就能维持金银、财富积累的论断；同时也消除了各国对逆差一定会发生金银、财富永久性流失的恐惧。该理论反映了资本主义自由竞争时期市场价格竞争的规律，满足了各国政府制定对外经济政策的需要，可以说"价格-铸币流动机制"说，开创了系统研究国际收支调节的先河，为当代国际收支调节理论奠定了一定的基础。

20世纪30年代的资本主义经济大危机和金本位制的崩溃预示着"价格-铸币流动机制"不再能够指导各国对国际收支的分析，这种状况强烈呼吁新的国际收支调节理论的出现。现代国际收支调节理论正是在这样的背景下孕育并不断趋于完善的，主要包括国际收支调节的弹性理论、国际收支调节的吸收理论、国际收支调节的货币理论。

弹性理论主要从微观角度进行分析，着眼于价格变动引起的国际收支调整，其基本思路是货币贬值通过影响国内外相对价格体系进而对国际收支发生作用。由于这一方法侧重于对外贸市场的分析，围绕进出口商品的供求弹性展开，故称为国际收支的弹性论。马歇尔最早运用局部均衡分析方法对货币贬值和贸易收支差额进行了分析；后经过美国经济学家勒纳发展，形成了马歇尔-勒纳条件。1937年琼·罗宾逊在其《就业理论论文集》外汇篇中发展了弹性理论，着重研究了一国采取本币贬值政策时，进出口供求弹性对调节国际收支平衡的作用；1948年劳埃德·梅茨勒在《国际贸易理论》一书中进一步发展了琼·罗宾逊的观点，形成罗宾逊-梅茨勒条件。此后，哈伯勒等人进一步完善，使弹性理论在20世纪50代趋于系统和完整。

吸收理论从宏观角度进行分析，认为国际收支与整个国民经济相关联。该理论以凯恩斯宏观经济理论为基础，从国民收入的产出及支出关系出发考察了贸易收支失衡问题。20世纪50年代初，美国经济学家亚历山大将国民收入恒等式中的支出部分（消费、投资与政府购买之和）称为"吸收"，吸收理论因而得名。后来，经过弗里茨·马柯洛普、约翰逊等人进一步完善，约翰逊还提出了纠正贸易逆差额的"支出转向政策"（即增加产量）和"支出减少政策"。吸收理论约在20世纪60年代趋于系统和完整。

货币理论也是从宏观角度进行分析，由货币学派创立，是二战后货币主义经济学在国际金融领域的延伸。他们认为国际收支的任何失衡都是货币市场失衡的反映。1951年詹姆斯·米德在《国际经济政策理论》第一卷《国际收支》中把一般模型的货币方面与金本位结合起来，被认为是国际收支调节货币理论的复兴，给后来的货币主义者以启发。哈里·约翰逊1972年在《国际收支货币分析论》中强调国际收支不平衡的货币性质，提出了一个完整的国际收支货币分析模型。罗伯特·蒙代尔建立了IS-LM-BP一般均衡理论，把国际收支作为整体来对待，把国际收支不平衡当作是货币供求存量不均衡的结果，即认为国际收支本质上是货币现象。国际收支调节的货币分析理论在20世纪70年代趋于系统和完整。

2. 内外均衡冲突与协调

（1）内外均衡

在开放经济中，宏观经济的最终目标是实现内部均衡和外部均衡。所谓内部均衡，是指国内经济中产品市场、货币市场和劳动市场同时达到均衡。就是使宏观经济处于充分就业水平上，并且没有通货膨胀的压力，经济稳定增长。所谓外部均衡，是指开放经济中的国际收支平衡，既无国际收支顺差，也无国际收支逆差，常用BP曲线表示。

（2）外部不均衡的调节政策

当外部不均衡，即存在国际收支顺差或逆差时，有以下的调节政策：

① 支出变更政策,通过实施财政货币政策直接影响总需求或总支出水平,从而调节内部均衡,同时,总支出的变化又会通过边际进口倾向和利率机制来影响国际收支,从而影响外部均衡。它等同于在封闭经济条件下凯恩斯主义的需求管理政策,即财政政策和货币政策组合。通过实施支出调整政策可达到改变支出水平从而改变收入水平的目的。其实质是对总需求水平进行管理。

② 支出转换政策,指能够通过影响本国贸易商品的国际竞争力,改变支出构成而使本国收入相对于支出增加的政策,如汇率调整、关税、出口补贴、进口配额限制等都属于支出转换政策范畴。狭义的支出转换政策则专指汇率政策。支出转换政策的实质是在总需求的内部进行结构性的调整,使得总需求的构成在国内吸收与净出口之间保持恰当的比例。

③ 直接管治政策,指政府直接对国际经济交易进行行政干预,以使国际收支达到平衡的政策措施。直接管制通常能起到迅速改善国际收支的效果,能按照本国的不同需要,对进出口贸易和资本流动区别对待。但是,它并不能真正解决国际收支平衡问题,只是将显性国际收支赤字变为隐性国际收支赤字;一旦取消管制,国际收支赤字仍会重新出现。此外,实行管制政策,既为国际经济组织所反对,又会引起他国的反抗和报复。

(3) 米德冲突

在开放的经济环境中,宏观经济政策不仅要实现内部均衡,即稳定通货、充分就业和实现经济增长,还须实现外部均衡,即保持国际收支平衡。但如果独立实行一项政策,容易引起内外部均衡之间的冲突。一国宏观经济政策目标包括内外均衡中的四大目标:国际收支均衡、经济增长、充分就业、物价稳定。詹姆斯·米德认为,根据凯恩斯主义的需求理论,实现国际收支调节使之均衡的政策,由于固定汇率制度下,贬值和升值都受到极大限制,因而主要采用开支变更政策,开支变更对上述中的目标产生不同的政策效应。在国际收支逆差与通货膨胀并存时,减少总需求可以使二者均衡;在国际收支顺差与就业不足并存时,扩大总需求可以使二者相衡。但是,对于既有国际收支顺差又存在通货膨胀,或既有国际收支逆差又存在严重失业问题,就会发生内部均衡与外部均衡之间的冲突,使开支变更政策陷入左右为难的困境。这种冲突被称为米德冲突。米德冲突的类型如表8.1所示。

表8.1 米德冲突的类型

分类	内部经济状况	外部经济状况
Ⅰ	失业衰退	逆差
Ⅱ	失业衰退	顺差
Ⅲ	通货膨胀	逆差
Ⅳ	通货膨胀	顺差

米德冲突最有可能发生在经常项目顺差与国内通货膨胀并存,或经常项目逆差与国内失业并存的情况下。运用货币政策与财政政策的配合可解决"米德冲突"。财政政策通常对国内经济的作用较大,而货币政策则对国际收支的作用较大,因此,应该分配给财政政策以稳定国内经济的任务,分配给货币政策以稳定国际收支的任务,或者根据国内经济与国际收支的不同情况,将二者适当地搭配,以同时实现国内经济与国际收支的均衡。

(4) 丁伯根法则

丁伯根原则是由著名经济学家、诺贝尔经济学奖得主丁伯根提出的关于经济调节政策和经济调节目标之间的关系法则：为达到一个经济目标，政府至少要运用一种有效的经济政策；为达到 N 个经济目标，政府至少要运用 N 个独立的、有效的经济政策。这一原则被经济学家通俗地概括为"一石不能二鸟"的原则。这个原则为政策制定提供了良好的标准，政府要实现几个独立的经济目标，就必须使用至少同等数量的政策工具，而即一箭双雕、两全其美的政策是很难达到的。

(5) 斯旺模型

斯旺进一步研究了内外均衡冲突，并提出了用支出增减政策和支出转换政策解决内外均衡冲突的思想，这一思想被称为"斯旺模型"。斯旺模型是在假定经济体不存在国际资本流动的前提下研究内外均衡冲突并提出政策搭配建议的。支出转换政策与支出增减政策的搭配，按斯旺的见解，可用表 8.2 来加以说明。

表 8.2 斯旺模型支出转换政策与支出增减政策的搭配

	经济状况	支出增减政策	支出转换政策
Ⅰ	通货膨胀/顺差	紧缩	本币升值
Ⅱ	通货膨胀/逆差	紧缩	本币贬值
Ⅲ	失业/逆差	扩张	本币贬值
Ⅳ	失业/顺差	扩张	本币升值

斯旺模型提出了对支出增减政策和支出转换政策进行搭配以解决内外失衡的思想，但是这一模型也存在两个理论弱点：第一，该模型没有对支出增减政策进一步细分；第二该模型并没有分析国际资本流动对国际收支的影响。

(6) 蒙代尔政策搭配理论

沿着斯旺模型的分析思路，蒙代尔进一步把支出增减政策细分为财政政策和货币政策，从而修正了斯旺模型，并提出"指派法则"理论，亦被称为蒙代尔政策搭配理论：每一个政策都应该用到效应最大化的方面，在固定汇率制度之下，财政政策应该用于解决内部失衡，而货币政策应该用于解决外部失衡。蒙代尔政策搭配表如表 8.3 所示。

3. 蒙代尔-弗莱明模型

20 世纪 60 年代，罗伯特·蒙代尔和马库斯·弗莱明提出了开放经济条件下的蒙代尔-弗莱明模型(Mundell-Fleming Model 模型)，即通常所说的经典 M-F 模型。该模型扩展了对外开放经济条件下不同政策效应的分析，说明了资本是否自由流动以及不同的汇率制度对一国宏观经济的影响。其目的是要证明固定汇率制度下的"米德冲突"可以得到解决。它将封闭经济下的宏观分析工具 IS-LM 模型扩展到开放经济下，并按照资本的国际流动性的不同对固定汇率和浮动汇率制度下财政政策和货币政策的作用机制、政策效力进行了分析研究，得到稳定政策的效果是与国际资本的流动程度紧密相连的。而且他论证了汇率制度的重要性，即在浮动汇率下，货币政策效果明显，财政政策软弱无力。在固定汇率下，结果相反。

表 8.3 蒙代尔政策搭配表

经济状况		财政政策	货币政策
国内经济	国际收支	（内部）	（外部）
通货膨胀	顺差	紧缩（缩减开支）	扩张（降利率升物价）
通货膨胀	逆差	紧缩（缩减开支）	紧缩（升利率降物价）
失业	逆差	扩张（扩大开支）	紧缩（升利率降物价）
失业	顺差	扩张（扩大开支）	扩张（降利率升物价）

蒙代尔-弗莱明模型的政策含义十分明确：在固定汇率和资本完全流动的条件下，由于利率和汇率保持相对稳定，货币政策的传递机制，即通过利率变动影响投资进而影响资本产出水平的机制，其功能自然会受到严重削弱，从而货币政策无效。同样道理，利率稳定可以基本消除财政政策引起的挤出效应，从而实现财政政策的最佳效果。因此，当一国面临外部冲击，主要是国际金融和货币因素冲击时，则固定汇率应该是比较理想的汇率制度。毕竟在固定汇率下。国际资本套利可以自发化解货币因素的外部冲击，并且使财政政策纠正经济失衡的效果达到最大化。

该模型的不足之处主要表现在三个方面：① 蒙代尔-弗莱明模型只分析固定汇率制下的开放经济平衡，缺乏对浮动汇率制下的开放经济平衡的研究。② 蒙代尔-弗莱明模型假定价格水平不变，可见该模型从方法论上仍是短期分析的范畴。短期分析的主要弱点在于仅仅考虑国际收支平衡和内部平衡实现的政策效应，忽略了自动调节机制对国际收支平衡和内部平衡的影响。③ 蒙代尔-弗莱明模型的资本完全流动假设与现实世界差距较大，该模型忽略了交易成本、预期等因素对汇率和对国际收支的重要影响，因而削弱了模型的理论解释能力。

延伸阅读 2

人民币正式纳入 SDR

2016 年 9 月 30 日，国际货币基金组织（IMF）宣布纳入人民币的特别提款权（SDR）新货币篮子于 10 月 1 日正式生效，拉加德总裁发表声明称，这反映了人民币在国际货币体系中地位的不断上升，有利于建立一个更强劲的国际货币金融体系。相关检验证明，人民币纳入 SDR 后不仅可以提高 SDR 货币的稳定性，还可通过扩展 SDR 对世界主要贸易商品的计价职能和扩大主要贸易国货币来提升其指数货币的职能，使其更有全球记账单位的代表性。另外，加入 SDR 也有利于人民币作为国际储备货币组成部分，以补充其流动性供给。① 中国人民银行对人民币正式纳入 SDR 以及拉加德总裁的声明表示欢迎。普拉萨德指出："人民币纳入特别提款权货币篮子已经促使中国发生特定的变化。"

人民币加入 SDR 是机遇大于挑战，将有利于进一步增强我国在国际经济金融体系中的话语权，同时也将倒逼我国进一步深入推进与世界经济金融一体化发展的进程，对我国金融发展、企业发展、居民生活水平的提高都将是利大于弊的。

---

① 丁剑平,向坚,蔚立柱.纳入人民币的 SDR 汇率波动:稳定性与代表性的检验[J].国际金融研究,2015(12):3-10.

三、国际贸易理论与政策

(一) 国际贸易理论

国际贸易理论的发展大致经历了古典、新古典、新贸易理论以及新兴古典国际贸易理论四大阶段。古典和新古典国际贸易理论以完全竞争市场等假设为前提,强调贸易的互利性,主要解释了产业间贸易。二战后,以全球贸易的新态势为契机,新贸易理论应运而生,从不完全竞争、规模经济、技术进步等角度解释了新的贸易现象。新兴古典国际贸易理论则以专业化分工来解释贸易,力图将传统贸易理论和新贸易理论统一在新兴古典贸易理论的框架之内。

1. 古典国际贸易理论

古典的国际贸易理论产生于18世纪中叶,是在批判重商主义的基础上发展起来的,主要包括亚当·斯密的绝对优势理论和大卫·李嘉图的比较优势理论,古典贸易理论从劳动生产率的角度说明了国际贸易产生的原因、结构和利益分配。

(1) 绝对优势理论

绝对优势理论(Theory of Absolute Advantage)是由亚当·斯密在其奠定古典政治经济学理论体系的著作《国富论》中提出来的,该理论将一国内部不同职业之间、不同工种之间的分工原则推演到各国之间的分工,从而形成其国际分工理论。亚当·斯密认为:① 分工可以提高劳动生产率,增加国民财富。分工能提高劳动的熟练程度,使每个人专门从事某项作业,节省与生产没有直接关系的时间。② 分工的原则是成本的绝对优势或绝对利益。斯密进而分析到,分工既然可以极大地提高劳动生产率,那么每个人专门从事他最有优势的产品的生产,然后彼此交换,则对每个人都是有利的。③ 国际分工是各种形式分工中的最高阶段,在国际分工基础上开展国际贸易,对各国都会产生良好效果。④ 自由贸易会引起国际分工,国际分工的基础是有利的自然禀赋或后天的有利生产条件。斯密的理论观点表明,各国获得的对外贸易利益取决于各国生产商品的绝对成本优势;一个国家出口的应是本国生产效率高的商品,进口的应是别国生产效率高的商品;交易的结果是使贸易双方都获益。

(2) 比较优势理论

比较优势理论(Theory of Comparative Advantage)的代表人物是大卫·李嘉图。该理论可以表述为:在两国间,劳动生产率的差距并不是在任何商品上都相等。对于处于绝对优势的国家,应集中力量生产优势较大的商品,处于绝对劣势的国家,应集中力量生产劣势较小的商品,然后通过国际贸易,互相交换,彼此都节省了劳动,都得到了益处。比较优势理论的核心内容是"两利取重,两害取轻"。李嘉图的比较优势理论是以古典学派的劳动价值论为基础的,建立在以下几个假设之上:① 生产要素只有劳动一种;② 劳动在一国之内是完全同质的;③ 劳动在一国内可以自由流动,但在国际间不能流动;④ 规模收益不变;⑤ 商品和劳动市场都是完全竞争的;⑥ 不考虑运输成本和其他交易费用。

比较优势理论也存在着理论上的"硬伤",或者说,存在理论分析上的"死角"。这是因为,在李嘉图的理论分析中,比较优势所以能够成立,全然取决于两国间两种商品生产成本对比上"度"的差异。但是,如果只是考察经过高度抽象的"2×2贸易模型",势必存在着这样一种情况,即两国间在两种商品生产成本对比上不存在"度"的差异。表8.4所示即为"等优势或等劣势贸易模型"(Equal Advantage or Equal Disadvantage Model)。一旦出现此种等优势或等劣势的情况,即便具有相当的普遍适用性,李嘉图的比较优势理论及其基本原则"两优择其甚,两劣权其轻"就不再灵光了。

表8.4 等优势或等劣势贸易模型

	A国	B国
F商品	1	3
C商品	2	6

2. 新古典国际贸易理论

19世纪末20世纪初,新古典经济学逐渐形成,在新古典经济学框架下对国际贸易进行分析的新古典贸易理论也随之产生。

(1) 要素禀赋理论

要素禀赋理论也称资源禀赋理论或资源赋予理论,是用生产要素的丰缺来解释国际贸易的产生和商品流向的学说。该理论最早是由瑞典经济学家赫克歇尔提出的,他的学生俄林继承并发展了这一学说,因此该学说常被称为赫克歇尔-俄林理论(简称"赫-俄理论"或者H-O定理)。其核心内容为,在两国技术水平相等的前提下,产生比较成本的差异有两个原因:一是两国间的要素充裕度不同;二是商品生产的要素密集度不同。各国应该集中生产并出口那些充分利用本国充裕要素的产品,以换取那些密集使用其稀缺要素的产品。这样的贸易模式使参与国的福利都得到改善。

(2) 里昂惕夫之谜

按照H-O理论,美国是一个资本丰裕而劳动力相对稀缺的国家,其对外贸易结构应该是出口资本、技术密集型产品,进口劳动密集型产品。20世纪50年代初,美籍苏联经济学家里昂惕夫根据H-O理论,用美国1947年200个行业的统计数据对其进出口贸易结构进行验证时,结果却得出了与H-O理论完全相反的结论,这一难题称为里昂惕夫悖论。

很明显,表8.5中的结果与俄林的结论相反:美国出口产品的劳动密集程度高于进口产品,进口产品的资本密集程度高于出口产品。

表8.5 美国1947年及1951年劳动与资本密集程度情况

年份	1947年	1947年	1951年	1951年
项目	出口商品	进口竞争商品	出口商品	进口竞争商品
资本(美元/年)	2550780	3091339	2256800	2303400
劳动(人/年)	182.31	170	173.91	167.81
资本/劳动	14100	18180	12976.83	13726.24

对于里昂惕夫之谜有以下几种解释：① 需求偏好论。该观点认为，美国的需求偏好强烈地偏向资本密集型产品，这使得美国的资本密集型商品的相对价格较高。因此，美国就会出口劳动密集型商品。1957年，豪萨克对许多国家家庭消费模式的研究表明，对食物、衣物、住房以及其他种类的商品的收入需求弹性在各国都是很相近的，因此基于需求偏好不同假设的解释是行不通的。② 劳动效率论。里昂惕夫认为各国的劳动生产率是不同的。在1947年，美国工人的劳动生产率是外国工人的3倍，如果把美国的劳动数量乘以3，再和国内可用资本进行比较，我们就会发现美国实际上是一个劳动丰裕型国家。所以它出口劳动密集型产品，进口资本密集型产品，与要素禀赋论揭示的内容是一致的（只有在美国出口商品比美国进口替代品的劳动密集度更高时才成立。这一解释并没有被广泛接受，里昂惕夫自己后来也否定了它）。③ 要素密集度逆转论。要素密集型逆转（Factor Intensity Reversal）是指同一种产品在劳动丰富的国家是劳动密集型产品，在资本丰富的国家又是资本密集型产品的情形。当两种商品生产的替代弹性差异较大时，即随着要素相对价格的变化，一种产品的生产中极易用一种生产要素代替另一种要素，而另一种产品的生产则很难用一种要素代替另一种要素，这时就可能发生要素密集型逆转。④ 自然资源缺乏论。里昂惕夫用双要素模型来进行分析，未考虑其他生产要素如自然资源。而实际上，一些产品既不是劳动密集型产品，也不属于资本密集型产品，而是自然资源密集型产品。自然资源型的商品，在两要素模型中将其划分为资本或劳动密集商品，显然是不正确的。另外，许多生产过程需要使用自然资源，如采矿业、钢铁业、农业等，同时也需要大量实物资本。美国对许多自然资源的进口依赖性很强。里昂惕夫后来在对美国的贸易结构进行检验时，在投入-产出表中减去19种自然资源密集型产品，结果就成功地解开了"谜"。⑤ 关税结构论。由于市场是不完全竞争的，国际间商品流通因受贸易壁垒的限制而使要素禀赋论揭示的规律不能实现。美国的关税政策导致里昂惕夫之谜的产生。关税实际上是对进口征税，它减少进口，刺激国内进口替代品的生产。鲍德温的研究表明，如果美国对进口商品不加限制的话，其进口品中资本和劳动之比率将比实际高5%。克拉维斯在1954年的研究中发现，美国受贸易保护最严格的产业就是劳动密集型产业。这就影响了美国的贸易模式，降低了美国进口替代品的劳动密集度。这对解释里昂惕夫之谜有一些帮助。

3. 现代国际贸易理论

20世纪60年代以来，出现了连个逐渐扩散和普及的重大贸易现象：一是大多数国际贸易量都发生在生产要素禀赋相似的国家间，且大部分贸易活动还具有在同一行业内进行的性质，甚至出现相同产品的互相买卖；二是国际贸易的巨大发展却没有对经济资源的重新配置和收入分配的变动产生影响。它们直接向传统国际贸易理论的基本精神和核心内容发起挑战，这意味着为主流国际贸易学增添新的理论和分析工具已迫在眉睫。

（1）需求重叠理论

需求重叠理论又称偏好相似理论，由瑞典经济学家林德于1961年提出，该理论从两国的需求结构与收入水平来研究相互之间的密切关系，将需求因素引入贸易格局的决定，是对国际贸易理论的重大发展，强调需求的相似性导致了相似但有差别的产品的国际贸易，更适合解释发达国家之间差异产品的贸易。从消费者行为方面来解释国际贸易的起因，如果两个国家人均收入水平越是接近,彼此需求结构的重叠部分就越大,因而两国的贸易关系就越密切,国际贸易往往会在收入水平相当的国家间展开。

(2) 产业内贸易理论

传统的国际贸易理论,主要是针对国与国、劳动生产率差别较大的和不同产业之间的贸易,但自 20 世纪 60 年代以来,随着科学技术的不断发展,国际贸易实践中又出现了一种和传统贸易理论的结论相悖的新现象,即国际贸易大都发生在发达国家之间,而不是发达国家与发展中国家之间;而发达国家间的贸易,又出现了既进口又出口同类产品的现象。为了解释这种现象,产业贸易理论应运而生。

产业内贸易,即一个国家在一定时期内(一般为 1 年)既出口又进口同一种产品,同时同一种产品的中间产品(如零部件和元件)大量参加贸易。其假设前提为:① 从静态出发进行理论分析;② 分析不完全竞争市场,即垄断竞争;③ 经济中具有规模收益;④ 考虑需求相同与不相同的情况。

通常用产业内贸易指数(Index of Intra-industrial Trade,IIT)来测度一个产业的产业内贸易程度。

$$IIT = 1 - \frac{|X - M|}{X + M}$$

式中,X 和 M 表示一国某种特定产品的出口和进口;当 $IIT=0$ 时,表明一个国家的这种产品只是进口或出口,即完全没有产业内贸易;当 $IIT=1$ 时,表明这种产品的进口与出口相等,产业内贸易水平最高。

产业内贸易理论强调产品差异和规模经济,这是对国际贸易理论的重大发展,该理论贴近发达国家之间的贸易的实际情况,因此更具有现实性。

(3) 产品生命周期理论

产品生命周期理论由经济学家维农于 1966 年首次提出,他认为:产品和人的生命一样,要经历形成、成长、成熟、衰退这样的周期。就产品而言,也就是要经历一个开发、引进、成长、成熟、衰退的阶段。该理论把技术变化作为国际贸易的又一决定因素,试图解释某产品在一国国际贸易中进出口流向的转变及其成因(表 8.6)。由于各国在各种投入上的相对优势的不同,因此随着时间的变化,各国在该产品不同阶段是否拥有比较优势,取决于该阶段各种投入在成本中的相对重要性。产品生命周期理论是把动态的比较优势理论与要素禀赋论结合起来的一种理论,它运用动态分析的方法,从技术创新和技术传播的角度,分析了国际贸易的基础和贸易格局的动态扩展,对解释国际贸易、国际投资、国际技术转移等都具有重要的影响。

表 8.6 国际贸易与产品生命周期理论

技术密集型		资金密集型	劳动密集型	
引入期	成长期	成熟期	销售下降期	衰亡期
新产品在创新国内销售	产品出口到其他发达国家	发达国家开始模仿生产	创新国销售量下降,模仿国内发展中国家出口	创新国进口,发展中国家逐渐成为净出口国家

(4) 新贸易理论

新贸易理论是指 20 世纪 80 年代初以来,以保罗·克鲁格曼为代表的一批经济学家提出的一系列关于国际贸易的原因、国际分工的决定因素、贸易保护主义的效果以及最优贸易政策的思想和观点。起初新贸易理论旨在用实证的方法解释贸易格局,添补传统贸易理论的逻辑空白,后来发展成为以规模经济和非完全竞争市场为两大支柱的完整的经济理论体系。新贸易理论主要研究的是规模报酬递增和不完全竞争条件下的产业内贸易,虽然赫尔普曼-克鲁格曼差别产品模型对企业的规模作出了限定,但为简化起见,选用的是典型企业,也不考虑企业间差异。近期的实证研究表明,考虑企业间的差异对于理解国际贸易至关重要,同一产业部门内部企业之间的差异可能比不同产业部门之间的差异更加显著,而且现实中并非所有的企业都会从事出口,无论在企业规模还是企业的生产率方面,企业都是异质的。

(5) 新贸易理论

从研究的范围来看,传统贸易理论主要研究产业间贸易,新贸易理论主要是研究在规模递增和不完全竞争条件下的产业内贸易,而新贸易理论则是从企业的异质性层面来解释国际贸易和投资现象。新国际贸易理论更多的是对跨国公司的国际化路径选择作出解释,究竟是选择出口还是对外直接投资进行全球扩张战略。新国际贸易理论从更加微观的层面——企业的角度来分析企业的异质性与出口和对外直接投资(FDI)决策的关系,关注企业国家化路径方式的选择问题。新国际贸易理论主要有两个模型:一个是以 Melitz 为代表的学者提出的异质企业贸易模型,一个是以 Antras 为代表的学者提出的企业内生边界模型。前者是关于企业的国际化路径抉择,即企业可以选择退出市场、供应国内市场、出口国外市场以及通过对外直接投资(FDI)供应国外市场 4 种类型。后者说明一个企业在资源配置的方式上的选择,即一体化(Integration)和外包(Outsourcing)两种,再分为国内国外两种情况,企业的选择包括:① 国内一体化,也称为国内内包,是指企业只在国内生产;② 国际一体化,又称国际内包和垂直对外直接投资,是指企业通过在国外设立分公司生产部分中间产品和零部件,再通过公司内贸易出口到国内母公司的生产形式,其涉及公司内贸易;③ 国内外包,是指企业通过在国内外包的形式组织生产;④ 国际外包,是指企业将部分中间产品和零部件通过在国外市场外包,再通过贸易进口到国内来组织生产,这一过程会涉及贸易,所以又称为"长臂贸易"。

(二) 国际贸易政策

1. 国际贸易政策概述

国际贸易政策是各国在一定时期内对进口和出口贸易所实行的政策,是各国政府为了某种目的而制定的对外贸易活动进行管理的方针和原则。从一国或地区的角度看,国际贸易政策就是对外贸易政策。它集中体现为一国在一定时期内对进出口贸易所实行的法律、规章、条例及措施等。它既是一国总经济政策的一个重要组成部分,又是一国对外政策的一个重要组成部分。

延伸阅读3

美国新任总统宣布美国退出 TPP

TPP(跨太平洋伙伴关系协定)是从2002年开始酝酿的一组多边关系的自由贸易协定,原名亚太自由贸易区,旨在促进亚太地区的贸易自由化。根据TPP的协议,TPP有五大突出特点:一是要求全面市场准入,即消除或削减涉及所有商品和服务贸易以及投资的关税和非关税壁垒;二是促进区域生产和供应链网络的发展;三是解决数字经济、国有企业等新的贸易挑战;四是促进中小企业发展和帮助成员国加强贸易能力建设,实现贸易的包容性;五是作为区域经济一体化平台,吸纳亚太地区其他经济体加入。中国一直被排除在TPP外,从短期看,该协定或对中国的对外贸易形成某种程度的冲击。目前中国已经是全球最大的货物贸易国家,中国的全球市场份额是12%,也为全球最多。中国已经和该协定中三分之二的成员国签定了双边的自由贸易协定,在一定程度上是可以平衡TPP的负面影响。

2. 国际贸易政策的发展

20世纪50年代到70年代,发达市场经济国家在美国主导下,创建了1947年关贸总协定,推动了贸易自由化。20世纪70年代以后,发达国家出现了新贸易保护主义和战略贸易政策,抑制贸易自由化的进程。发展中国逐渐从保护幼稚工业贸易政策转向接受贸易自由化。原有的社会主义国家,从20世纪80年代以前的国家高度垄断的贸易保护主义转向开放型的贸易政策和自由贸易政策。整体而言,贸易自由化是贸易政策的主流;在经济发展不平衡和产业竞争力变化的情况下,不时出现的新贸易保护主义干扰贸易自由化。

从国际贸易的历史考察,以国家对外贸的干预与否为标准,可以把对外贸易政策归纳为三种基本类型:自由贸易政策、保护贸易政策和管理贸易政策。

自由贸易政策是指国家对商品进出口不加干预,对进口商品不加限制,不设障碍;对出口商品也不给以特权和优惠,放任自由,使商品在国内外市场上自由竞争。自由贸易政策产生的历史背景是资本主义自由竞争时期(18～19世纪),主要在英国、荷兰等首先进入资本主义,在经济上和竞争上居优势的国家实行,其主要代表人物是英国的古典经济学家亚当·斯密和大卫·李嘉图。

保护贸易政策是指国家对商品进出口积极加以干预,利用各种措施限制商品进口,保护国内市场和国内生产,使之免受国外商品竞争;对本国出口商品给予优待和补贴,鼓励扩大出口。保护贸易政策,在不同的历史阶段,由于其所保护的对象、目的和手段不同,可以分为重商主义、保护幼稚工业论、超保护贸易政策、新贸易保护主义。

管理贸易政策,又称协调贸易政策,是指国家对内制定一系列的贸易政策、法规,加强对外贸易的管理,实现一国对外贸易的有秩序、健康的发展;对外通过谈判签订双边、区域及多边贸易条约或协定,协调与其他贸易伙伴在经济贸易方面的权利与义务。管理贸易政策是20世纪80年代以来,在国际经济联系日益加强而新贸易保护主义重新抬头的双重背景下逐步形成的。在这种背景下,为了既保护本国市场,又不伤害国际贸易秩序,保证世界经济的正常发展,各国政府纷纷加强了对外贸易的管理和协调,从而逐步形成了管理贸易政策。管理贸易政策是介于自由贸易政策和保护贸易政策之间的一种对外贸易政策,是一种协调和管理兼顾的国际贸易体制,是各国对外贸易政策发展的方向。

参 考 文 献

[1] 布兰查德. 宏观经济学[M]. 6版. 楼永,孔爱国,译. 北京:机械工业出版社,2013.
[2] 萨缪尔森,诺德豪斯. 经济学[M]. 18版. 萧琛,等译. 北京:人民邮电出版社,2008.
[3] 梅多斯,兰德斯. 增长的极限[M]. 李涛,王智勇,译. 北京:机械工业出版社,2013.
[4] 费景汉,拉尼斯. 增长和发展:演进观点[M]. 洪银兴,郑江淮,译. 北京:商务印书馆,2004.
[5] 米什金. 宏观经济学政策与实践[M]. 余晨阳,刘启,译. 北京:清华大学出版社,2013.
[6] 曼昆. 宏观经济学[M]. 6版. 张帆,等译. 北京:中国人民大学出版社,2009.
[7] 曼昆. 经济学原理[M]. 梁小民,译. 北京:北京大学出版社,2001.
[8] 哈伯德,奥布来恩. 宏观经济学[M]. 3版. 王永钦,赵英军,译. 北京:机械工业出版社,2007.
[9] 国彦兵. 西方国际贸易理论:历史与发展[M]. 杭州:浙江大学出版社,2004.
[10] 姜波克. 国际金融新编[M]. 上海:复旦大学出版社,2013.
[11] 胡佛. 应用中级宏观经济学[M]. 蒋长流,杨玲,译. 北京:中国人民大学出版社,2015.
[12] 李晓西. 宏观经济学案例[M]. 2版. 北京:中国人民大学出版社,2014.
[13] 弗罗恩,费剑平,高一兰. 宏观经济学理论与政策[M]. 9版. 北京:中国人民大学出版社,2011.
[14] 刘辉煌. 宏观经济学[M]. 北京:中国人民大学出版社,2015.
[15] 刘兴维. 宏观经济分析实验手册[M]. 重庆:重庆大学出版社,2017.
[16] 史库森. 经济思想的力量[M]. 王玉茹,陈纪平,译. 上海:上海财经大学出版社,2005.
[17] 托大罗. 经济发展[M]. 黄卫平,等译. 北京:中国经济出版社,1999.
[18] 潘理权. 新编财政与金融[M]. 合肥:中国科学技术大学出版社,2013.
[19] 人力资源社会保障部人事考试中心. 金融专业知识与实务[M]. 北京:中国人事出版社,2016.
[20] 斯蒂格利茨. 经济学:下册[M]. 2版. 黄险峰,张帆,译. 北京:中国人民大学出版社,2002.
[21] 鲍莫尔. 经济学原理与政策[M]. 9版. 方齐云,等译. 北京:北京大学出版社,2006.
[22] 加尔布雷思,戴瑞提. 宏观经济学[M]. 孙鸿敞,刘建洲,译. 北京:经济科学出版社,1997.
[23] 伊斯特利. 在增长的迷雾中求索[M]. 姜世民,译. 北京:中信出版社,2015.
[24] 吴易风. 西方经济学:下册[M]. 北京:高等教育出版社,2011.

[25] 武拉平.宏观经济学案例集[M].北京:中国人民大学出版社,2013.
[26] 武献华,庞明川.中国经济转轨中的失业、通货膨胀与经济增长[M].大连:东北财经大学出版社,2003.
[27] 杨玉娟.宏观经济学[M].北京:清华大学出版社,2013.
[28] 袁志刚.失业经济学[M].上海:上海人民出版社,1997.
[29] 泰勒.经济学[M].5版.李绍荣,李淑玲,等译.北京:中国市场出版社,2007.
[30] 内利斯.宏观经济原理[M].北京:经济管理出版社,2011.
[31] 斯蒂格利茨.经济学:下册[M].3版.黄险峰,张帆,译.北京:中国人民大学出版社.2005.
[32] 张二震.国际贸易学[M].南京:南京大学出版社,2015.
[33] 张惠兰,王建辉.金融理论与实务[M].2版.北京:中国人民大学出版社,2015.
[34] 证券从业资格考试命题研究组.金融市场基础知识[M].上海:立信会计出版社,2016.
[35] 中国精算师协会.经济学基础[M].北京:中国财政经济出版社,2016.

后　　记

《管理者的应用宏观经济学》教材是安徽省高等学校省级重点教改项目"AH-MBA宏观经济学教学改革与实践研究"(项目编号:2016jyxm0114)的最终结项成果,由安徽工商管理学院宏观经济学课程组组织编写,是集体智慧的结晶,该教材经安徽工商管理学院学术委员会审核通过。

教材编写过程中得到了安徽工商管理学院教务部的大力支持,安徽工商管理学院组织的专家评审组对教材的编写体例、内容框架结构以及应用性等方面提出了宝贵意见,同时也征求了部分MBA学员和相关高校授课教师的意见和建议。

本教材由安徽大学经济学院蒋长流教授主持编写,安徽财经大学刘兴维副教授担任副主编。蒋长流教授撰写第一讲、第三讲,刘兴维副教授撰写第二讲、第四讲,程霞珍教授撰写第五讲,张先锋教授撰写第六讲、第八讲,刘鹏凌副教授撰写第七讲。

由于这是第一次尝试编写此类应用性教材,疏漏在所难免,恳请广大读者不吝批评赐教。不胜感谢!

编　者

2019年11月18日